김영삼 회고록

민주주의를 위한 나의 투쟁

3

1987년 직선제 개헌을 요구하며 가두행진을 하는 모습.

1987년 6월 26일, 평화대행진 가두시위 도중 경찰에 의해 닭장차에 실리는 모습. 이 사진은 로이터통신 기자가 찍어 전세계에 알려졌다.

1987년 10월 17일, 부산 수영만 집회.

1989년 2월, 일본을 방문하여 다케시타 수상의 영접을 받고 있다. 다케시타 수상은 나와 오랜 친분을 맺어 온 인물이다.

1990년 3월 23일, 두번째 소련을 방문하여 모스크바국립대학교에서 연설을 하는 모습.

1991년 9월, 남북한 UN동시가입 축하행사차 미국을 방문해 부시 대통령과 반갑게 만나고 있다.

1992년 5월 19일, 민자당 대통령후보로 선출된 뒤 후보 수락연설을 하고 있다.

1992년 대통령선거에서 유세하는 모습.

1992년 대통령선거에서
무개차량을 타고 지지자들의
환호에 답하는 모습.

1992년 12월 19일, 대통령 당선이
확정된 후 환영인파를 향해
손을 들고 있는 모습.

대도란 사람이 지켜야 할 큰 도리를 뜻한다. 나는 대도무문을 즐겨 쓰면서 스스로를 단속하고 독려해 왔다.

김영삼회고록
민주주의를 위한 나의 투쟁

3

김영삼회고록 3
민주주의를 위한 나의 투쟁

제6부 장엄한 드라마 6월항쟁

1. 장엄한 드라마 6월항쟁

국민운동본부 결성 21 / 국민운동본부 발족선언문 23 / 민정당 전당대회 취소하라 27 / 6·10대회 전국 개최 28 / 자동차 경적이 신호 30 / 이한열군 최루탄에 쓰러져 32 / 6·10대회는 대성공 33 / 벌써 퇴장당했을 전두환정권 35 / 명동성당 농성 36 / 구속자부터 풀어라 37 / 전두환이 대화에 나서라 38 / 체육관선거 용납 안 돼 39 / 피와 눈물 없이 민주화를 41 / 힘으로 막을 단계 지났다 41 / 전경과 학생, 두 형제의 아픔 43 / 선거혁명이 최고의 소망 44 / 부산이 해방구처럼 되었다 46 / 외신들, 한국사태 톱뉴스로 48 / '비상조치 임박' 설 51 / 노태우 만날 여유 없다 52 / 폭우 속에 데모 계속 53 / 비표는 끝내 거부 57 / 공동회견 회피한 전두환 58 / 전두환은 현실을 몰랐다 59 / 평화대행진 강행 선언 60 / 결렬과 '사실상의 철회' 사이 62 / 평화대행진 현수막 내걸다 64 / 닭장차에 실리다 65 / 6·26 국민평화대행진 67 / 피와 땀과 눈물의 결실 68 / 1987년을 정치기적의 해로 69 / 6월항쟁의 회고 72

2. 시대의 과제는 군정종식

민주화 공동선언 주장 74 / 신민당 입당은 당연하지 75 / 불출마 번복, 퇴로 준비 78 / 중림동에 당사 마련 81 / '위기 호도하면 저항' 경고 81 / 민주화와 국민화해 83 / 표대결은 없을 것 84 / 김대중의 출마명분 찾기 86 / 김대중 입당에 희망 걸다 88 / 직선제 개헌안 통과 89 / 장면정권의 교훈 90 / 51%의 지지가 더 중요 91 / '마음을 비운다'는 말 93 / 후보조정, 빨리 해야 된다 95 / 집권층, 민주세력 분열 획책 96 / 전라도 순회로 바람몰이 97 / 지방순회는 중지해야 98 / 분당설은 무책임한 얘기 101 / 단일화는 민주화의 담보 102 / 4자필승론 105 / 더 이상 허송할 시간이 없다 106 / 부산집회, 사상 최대인파 운집 108 / 민주화의 보장만 있다면 111 / 경선 제의 112 / 신당창당으로 뒤통수 치기 115 / 끝내 평민당 창당 116

3. 통한의 군정종식 좌절

민주당 집권은 역사의 순리 118 / 정승화 장군의 입당 121 / 야만적 폭력으로 유세 중단 123 / 외부세력이 폭력 부채질 124 / 백기완과 회동, 단일화 합의 126 / 대세는 민주당으로 128 / 군정종식 좌절 130

제7부 코페르니쿠스적 전환

1. 4당체제의 혼란

대청봉에서 맞은 새해 137 / 총재직 재신임 139 / 야권통합 위해 총재직 사퇴 141 / 13대 총선과 4당체제 142 / 청와대 4자회담 147 / 국정 전반에 대한 소신 천명 149 / 북방외교에 초당적 참여 선언 150 / 소련 언론과 최초로 회견 151 / 사회혼란 극심, 정변 우려 153 / 올림픽 이후 정국은 어디로? 156 / 민주화 실천만이 노정권이 사는 길 158 / 5공청문회 160 / 전두환은 백담사로 163 / 노동자들, 민주당사 점거 164 / 중간평가는 5공청산 후에 166 / 야3당 총재, 공조에 합의 168 / 사회당 초청으로 방일 170 / 김대중·김종필의 말 뒤집기 172 / '1노3김'이 '1김3노'로 173 / '방북 러시' 자제해야 175 / 감상적 통일운동 경계 177

2. 소련에 첫발 딛다

이그나텐코와 두 차례 인터뷰 179 / 이메모, 소련방문 초청 180 / 달나라에 가는 기분 181 / 프리마코프와 새벽까지 담소 183 / 바

빼던 방소 일정 184 / 한·소관계 정상화의 돌파구 186 / 모스크바에서 허담과 회담 187 / 평양행 단호 거절 189 / 정상회담 조속히 성사돼야 191 / 진실된 자세로 대화하자 193 / 남북학생 천명씩 교환하자 194 / 단독면담 제의 거절 195 / 수행기자들, 오보타전 197 / 한·소간 통로 뚫기 198 / 소련이 변하고 있다 199

3. 5공청산과 신사고

방소 후 노태우와 회동 202 / 공안정국과 국민불안 204 / 개혁과 청산을 통한 안정을 205 / 3당 공조체제 복원에 주력 206 / 90년대의 정치는 달라져야 209 / 과거문제 매듭짓고 '미래' 다루자 211 / '새 민주정치 시대' 개막하자 213 / 경제개혁 시급 215 / 노사개혁·사회개혁 필요 217 / 교육·여성·환경문제 219 / 국민외교의 길 넓힐 터 221 / 남북대화 확대해 나가야 222 / 청산과 개혁이냐, 대립과 갈등이냐 224 / 브란트, '한국이 먼저 통일될 것' 225 / 베를린장벽 붕괴 227 / 7시간의 마라톤회담 229 / 4당체제 한계 절감 231 / 신사고 234

4. 구국의 결단, 3당통합

'큰 정치' 해야 할 때 236 / 민정당 간판 내려야 한다 237 / 오랜 번민 끝 '구국의 결단' 239 / 3당통합 선언 241 / 합의사항 5개항 242 / 대결의 시대 청산할 때 245 / 뼈를 깎는 아픔으로 246 / 정도로 밀고 나갔다 248 / 브란트의 연정이 모델 250 / 3당통합 후 첫 국회연설 251 / 장벽을 허물자 253

5. 한·소수교의 신기원 열다

두번째 방소 255 / 고르바초프와 회담 256 / 이스베스챠와 인터뷰 258 / 김포공항 귀국회견 260 / 한국 외교의 전환점 262

6. 공작정치 질타

안기부의 공작정치 264 / 당무 거부하고 부산행 266 / 노태우와 담판 268 / 안기부 비밀문서 270 / 공작정치 뿌리 뽑기로 약속 271 / 지구당위원장 사퇴 273

7. 내각제파동의 소용돌이

내각제파동의 발단 275 / 합의각서 사본 공개 276 / 당무 중지 후 마산행 278 / 내각제 위한 통합 아니다 280 / 분당 일보 직전 281 / 국민 반대하는 개헌 안 된다 283 / 제도보다 운영이 중요 285 / 국정 전반 개혁 시급 287 / 공안정국 조성 288 / 국민 앞에 떳떳한 정치를 290 / 오호, 김동영 동지! 292

제8부 국민과 함께 거둔 승리

1. 마침내 후보로 선출되다

정도로 가지 않은 노태우 297 / 총선 전 후보 가시화 298 / 집권당 초유의 자유경선 주장 300 / '대통령후보 추대위' 결성 302 / 압도적 지지로 후보에 선출 303 / 후보수락 연설 304 / 결과에 승복하는 것이 민주주의 306

2. 탈당 도미노 속에서

이동통신 사업자선정 파동 309 / 민자당 총재로 선출 310 / 문민시대 개막의 신호 311 / 강력한 정부, 강력한 지도력 312 / 안정 속에서 개혁 314 / 노태우 탈당 316 / 잇단 탈당으로 일대 혼란 319

3. 단기필마로 전국유세

9선 국회의원의 사퇴선언 321 / '윗물맑기운동' 제창 323 / 경제도 민주화해야 325 / 제도개혁 단행 326 / '삶의 질' 추구 328 / 환경, 교통, 지역불균형 개선 329 / 한민족공동체 창조가 꿈 330 / 항상 국민과 함께라는 믿음 332 / 국회의사당을 떠나면서 334 / 파란에 찬 의정생활 마감 335 / 국민을 찾아 전국 누비며 337 / 새벽길 달리기로 하루 시작 339 / 육·공 강행 유세 340 / 하루 24시간이 모자랐다 342 / TV토론과 대처 수상의 조언 342 / 대구 수성천변 유세와 초원복국집 사건 343

4. 문민시대 개막

'미래의 대통령' 현실로 345 / 국민 여러분께 감사 347 / 기자들과 일문일답 349 / 해외서도 비상한 관심 표명 352 / 민주주의를 위한 나의 투쟁 353

▷ 연표　355
▷ 주요 자료　364
▷ 인명색인　367

제1권

서문 민주주의를 향하여, 민주주의와 함께

제1부 찬란한 예감

1. 어머니와 바다, 내 삶의 터전
2. 추억 속의 앨범, 학창시절
3. 이천 피난시절
4. 손명순과의 결혼 이야기
5. 최연소로 정계에 진출

제2부 야당시절의 초상화

1. 야당의 맹장
2. 5·16쿠데타 전면 부정
3. 바깥에서 본 조국
4. 원내총무 5선 기록
5. 지도자의 길

제3부 40대기수론

1. 초산테러
2. 40대 기수로 돛을 올리다

제2권

제4부 유신에 정면으로 맞서다

1. 유신에 정면으로 맞서다
2. 최연소 야당총재
3. 박정희와 단독대좌
4. 5·30전당대회 드라마
5. YH여공 농성사건
6. 잠시 죽는 것 같지만 영원히 사는 길
7. 부마민주항쟁 대폭발
8. 궁정동의 총소리

제5부 칠흑의 시대 새벽을 열다

1. 안개정국
2. 연금에 갇힌 세월
3. 민주산악회 결성
4. 23일간의 단식일지
5. 민추협 결성
6. 신한민주당 돌풍
7. 통일민주당 창당

제 6 부
장엄한 드라마 6월항쟁

1. 장엄한 드라마 6월항쟁

국민운동본부 결성

1987년 5월 18일 밤 7시, 서울 명동성당(明洞聖堂)에서는 추기경을 비롯, 신부·수녀·신자 등 1천여명이 모인 가운데 가톨릭정의구현전국사제단이 주최한 '5·18광주항쟁 희생자 7주기 추모미사'가 있었다. 이 미사가 끝난 뒤 8시 30분쯤 "박종철(朴鍾哲)군 고문치사사건의 진상이 조작되었다"로 시작되는 폭로성명이 발표되었다. 이는 전두환정권에 치명타를 안겨 주었을 뿐만 아니라 '6월민주항쟁'의 도화선이 되었다.

사제단 성명이 나간 지 이틀 뒤인 20일 검찰은 "사제단의 성명은 일고의 가치도 없다"고 반박했다가, 바로 다음날 세 명의 경찰관을 구속했다. 들끓는 여론에 밀려 검찰은 계속 수사를 확대했고, 29일 밤에는 치안본부(治安本部) 고위간부 3명을 구속하기에 이르렀다. 사태는 눈덩이처럼 커져 갔다. 전두환정권은 국민들의 터져 나오는 분노를 잠재우려고 노신영(盧信永) 총리, 장세동(張世東) 안기부장, 정호용(鄭鎬溶) 내무장관을 경질함으로써 국면전환을 노렸다.

박종철군 고문치사사건의 축소조작이 폭로된 때는 4·13조치에

1987년 6월항쟁 당시 가톨릭정의구현사제단의 시위 장면.

대한 범국민적인 저항이 절정을 향해 치닫던 시기였다. 약사, 의사, 은행원, 샐러리맨 등 침묵하던 중산층이 4·13조치 철회요구 서명에 밀물같이 동참해 왔다. 시대의 흐름은 이제 민주화 쪽으로 기울고 있었다.

박종철군 사건의 수사가 조작됐다는 폭로가 범인 가운데 한 사람에 의해 이루어졌다는 것은 시사하는 바가 컸다. 나는 독재 말기의 누수현상이 구체적으로 드러나기 시작했다고 판단했다.

1987년 5월 27일, 명동성당(明洞聖堂)과 대한성공회(大韓聖公會) 대성당, 기독교회관 등 서울의 주요 집회장소 주변에는 경찰병력이 물샐틈없는 경비를 서고 있었다. 오전 10시, 서울 시내 곳곳에 흩어져 있던 각계 인사들은 거사장소를 전달받자, 명동성당에서 1백m

떨어져 있는 향린교회로 속속 모여들기 시작했다. '6월항쟁'을 이끈 야당과 재야세력의 연대투쟁 기구인 '민주헌법쟁취 국민운동본부'(약칭 國本)는 당국의 번뜩거리는 눈길을 피해 이렇게 모여 결성되었다.

'6월항쟁'의 지도부인 '국본'의 탄생은 오랜 기간의 비밀작업을 통해 이루어졌다. 야당과 재야는 그 동안 함께 투쟁을 해 왔으나, 1986년 5·3인천(仁川)사태를 고비로 연대가 깨졌다. 그러던 양측이 1987년 1월의 '박종철군 고문치사사건'을 촉매로 해서 다시 만나 '국본'을 결성케 되었다.

민주당은 '국본'의 창립단계에서부터 개입했고, 집행부에 대표를 파견, 운영에도 참여토록 했다. '국본'은 특히 재야와 선명야당의 연계조직이란 점에서 우리 사회 민주화운동의 구심점 노릇을 했다.

전두환의 통제하에 있던 국내 언론은 "민주당이 재야의 포로가 되었다"느니, "김총재의 운신의 폭이 좁아졌다"느니 하면서 '국본'을 비난했다. 그러나 포위된 것은 야당이 아니라 전두환이었다. 국민들의 개헌 열망을 응집시킬 강력한 구심력의 등장은 야당의 운신의 폭을 넓히고, 독재권력의 숨통을 조여들어 갈 것이었다. '국본'의 등장은 시국의 흐름이 확실하게 정의와 민주의 편으로 기울어지게 하는 전환점이 되었다.

국민운동본부 발족선언문

5월 27일 향린교회에서 개최된 '국본' 결성대회에서는 4·13조치의 철회 및 직선제개헌을 위한 공동투쟁이 선언되었다. 이 날 '국본'은 민주당 총재인 나와 민추협 공동의장 김대중, 민통련(民

統聯) 의장 문익환(文益煥), 함석헌(咸錫憲) 등을 고문으로 추대했다. 또 상임공동대표에는 각계를 대표해 김명윤(민주당), 박형규(朴炯圭, 개신교), 김승훈(金勝勳, 천주교), 지선(知詵, 불교), 계훈제(桂勳梯, 민통련), 이우정(李愚貞, 여성), 송건호(宋建鎬, 민언협), 고은(高銀, 문단), 양순직 등이 선임됐다. 발기인은 모두 2,191명이 참석했다.

'국본'이 발족하면서 발표한 선언문, 결의문, 국민에게 보내는 메시지 등은 당시 언론에 거의 보도되지 않았다. 여기 국민운동본부의 발족 선언문을 수록한다.

민주헌법쟁취 국민운동본부를 발족하면서

전두환씨는 지난 4월 13일 반민주적인 현행 헌법의 '호헌'과 그 헌법에 따라 선출된 차기 대통령에게 권력을 이양한다는 이른바 '중대결정'을 발표했다. 그후 4·13결정에 대한 전국민의 항의는 전국을 휩쓸었다. 독재정치에 확고한 반대입장을 표해 왔던 야당 정치인은 물론, 국민 각 계층에서 이를 반대하는 분신, 단식농성, 가두시위, 연기명 성명발표 등이 날로 규탄의 목소리를 드높이고 있다.

4월 21일 광주대교구 신부들의 '4·13조치'에 반대하는 단식기도를 시작으로 신부들의 단식기도는 전국 14개 교구에 일제히 확산되었다. 개신교 목사들의 반대의사 표시는 교단별 혹은 연합으로 성명·농성·집회 등 다양한 형태를 취해, 이미 수천명의 목사가 호헌철폐운동에 투신했다. 또한 정의평화실천 전국목회자협의회 대표들은 삭발을 감행, 단호·결연한 의지를 불태운 바 있다. 불교계도 7백명 이상의 승려들이 '4·13조치' 반대성명에 서명했고, 광주 원각사에서는 경찰이 법회 중 신성한 법당에 최루탄을 난사하는 폭거를 저지른 데 항의, 곳곳에서 단식농성을 벌인 바 있다.

　전국의 교수·문인·예술가·연극인·영화인 등 각종 예술가·언론출판인·변호사들의 양심의 목소리도 전국을 휩쓸었다. 거의 전국민이 한결같이 4·13조치 철회와 이 땅에 진정한 민주화를 요구하고 있는 것이다.

　현정권이 거짓 선전하는 '침묵하는 다수'란 누구인가. 그들은 미처 반대의사를 명시적으로 표시하지 못했거나, 군부독재의 총칼·탄압·보복이 두려워 발설하지 않고 있는 선량한 국민들이다. 저들은 용기 있는 민주주의자들을 '폭력분자', '독선주의자', '좌경분자', '용공분자' 등 갖은 용어를 통한 매도로, 심지어는 집회 방해, 활동 방해, 연금, 연행, 투옥, 고문, 테러 등 동원할 수 있는 모든 폭력적 수단을 통해 국민과 차단시키고, 공포분위기로 국민들을 짓누르고 굴종을 강요하는 것이다. 저들이 남용하는 공포와 회유의 그물망은, 위로는 거대한 관료조직과 관제언론에서 군경과 통·반장의 말단에 이르기까지 야비하고 추악한 그림자를 드리우고 있다. 그러나 1945년 8·15해방과 분단 이후 이승만 백색독재 이래 40년 이상의 독재정치를 온몸으로 체험한 바 있는 우리 국민들은 독재의 부정·부패·불의가 온 국민에게 끼치는 정신적·물질적 악영향, 노예근성과 빈곤이 얼마나 엄청나고 또 끔찍하며 정치·경제·사회구조의 후진성을 그 자체로 초래시키는가를 몸으로 깨닫게 되었다.

　민주화는 이 땅에서 그 어느 누구도 거역할 수 없는 도도한 역사의 대세가 된 것이다. 이제 우리는 지금까지 고립·분산적으로 표시되어 오던 호헌반대 민주화운동을 하나의 큰 물결로 결집시키고, 국민을 향해, 국민 속으로 확산시켜 나가야 한다는 데 뜻을 모았다. 우리들 사제, 목사, 승려, 민주운동가, 여성운동가, 민주정치인, 노동운동가, 도시빈민운동가, 문인, 교육자, 문화예술인, 언론출판인, 청년운동가들은 하나 되어 이 땅의 민주화를 위해 몸 바쳐야 한다는 뜻에서 '호헌반대 민주헌법쟁취 범국민운동본부' 설립을 발기하는 바이다.

삼엄한 정보정치 체제로 말미암아 우리와 전적으로 뜻을 같이 하면서도 미처 연락이 닿지 못해 많은 분들이 발기인으로 참여하지 못했으나, 앞으로 우리의 운동대열에 혼연히 참여할 것으로 믿는다.

1987. 5. 27
호헌반대 민주헌법쟁취 범국민운동본부 발기준비위원 일동

다음날 '국본'은 8개항의 「결의문」을 발표, ① 호헌반대, 민주헌법 쟁취, ② 모든 악법의 민주적 개정과 무효화, ③ 광주사태와 고문, 권력부패 사건 등 역사적 범죄 진상규명, ④ 민주인사 석방 및 복권, ⑤ 공권력의 폭력 중단, ⑥ 자유언론 쟁취, ⑦ 공무원과 군의 정치개입 중단, ⑧ 민주·민간정부의 수립 등을 위한 국민운동을 벌여 나갈 것을 다짐했다.

'국본'은 또 「국민 여러분께 드리는 말씀」을 배포했다. 이 글은 "군부독재정권이 오늘날 보듯이 이토록 뻔뻔스럽고 잔혹해진 이유는 바로 우리들 자신에게 있습니다. 국민 스스로가 깨어 일어나 저들을 거부하지 않았기 때문입니다," "국민 여러분 자신이 아니고서는 독재정치를 종식시키고 허위와 기만을 몰아내고 이 사회를 민주화시킬 사람이 아무도 없습니다"라고 호소하고, 군부독재를 몰아내고 민주정부를 세우기 위해 국민들이 결연히 독재와의 싸움에 나설 것을 촉구했다.

직선제 개헌투쟁 연설.

민정당 전당대회 취소하라

1987년 5월 27일 국민운동본부가 발족되던 날, 나는 한국을 방문한 미국의 저명한 인사 몇 명을 만났다. 미국 전(前)합참의장 마이어 장군, 국무성 전(前)차관보 홀브루크, 전(前)주한미대사 글라이스틴, 〈타임〉지 전(前)편집인 그린월트 등이었다. 아시아학회의 조사단 자격으로 한국에 온 이들은 전두환을 만난 데 이어 나를 만난 것이다. 미국에 돌아가서는 한국의 정세에 대한 대(對)정부 건의서도 낼 모양이었다.

대화는 예정된 시간을 넘어 두 시간가량 진행되었다. 이들과의 대화를 통해 나는 미국의 여론 주도세력이 전두환(全斗煥)의 4·13 조치에 매우 비판적이란 점, 우리 국민들의 들끓는 여론을 확인하고는 더욱 비판적 견해가 굳어지고, 그것이 대한(對韓)정책에도 크게 반영될 것이라는 점 등을 느꼈다.

내가 여러 차례 실질대화를 갖자고 제의할 때마다 냉소적으로 대해 오던 민정당이 4·13조치를 훼손시키지 않는다는 조건하에서 대화를 갖자고 제의해 왔다. 이렇게 나선 것은 그들의 입지가 그만큼 옹색해졌다는 것을 의미했다. 나는 "6월 10일로 예정된 민정당 대통령후보자 지명대회를 취소하고 4·13조치를 철회한다면, 대화도 하고 시국수습 방안도 내겠다"고 답했다. 그러나 전두환은 나의 요구에 귀를 기울이지 않고 6월 10일 전당대회를 강행, 엄청난 국민적 저항을 자초했다. 6월항쟁이란 장엄한 민족적 드라마는 이렇게 해서 펼쳐지게 된 것이다.

6·10대회 전국 개최

국민운동본부는 발족 후 첫 운동으로 5공(共)이 노태우(盧泰愚)를 대통령후보로 선출키로 한 6월 10일의 민정당 전당대회를 기해 범국민적 규탄대회를 전국적으로 추진키로 했다. 서울의 6·10대회 개최장소는 덕수궁(德壽宮) 옆 대한성공회(大韓聖公會) 대성당으로 정했다. 때는 저녁 6시, '박종철군 고문·살인 은폐규탄 및 호헌철폐 국민대회'를 갖기로 한 것이다.

6·10대회의 긴박감은 이 날 아침 민주당과 민추협이 '영구집권 음모 규탄대회'를 열 때부터 분위기가 달아오르기 시작했다. 오전

6월항쟁 중 가두에서. 내 왼쪽이 노승환, 오른쪽이 이중재.

10시 대회에 앞서 민주당과 민추협은 오전 9시부터 서울 무교동 민추협 사무실 유리창에 "민주헌법 쟁취하여 민주정부 수립하자," "행동하는 국민 속에 박종철(朴鍾哲)은 부활한다" 등의 구호를 내붙이고 옥외 스피커로 시민들의 참여를 촉구하는 방송을 했다.

오전 10시에 규탄대회가 시작되자 규탄대회 상황을 옥외로 그대로 방송했으며, 규탄대회가 끝난 뒤에는 다시 구호를 외치는 등 열기를 고조시켰다. 3백여명의 참석자들이 빽빽이 들어찬 비좁고 무더운 대회장에서 대회는 열띤 분위기 속에서 진행되었다.

나는 "60년 전 오늘은 역사적인 6·10만세운동이 있었던 날"이었음을 상기시키면서, "그러나 오늘은 집권자들이 역사에서 치욕의 길을 걷는 날이기도 하다"고 민정당 전당대회를 공격했다.

자동차 경적이 신호

대회가 계속되는 동안 민추협 사무실 주변에는 대회장에 들어가지 못한 수백명의 당원과 시민들이 몰려들어, 검은 바탕에 흰 글씨로 "더 이상 못 속겠다, 거짓정권 물러가라"고 쓴 플래카드를 앞세우고 시위를 벌였다. 경찰 5백여명이 이들을 해산시키려 했으나 역부족으로 밀려나기까지 했다.

민주당과 민추협에서의 옥외방송은 하루 종일 계속됐다. 오후에는 주변에 수많은 인파가 몰려들었고, 이들은 모두 박수를 치거나 구호를 외쳤다. 인파는 점점 많아졌다. 그러자 누구 입에선가 "독재타도" 등의 구호가 흘러나왔고, '우리의 소원은 통일' 등의 노래가 합창으로 흘렀다. 경찰은 최루탄을 쏘기 시작했다.

5시 20분쯤 민추협 사무실을 나온 나와 민주당 소속 국회의원, 민추협 관계자 등이 승용차와 봉고차 등에 타고 광교로 차량행진을 했다. 당원·시민·학생 등 수천명이 내가 탄 차에 접근, "호헌철폐," "독재타도" 등의 구호를 외쳐 댔다. 경찰은 광교의 관광공사 빌딩 앞에서 최루탄을 발사, 이들을 해산시켰다.

우리 일행이 탄 차량 행렬이 광교 네거리에서 우회전을 해서 동아투자금융빌딩 앞에 이르렀을 때 경찰은 다시 최루탄을 쏘았다. 최루탄 세 개가 내 차에 맞아 터졌고, 차 안에서 나는 손수건을 꺼내 얼굴을 막았다. 내 차에 동승했던 최형우 의원은 견디지 못하고 내리고 말았다. 참으로 지독했다. 그래서 '지랄탄'이라고 한 모양이다.

5시 30분경, 나는 민주당 집결지인 롯데쇼핑센터 앞에 도착했으나 경찰의 봉쇄로 차에서 내릴 수 없었다. 조선호텔을 돌아 태평로→중앙청→안국동을 거쳐 5시 45분에 다시 롯데쇼핑센터 앞에 도착했다. 이번에는 내가 미처 내리기도 전에 수많은 당원·시민·학생들이 내 차를 에워싸고 "호헌철폐," "민주쟁취" 등의 구호를 외치기 시작했다. 나는 차에서 내려 오른손으로 V자(字)를 그려 환호에 답했다. 경찰은 다시 최루탄을 발사, 시위대를 해산시켰다.

나와 김동영, 최형우, 박용만 의원 등 민주당 지도부는 다시 차에 올라 신세계 쪽으로 향했다. 내가 탄 차가 남대문을 돌아 플라자호텔에 접근했을 때쯤 모든 차량들이 일제히 경적을 울리기 시작했다. 나는 플라자호텔 옆 도로에 내려 시민들에게 답례한 뒤 광화문 쪽으로 향했다.

서울의 대회장으로 정해진 성공회 서울대교구 부근인 시청 앞과 태평로 1가 일대와 성공회에서 오후 6시의 국기 하강식에 맞추어 애국가가 울려 퍼졌다. 연도의 시민들은 대부분 그 자리에 멈춰 서서 애국가를 따라 불렀다. 곧이어 분단 42년을 상징하는 42번의 종소리가 울려 퍼졌다. 많은 시민들이 묵념을 할 때 내 차와 10여 대의 차량들이 일제히 경적을 울리며 태평로로 진입했다.

자동차 경적은 6·10대회의 신호음이었다. 광화문과 시청 앞 일대에 순간 자동차 경적소리가 메아리쳤다. 우리들의 차량이 경적을 울리기 시작하자, 인화물질에 불을 당긴 것처럼 일대를 지나던 승용차와 시내버스, 택시 등에서 일제히 호응하여 경적을 울려 댔다. 연도에 나와 있던 수많은 시민들은 소형 태극기를 흔들며 박수를

쳤다. 지나가는 차량에 경적을 울리라는 신호를 보내는 시민들도 많았다.

이한열군 최루탄에 쓰러져

나는 중앙청을 한 바퀴 돌아 6시 12분쯤 '6·10국민대회'가 열릴 예정이던 성공회 대성당 입구에 도착했다. 그러나 성공회 대회장은 경찰에 의해 완전히 봉쇄되어 있었다. 결국 '6·10국민대회'는 대회장 내부에 미리 입장해 있던 국민운동본부 지도부만 참석한 가운데 개최되었다. 이들은 다음날 아침 기독교회관으로 가려다 연행되어 김명윤, 박형규, 양순직 공동대표를 비롯한 13명이 구속되었다.

성공회 입장을 저지당한 나는 차에서 내려 주변에 모여든 사람들을 향해 손을 흔들며, "전두환정권은 이제 멸망의 길로 들어섰다"고 외쳤다. 마침 그때 민정당 전당대회 축하 연회장인 힐튼호텔로 향하는 노태우 대표의 차가 지나가는 것이 목격되었다. 집권당이 민심에서 멀어져 가는 순간이었다.

나는 이 날 밤 민추협 사무실에 머물면서 각 지구당으로부터 전국의 시위상황을 보고받고 있었다. 부산과 마산에서의 시위가 가장 격렬하다는 보고에 접한 나는 8년 전의 부마(釜馬)사태를 떠올렸다. 군중들이 파출소, 민정당 지구당사, KBS 등 언론사를 주된 공격목표로 삼은 것은 그것들이 독재정권의 하수기관이었기 때문이었다.

이 날 오전 연세대에서 6·10대회 출정식을 마치고 교문 앞에서 대치전을 벌이던 연세대생 이한열(李韓烈)군이 최루탄을 머리에 맞고 쓰러졌다. 이한열군 사건은 6월항쟁의 파고를 더욱 높이는 결정적 계기가 되었다.

6·10대회는 대성공

밤 9시 40분경 민추협 사무실에서 나는 기자들과 만나 6·10대회의 성과와 앞으로의 정국 전망 등에 대해 나 자신의 생각을 털어놓았다. 다음은 일문일답 요지이다.

- 오늘 대회를 어떻게 평가하십니까?

"지난 '2·7 박종철군 국민추도회'나 '3·3 49재(齋) 행사'와는 비교도 할 수 없을 정도로 대성공입니다. 다만 우리의 투쟁이 유종의 미를 거두기 위해선 절대 폭력을 써선 안 되고……."(이 때가 밤 9시 45분경. 열어 놓은 창문을 통해 시청 부근에서 야간시위 중인 학생들의 함성과 곧이어 최루탄 쏘는 소리가 요란스럽게 들려 왔다)

- 오늘 이후 민주당의 정국대처 방안은 어떤 것입니까? 지난 번에 언급한 대로 '대화'를 계속 요구

6월항쟁에 참가하여 가두에서 구호를 외치는 모습. 이중재, 김동영, 한광옥의 모습이 보인다.

할 생각입니까?

"그 문제는 내 자신이 좀 깊이 생각해 봐야겠어요. 우리가 줄기차게 여러 가지를 요구해 왔음에도 불구하고, 이 정권은 도저히 납득할 수 없는 방향으로만 나가고 있으니……. 오늘 밤을 새워 농성하면 내일(11일) 하루쯤은 추이를 지켜보고 생각도 한 뒤, 모레쯤 확대간부회의·정무회의 등을 열어 대책을 협의해 볼 생각입니다. 우리가 공동으로 민주화를 이루기 위해 그렇게도 대화의 테이블로 나오라고 했으나, 전두환은 신문에서만 대화한다고 말하고 전혀 나오질 않았잖아요? 앞으로 민정당의 태도와 추이를 지켜보겠습니다."

　- 민정당의 태도변화가 있을 것으로 보십니까?

"글쎄……, 좀 두고 봅시다."

　- '실질대화' 제의는 계속 살아 있는지요?

"지금 심경으로는 민정당에 무슨 이야기도 하고 싶지 않아요. 초상집에서 춤추는 격이지, 이게 뭡니까?"

　- 독자적으로라도 시국수습 방안을 내놓을 의향은?

"지금으로선 그럴 생각이 없습니다."

　- 민정당에 태도변화가 없으면 대화를 포기할 겁니까?

"(두 손을 저으며) 아니, 그런 건 아닙니다. 어떤 게 우리나라를 구하는 길이 될는지 나도 심각하게 생각하는 중입니다. 지금 우리나라는 굉장히 중요한 국면에 와 있습니다. 한마디로 말해서 이 정권이 이대로 국민을 끌고 가기엔 능력도 없고 지지도 받지 못하고 있습니다. 그대로 가겠다는 것은 망상에 불과합니다. 또 대통령후보가 지명되었다고 해서, '오늘'의 모습을 본 사람들이 어떻게 내년 2월에 민정당이 다시 대통령을 낼 수 있으리라고 생각할 수 있겠습니까?"

벌써 퇴장당했을 전두환정권

- 오늘 상황으로 김총재께선 상당히 고무된 것 같습니다. 그러나 이와 같이 정치권 밖에서 힘과 힘이 맞부딪치는 상황을 정치지도자로서 어떻게 생각합니까?

"우리는 늘 민정당에 수습할 길을 맡기지 않았나……. 이런 방식으로 가면 도저히 수습의 길이 없어요. 지금 부산, 광주 등지의 밤 상황도 걱정입니다."(이때 자택에 연금 중인 김대중 민추협 공동의장이 전화를 걸어 왔다. 김총재는 김의장에게 "국민들 호응도가 대단했다," "2·7대회와는 비교가 되지 않는다"는 말을 거듭 강조했다)

- 가두에서 만난 시민들이 야당엔 무엇을 요구했다고 생각합니까?

"그것은 꼭 민주주의를 해내 달라는 애절한 호소였습니다. 전경들이 옆에 있는데도 손을 내밀어 뭔가를 표시하고 싶어하는 모습들을 봤습니다. 내가 잠시 차에서 내렸더니 그 와중에도 "건강유의하라," "조심하라"는 말들을 하더군요."

- 그렇다면 민주주의를 위해 야당이 할 수 있는 것은 무엇입니까?

"우리는 처음부터 끝까지 평화적인 방법으로 투쟁할 겁니다. 그래서 바로 대화를 통해서 하겠다는 겁니다. 만약 이 정권도 대화로 문제를 풀 생각을 가졌다면, 오늘 같은 대통령후보 지명대회를 안 했을 겁니다. 어쨌든 대화를 통해 민주주의를 이룩하자는 것이 우선 국민들의 참된 소망입니다."

- 민정당의 태도가 돌이킬 수 없는 것이라면, 정면대결로 가겠

다는 뜻도 함축돼 있는 듯한데…….
 "며칠 전 회견에서도 벌써 퇴장당할 정권이지만 참고 참아 왔다는 얘기만 했지……. 우리가 참고 참아서라도 민주주의를 위해 가장 현명한 방법을 생각해 내야지요."
 김총재는 함축성 있는 말을 남기고 기자실을 나서 철야농성 중인 의원 및 당원들과 다시 합류했다.

명동성당 농성

 6월 10일부터 시작된 명동성당(明洞聖堂) 농성은 6월항쟁에서 하나의 분수령이 되었다. 10일 밤 10시쯤부터 퇴계로에서 시위 도중 경찰에 밀린 대학생들이 계성여고(啓聖女高)를 통해서 명동성당으로 몰려들면서 시작된 명동성당 농성은, 15일 농성자들에게 안전귀가가 보장된 뒤 해산식을 치를 때까지 시민들의 민주화 의지를 극적으로 보여 주었다.
 명동성당 농성은 서울 도심부에 남아 있던 민주화의 불씨였다. 그 불씨는 꺼지지 않고 타올라 명동은 물론 종로, 무교동, 퇴계로에까지 계속 옮겨 붙었다. 신부와 수녀, 일반 시민, 샐러리맨, 시장 상인 등 각계각층의 시민들이 모두 농성과 시위에 참여했다.
 그 무렵 나는 눈코 뜰 새 없이 분주한 하루하루를 보냈다. 잠자는 시간이 아까울 만큼 만나야 할 사람은 많고 해야 할 일은 산더미처럼 쌓였다. 새벽 5시부터 자정까지 잠시도 쉴 틈이 없었다. 실상 1987년 6월의 하루는 평상시의 1개월, 아니 1, 2년에 맞먹는 역사적인 나날이었다. 나는 하루에 70여명의 외국 기자들과 번갈아 인터뷰를 하기도 했다.

구속자부터 풀어라

다음은 6월 17일 당시 〈중앙일보〉와의 특별회견 내용이다. 6월 항쟁의 한복판에 서 있던 나의 시국인식과 처방에 대해 되짚어 볼 수 있을 것 같아 여기 수록한다.

- 지난 6월 10일의 국민대회와 민정당 전당대회, 그리고 뒤이어 계속된 시위사태는 한국정치의 매우 중요한 분수령을 이루고 있는 듯합니다. 이러한 격동 속에서 한동안 여·야간에 대화 분위기가 감도는 것 같기도 했으나 끝내는 답보상태에 머물러 있습니다. 단도직입적으로 말해 노태우 민정당 대표위원과 김총재 간의 양자회담이 관심을 불러일으키고 있습니다만, 아직 이뤄지지 않고 있는 근본원인은 어디에 있습니까?

"이미 여러 차례 얘기했다시피 우리는 민주주의를 위해 대화하자는 것이고, 그러자면 책임 있는 사람끼리의 실질대화가 이뤄져야 합니다. 여당의 실질 책임자는 어디까지나 대통령이니, 전두환과 만나는 게 가장 중요하고 옳다고 생각합니다. 물론 전두환을 만나기 위한 과정으로서 노태우 민정당 대표와 만나는 것도 나쁘지는 않다고 생각합니다. 그런데 문제는 정부가 우리의 6·10 국민대회 때 너무 많은 사람들을 잡아넣었다는 것입니다. 민추협 김명윤(金命潤) 부의장, 재야의 박형규(朴炯圭) 목사, 우리 당 양순직(楊淳稙) 부총재 등 240여명을 구속하고 6천여명을 연행하는 분위기 속에서는 여당의 대화 제의가 진실성을 의심받을 수밖에 없습니다. 더욱이 대회 당일 성공회(聖公會) 안에 있던 사람들은 처음부터 끝까지 평화적인 대회진행을 강조한 사람들인데…….

아무튼 대화하려면 이들부터 다 풀고 나서 해야 합니다."

전두환이 대화에 나서라

- 6·10대회 이후 국민들은 불안해하고 있습니다. 정치는 없다는 말이 많고, 실제 여·야가 너무 격해져 있는 상태인 것 같습니다. 지금이야말로 '초토(焦土) 위에서 대화(對話)'를 시작해야 할 호기(好機)라고 보는 사람들이 많은데…….

"나는 민정당이 정말 난국을 풀기 위해 대화할 성의가 있다면 전두환 대통령이 직접 대화에 나서는 게 옳다고 생각합니다. 신문에 매일 노·김회담 얘기가 나오고 있지만, 나는 그런 말장난은 필요 없다고 봅니다. 또 노태우가 모든 일을 책임 있게 처리할 수 있는 입장에 있지도 못하다고 생각하고요."

- 전(全)대통령과의 대화가 난국을 푸는 데 그렇게 요긴하다면, 김총재께서 한번 만나자고 서면(書面)요청을 할 수도 있지 않습니까?

"아직까지 결론을 내리진 않았지만 그런 것까지 포함해 지금 여러 가지를 생각하고 있어요. '모두가 함께 승리하는 방법'이 이 시점에서 국민들이 바라는 것입니다. 여당은 지금 이 '때'를 놓치면 안 됩니다. 6·10대회가 이렇게 커지고 국민들이 엄청나게 용기를 갖게 된 이유가 뭡니까? 그것은 바로 박종철군 고문치사사건과 그 사건의 조작이 국민들에게 큰 충격을 준 데다 '4·13쇼크'가 겹쳤고, 그 위에 국민의 의사와는 아무 관계 없이 노태우가 대통령후보로 지명되고 보니 6·10대회가 커져 버린 거지요. 지금 국민들은 정부·여당에 대해 스스로 4·13조치와 노태우의 대통령후보 지명을 철회하고 빨리 개헌무드로 돌아오라는

상도동 나의 집에서 인터뷰를 하고 있다.

것입니다."

체육관선거 용납 안 돼

- 전두환 대통령을 만나면 시국수습의 대방략(大方略)을 찾아낼 자신이 있는 겁니까?

"나는 전두환이 시국수습을 위해 여러 가지 용단을 내릴 수도 있다고 생각합니다."

- 실질대화에 김대중씨가 참여하는 문제는 어떻게 됩니까? 김 총재 혼자 만나는 상황에 대해 양해가 되어 있습니까?

"물론 나도 처음에는 3자가 만나자고 제의했고, 지금도 3자가 만나는 게 제일 좋다고 생각합니다. 그러나 김대중씨는 지금 연금 중이라 자연스레 여·야 총재간에 영수회담을 하자는 얘기가 나올 수 있는 거지요. 그리고 나 혼자만 전두환과 만나는 문제에 대해서도, 내가 고문시절 얘기이긴 합니다만, 이미 얘기가 되어 있습니다."

 - 6·10국민대회 관련 구속자를 석방하면 대화는 시작될 수 있을 것 같은데, 4·13조치는 어떻게 되겠습니까?

"국민들이 '4·13조치'와 '노태우 대통령후보'를 받아들일 줄 아세요? 절대 아닙니다. 나는 노태우가 민정당의 대통령후보로 지명은 받았을지 몰라도, 절대 내년 2월에 취임하는 일은 없을 것이라고 생각합니다."

 - 그 근거는 무엇입니까?

"간단합니다. 국민 99%가 그것을 원치 않기 때문입니다. 교수, 학생에서부터 변호사, 의사, 노동자, 주부들에 이르기까지 우리 국민들의 한 가지 합의사항이 있다면, 그것은 '이제 독재정권은 우리로부터 물러가 달라'는 것입니다."

 - 지금 민정당은 지난 1981년의 선거와 마찬가지로 다음 대통령선거도 현체제 아래서 가능하다고 보고 정국을 끌고 가는 중 아닙니까?

"우리 민주당은 이 제도하에서 절대 대통령후보를 내지 않습니다. 그리고 전국민이 체육관 대통령선거를 절대 용납하지 않고 저항할 것입니다. 그래서 대통령선거 자체가 불가능해요."

피와 눈물 없이 민주화를

- 앞에서 김총재도 언급했지만 명동성당 농성사태에서 교회, 경찰, 학생 모두가 승리했듯이, 정치에 '명동성당식(式) 해결방안'은 적용될 수 없을까요? 특히 김총재께선 지난 8일 여·야가 공동으로 민주화선언을 하자고 제의까지 하셨는데, 무슨 구체적인 복안을 갖고 계십니까?

"여·야가 공동으로 책임지고 '보복 없는 민주주의'를 하자는 의미에서 그런 제의를 했던 겁니다. '피와 눈물이 없는 민주화'라는 말도 같은 뜻이지요. 이렇게 여·야 공동책임하에 민주화를 이룬다고 하면 국민 모두가 박수를 보낼 거예요. 국민들은 우리 전체를 불행하게 만들 쿠데타와 민중혁명 그 어느 쪽도 원하지 않으니까 말입니다."

- 7년 단임(單任)으로 정부 이양하는 것이 민주주의를 실천하는 것으로 보는 사람도 많지 않습니까?

"그것은 물러나는 게 아닙니다. 노태우씨가 대통령이 된다는 것은 영구집권을 의미하는 것으로 아무 의미 없는 일입니다."

- 그 얘기는 민정당이 아니라 야당에서 대통령 당선자가 나와야만 민주화라는 말씀입니까?

"지금 민정당이 정권을 잡아선 안 된다는 게 4천만 국민의 똑같은 목소리입니다."

힘으로 막을 단계 지났다

- 실질대화가 이뤄지면 어떤 제안을 하려고 구상하고 있습니까?

"정치보복과 관련된 문제가 핵심이 되겠지요. 그리고 연금이 계속 강화되고 있는 김대중씨 문제도 얘기하려 합니다. 김대중씨는 재작년 나와 함께 정치규제에서 해제된 때 이후로 아무런 연금 사유를 갖고 있지 않습니다. 아무튼 나는 실질대화를 함으로써 많은 변화를 가져올 수 있다고 생각합니다."

- 김총재는 대화와 투쟁을 병행한다는 말을 항상 하고 있는데, 민주화를 성취하는 데는 어떤 길이 더 효과적이라고 생각합니까?

"나는 지금 실질대화를 제의해 놓고 있으며, 민주헌법쟁취 국민운동본부와 협의해 서울 도심부를 관통하는 국민 평화대행진도 하려고 생각 중입니다. 물론 이것은 평화적 투쟁이지요. 이렇게 우리는 대화와 투쟁의 양면에서 최선의 노력을 다할 생각입니다. 그런데 요즘 같아선 예수님이 십자가에 못 박히기 전 겟세마네동산에서 '이 잔을 내게서 옮기시옵소서. 그러나 내 뜻대로 마시고 아버지의 뜻대로 하소서'라고 기도하던 것과 같은 심정입니다. 다시 말해 최선을 다해 평화적 투쟁을 하고 그 다음의 일은 하늘에 맡긴다는 생각입니다."

- 김총재께선 지금까지 "밤이 깊을수록 새벽이 가까워 온다"는 등으로 낙관론을 펴는 인상적인 말들을 많이 남겼는데, 6·10대회를 겪고 나선 민주화의 희망이 더 커지고 밝아졌다고 생각하는 쪽입니까?

"나는 이번에 민주화를 향한 국민의 뜻을 확인할 수 있었기 때문에 그 전망이 밝아졌다고 생각합니다. 6·10대회 이후 국민들은 큰 용기를 갖고 스스로 소리를 지를 수 있게 되었습니다. 명동의 샐러리맨들이 낮에 데모하러 나오는 것만 보아도 그것을 알 수 있지요."

― 그러다 보니 시중에는 쿠데타설이다, 계엄령이다 해서 헌정 중단의 위기감이 높은 것도 사실입니다만…….

"이 정부가 우리 국민들의 힘, 그리고 민주당과 재야의 힘을 과소평가해선 안 될 겁니다. 지금 우리 국민들에겐 두려움이 없어지고 용기가 생긴 데다가, 현정권에 반대하는 생각들이 너무나 강하기 때문에 계엄령으로도 다스릴 수 없을 것입니다. 그런 상황은 서울뿐 아니라 부산, 광주, 대구, 인천, 마산 등 전국적으로 똑같습니다. 나는 이제 힘으로 막을 수 있는 단계는 넘었다고 봅니다."

전경과 학생, 두 형제의 아픔

― 6·10대회와 관련해 또 한 가지 짚어 봐야 할 대목은 우리의 젊은이들이 아스팔트 위에서 한쪽은 학생으로, 다른 한쪽은 전경으로 참담하게 대치하고 있는 현실입니다. 이런 비극적 사태에 대해 정치 지도자로서 책임감을 느끼시지 않습니까?

"얼마 전 모(某) 신문에 보도된 임(林)씨 아들 형제의 이야기(형제 중 한 사람은 전투경찰, 한 사람은 대학생이었음)를 읽고 많은 것을 느꼈습니다. 많은 젊은이들이 고통을 당하고, 심지어는 목숨까지 빼앗기고 있습니다. 물론 나도 정치하는 사람으로서 학생들이 단지 '학생'이라는 이유 한 가지만으로 이 시대의 고통을 당해야 한다는 데 대해 미안하기 짝이 없습니다. 그러나 이런 상황이 다시는 없도록 하기 위해 허심탄회한 실질대화가 이뤄지길 바랍니다. 최선의 방법으로 그 노력을 다하려 합니다."

선거혁명이 최고의 소망

- 야당이 4·13조치 이전에 문제해결 방식으로 제시했던 '선택적 국민투표'는 아직도 유효한 것입니까?

"유효합니다. 지금이라도 이 정부가 대담하게 국민에게 물어 그 뜻을 좇는다면, 그것이야말로 정부가 사는 길이고 보복도 없을 것이며 데모도 다 사라질 겁니다. 민주헌법을 만드는 문제보다 더 중요한 '국가 안위에 관한 문제'가 어디 있겠습니까? 그리고 이것은 정부가 국민의 뜻에 따른다는 명분으로 종래의 강경론에서 빠져나갈 수 있는 구멍이기도 합니다."

- 항간에는 "김총재가 재야와 너무 깊이 연계되어 있다. 그 '고리'를 풀어야 한다"는 주장도 있는 것 같습니다. 민주당과 재야의 관계는 실제 어떤 것입니까?

"우리는 6·10대회를 계기로 재야와 더 가까워진 것이 사실이고, 앞으로도 연대를 계속 유지해 나갈 겁니다. 그러나 재야의 어느 분도 우리의 정당활동에 대해 이래라, 저래라 요구하는 법이 없습니다. 또 민주당은 재야에 구애받음이 없이 어디까지나 나의 책임하에 당당하게 정당활동을 해 나갈 것입니다. 재야 지도자들도 이 점을 충분히 이해하고 있습니다."

- 그렇다면 국회도 유효한 투쟁장소인데, 아직까지 여·야간에 임시국회 정상화문제가 타결되지 않은 이유는 무엇입니까?

"나는 누가 뭐라 해도 국회가 중요하다고 생각합니다. 6·10대회에서 엄청난 국민적 열기가 표출되었으면 기왕에 소집되어 있는 국회를 가동, 거기서 책임추궁도 하고 구속자석방도 요구하는 것은 당연한 일입니다. 그래서 국회를 열도록 총무에게 지시했는데, 여당은 금방 응할 듯한 태도를 보였지만, 실제 접촉을 해 보니 그게 아니었습니다. 그 사람들 대화한다는 얘기에 진실성이 없듯이 국회문제도 마찬가지였어요. 우리가 국회를 안 하겠다는 것은 아니지만, 구걸해 가면서까지 국회를 열 생각은 없습니다. 우리가 다른 사회단체와 다른 점은 70명의 의원직을 갖고 있다는 것입니다. 2차대전 중 처칠경의 말처럼 우리는 국회든, 운동장이든, 거리든, 감옥이든 민주화를 위해 싸울 장소가 있으면 어디서든 싸워야 합니다. 우리는 국회에 가면 구속자석방과 4·13조치의 철회를 요구하고, 민정당의 일방적 대통령후보 지명, 김대중 씨 연금 등의 부당성도 따지고, 최루탄 사용금지 결의안까지 내려 했어요."

- 오늘의 정치위기를 가져오기까지 여당의 책임이 큰 것은 사실이나, 야당도 책임이 없다고는 할 수 없습니다. 그간 일관된 노선을 견지하지도 못했고 체제정비에 큰 진통을 겪었기 때문입니다. 그러나 이제 그런 고비를 다 넘어 김총재가 책임지고 당을 이끌어 가는 입장에 섰으니, 좀더 자유 재량권을 갖고 운신할 계제도 마련되지 않았나 싶습니다. 뭔가 정국의 돌파구를 열, 김총재 특유의 대담한 발상 같은 것은 없습니까?

"나는 정치가 어려울수록 원칙에 입각해 대도(大道)를 가야 한다고 생각합니다. 또 모든 일에 있어서 역사와 국민 앞에 책임을 지고 가야지요. 나는 그렇게 책임을 질 자신도 있습니다. 그런데 요즘 보면 신문마다 나를 두고 운신의 폭이 좁다느니 하는 말들을 많이 하는데, 전혀 그렇지 않아요. 보세요. 당내에 직접 움직일 수 있는 세력을 갖고 있겠다, 게다가 단일지도체제의 총재이고, 재야와도 대화가 잘되는데 무엇이 문제겠습니까?"

- 아무튼 지금 우리의 정치가 안 풀리는 이유는 역사와 국민 앞

에 심판받겠다는 자세라기보다는 지엽말단(枝葉末端)과 소절(小節)에 얽매이기 때문인 것 같습니다.

"나는 우리나라가 민주화되어 선거혁명이 이뤄지는 것만 한번 보고 죽었으면 좋겠습니다. 그것이 최고의 소망입니다."

부산이 해방구처럼 되었다

6월항쟁에서 민심을 돌려놓는 데 결정적인 자극이 된 것은 최루탄의 무차별적인 난사(亂射)였다. 특히 중산층을 격분시킨 최루탄 난사는 전두환정권과 경찰에 대한 증오심을 크게 부채질했다. 가스의 독성도 과거에 비해 상대가 안 될 정도로 강해진 데다가, 최루탄을 사용하는 방법의 난폭함이 지나쳐 최루탄은 그야말로 '지랄탄'이라 불릴 만했다.

6월 18일에는 전국적으로 이 최루탄 난사를 규탄하는 '최루탄추방대회'가 열렸다. 민주당은 "최루탄을 쏘지 말라"는 대형 스티커를 만들어 모든 차량에 부착했다. 이 날의 시위에서 시위대들은 전경들의 헬멧과 방독면, 방패, 최루탄 등 시위진압 장비를 빼앗아 불태우기도 했다.

6월 18일 밤, 나는 그 밤을 거의 뜬눈으로 새웠다. 시시각각으로 들어오는 전국의 시위상황 소식은 나로 하여금 도저히 잠자리에 들 수 없게 했다. 특히 부산의 민주당원들이 보내 오는 소식은 심상치가 않았다. 노도(怒濤)가 마침내 방죽을 사정 없이 허물고 있는 것 같은 형국이었다. 6월이 그 어떤 고빗길로 접어들고 있었.

6월 18일 밤의 부산 시위는 6월의 시위사태를 바깥으로는 세계적인 뉴스로 만들고, 안으로는 전두환정권을 위협하는 전환점이 되

6월항쟁 당시 부산 서면 로터리에서 시위하는 장면.

었다. 약 30만명의 학생과 시민이 부산(釜山) 서면(西面)에서 부산역에 이르는 약 4km의 간선도로를 완전 장악, 6시간에 걸쳐 시위를 벌였다. 시위대들은 또 몇백 대의 차량 시위대를 앞세워 부산시청과 KBS 부산방송본부를 위협하는 등 사태는 막다른 골목으로 치닫는 양상이었다.

18일 밤 11시게 일본 교토통신 서울지국은 부산시위를 긴급뉴스로 타전했다. 교토통신은 이 긴급뉴스를 일본 전역에 내보냈다. 그날 밤 NHK 뉴스와 다음 날짜의 일본 조간들은 일제히 부산을 중심으로 한 한국의 시위사태를 1면 머리기사로 실었다.

19일자 조간에서 〈요미우리신문〉은 「반정부데모 전국에 확산. 부산 8만, 진압포기」란 제목의 1면 머리기사에서, "부산 등지에서 최대 규모의 데모가 발생하여 전두환 대통령은 정권 발족 이래 최대의 정치위기를 맞았다"고 보도했다. 〈아사히신문〉은 부산의 시위인파를 10만명이라고 보도하면서, "부산이 해방구처럼 되었다"고 썼다.

그때까지 외신면 머리기사로 다루어지던 한국의 시위사태는 단박에 1면으로 옮겨졌고, 19일부터는 외국 기자들이 대거 한국으로 몰려오기 시작했다. 한국사태는 이들에 의해 19일부터 세계의 톱뉴스로 다루어졌다.

외신들, 한국사태 톱뉴스로

〈아사히신문〉은 20일자 조간에 동경 - 서울 - 부산의 3각 좌담회 기사를 실어 현장 분위기를 전달했다.

18일의 부산시위를 보고는 정말 놀랐다. 데모 참가자는 학생이 3만명, 중·고교생도 끼었으나 시민 주도형이었다. 술집 호스티스, 택시 운전사 등도 포함된 실로 다양한 시위대였다. 그런데도 "비폭력!" "질서!"를 외치는 등 평화적인 자세로 일관한 것이 인상적이었다. 경찰관들도 시민의 수에 압도되어 KBS 부산방송본부 등 중요한 건물의 경비에 급급하고 있다. 학생·시민들은 부산지역의 시위가 정권교체로 이어진 전례 때문인지, 근본적인 해결책이 나올 때까지 시위를 계속하겠다고 벼르고 있어 긴박한 분위기다. 오늘(19일)은 시내에서 군인들의 모습이 보이지 않는다. 외출·휴가 장병은 병영에 복귀하여 대기하라는 명령이 내려졌다는 소문이 있는 등 불길한 느낌이다.

〈뉴욕타임스〉 1987년 6월 19일자 1면 톱기사.

6월 22일에 발매된 미국의 시사주간지 〈타임〉은 한국사태를 커버 스토리로 다뤘다. 이 기사의 도입부는 6월 18일 저녁 서울의 신세계백화점 앞에서 있었던 전경들의 항복 장면이었다.

시위자들은 경찰 장비들을 두 군데에 쌓아 놓고 불을 질렀다. 이 장면은 심볼리즘으로 충만한 것이었다. 독재의 도구들이 불타오르고, 국민을 억누르던 경찰은 공포에 떨며 머리 숙인 장면—. 구경

꾼들은 이것이 한국의 미래상이 아닐까 하고 생각했을 것이다.

미국의 양대 일간지인 〈워싱턴포스트〉와 〈뉴욕타임스〉도 19일자 1면 머리기사에서 한국의 18일 시위를 다뤘다. 두 신문 모두 전경들이 시위대의 투석에 견디지 못하고 달아나고 있는 사진을 실었다. 〈워싱턴포스트〉의 1면 톱 제목은 「시위대가 서울 거리를 장악하다」, 〈뉴욕타임스〉의 제목은 「더욱 격렬해진 시위에 직면, 비틀거리는 서울 당국」이었다. 〈뉴욕타임스〉의 기사 도입부는 이러했다.

서울 도심부 전역은 오늘 밤 전장으로 비쳤다. 최근의 한국 정치사태에서 최악의 혼란이 일어난 가운데 경찰은 도심의 통제능력을 몇만명의 시위학생들에게 빼앗겼다.

부산의 시위는 18일 오후에 시작하여 19일 새벽까지 계속되었다. 새벽 3시쯤 부산역 가까이에 있던 시위군중들이 부둣길에서 트럭·트레일러 등 10여 대를 징발하여 앞장서고, 그 뒤를 2백여 대의 택시가 뒤따르며 차량 시위대를 조직해서 부산시청으로 향했다. 시청에서 7백m쯤 떨어진 부산세관 앞에서 경찰은 저지선을 펴고 최루탄을 퍼부어 댔으나, 수많은 시위대는 물러가지 않았다. 경찰은 대형트럭을 동원하여 길을 가로막은 뒤 새벽 4시쯤 64연발 최루탄 수백 발을 쏘아서 겨우 시위대를 해산시켰다.

이 무렵 부산시 치안당국에서는 서울로 "경찰력의 한계가 왔다"고 보고했다. 7월 13일자 〈타임〉지는 "부산시 당국은 공포상태에 빠져 몰리고 있는 전경들을 지원하기 위한 군 동원을 요청했다"고 보도했다.

'비상조치 임박' 설

19일 오전 청와대의 한 고위 보좌관은 출입기자들에게 이렇게 말했다.

그 동안 인내와 자제 속에서 가급적 경찰력으로 사태를 진압하려 했으나, 19일 새벽까지 계속된 부산의 소요사태 등은 더 이상 방치할 수 없는 상황으로서, 정부의 대응방안은 강성으로 전환되고 있다.

청와대 출입기자들은 본사로 돌아가 비상조치가 임박했다고 알렸다. 아마도 오후에 위수령이나 계엄령, 또는 헌법에 규정된 대통령의 비상조치가 내려질 것이라고 보고한 기자들이 많았다고 한다. 뒤에 알려진 바에 의하면 이때 군당국은 위수령(衛戌令)에 대비, 주요 도시 외곽에 군의 배치를 완료하고 명령만 기다리고 있었다.

19일 오후, 릴리 주한 미(美)대사는 청와대를 찾아가 전두환에게 레이건 대통령의 친서를 전달하고 2시간 동안 면담을 했다. 이 시간 〈뉴욕타임스〉는 친서의 내용은 전두환에게 완전한 민주화를 이루도록 촉구하는 것이라고 보도했다.

19일 오전 민주당 확대간부회의에서 나는 "현재의 시국이 매우 심각해 이미 노태우 대표로는 해결될 수 없는 상황에 이르렀다"면서, "시국을 책임질 수 있는 전두환과 지금 당장 만나는 것만이 시국 수습의 유일한 길"이라고 강조하고 여·야 영수회담을 제안했다.

노태우 만날 여유 없다

　이 날 오후 나는 민족문제연구소에서 기자들과 간담회를 가졌다. 나는 "지난 밤 부산사태 등으로 두 시간밖에 잠을 자지 못했다"고 밝힌 뒤, "노대표를 만날 여유가 없다"고 했다. 나는 "정부가 비상조치를 취할 경우 1주일도 못 가서 전국이 내란상태에 빠져 수천 수만의 사람이 죽고, 나라가 망할 것이며, 대통령도, 정부·여당도, 나도, 야당도 살아남는다는 보장이 없다. 여·야 영수회담 제의는 그런 이유 때문에 구국적인 자세로 하자는 의미이다"고 역설했다. 나는 "어제·오늘 사이의 24시간은 평상시 같으면 한 달 이상이나 될 만큼 엄청나게 상황이 바뀌었다"고 설명했다.
　한편 19일 오후 서울 한남동 모처에서 구속되지 않은 '국본'의 상임집행위원 및 공동대표 연석회의가 열렸다. 이 자리에서는 26일로 예정된 '국민평화대행진'을 놓고 다음날 새벽까지 열띤 토론이 벌어졌다.
　다음날 인명진(印明鎭) 대변인은 성명을 통해 ① 4·13조치 철회, ② 6·10대회 관련 구속자 및 양심수 석방, ③ 집회·시위 및 언론자유 보장, ④ 최루탄 사용 중지의 4개항을 정부에 촉구하고, "이에 대한 조치를 오는 22일까지 국민 앞에 밝히라"고 요구했다.
　성명은 이어 "만약 이러한 요구가 받아들여지지 않을 경우 국본은 민주헌법 쟁취를 위한 국민 평화대행진을 불가피하게 강행하지 않을 수 없다"며, 오는 23일에 대행진 실시의 날짜·시간·방법 및 국민행동수칙을 발표할 것이라고 밝혔다.

폭우 속에 데모 계속

토요일인 20일 오후 부산 북구 출신인 문정수(文正秀) 의원이 부산 시위현장을 둘러보고 서울로 올라와 나에게 보고했다.

우리가 끝장내고야 말겠다는 결의와 자신감이 시민들 사이에 퍼져 있고, '독재타도'를 외칠 때에 들어 올리는 손의 힘이 서울에서 보던 것과는 달리 폐부를 찌르는 듯 날카로워 섬뜩했습니다. 부산에서는 이제 혁명의 열기가 흘러 넘치고 있습니다.

20일 밤 부산의 시위를 〈아사히신문〉은 이렇게 보도했다.

수도 서울의 시위규모를 웃도는 시위와 집회가 연일 계속되어 한국 정국의 초점이 된 부산의 데모는 토요일인 20일엔 대학생·시민뿐 아니라 고교생까지 가세, 약 2만명이 시(市) 중심부에서 경찰과 격돌을 되풀이했다. 4·19혁명, 부마사태 등 한국 현대정치사의 고비 때마다 정국을 좌우해 온 이 지방에서는 비상조치도 불사하겠다는 정부의 최후통고가 나온 뒤에도 시민들의 행동은 수그러들 기미를 보이지 않고 있다. 고교생들은 오후가 되자 2, 3백명씩 집단을 이루어 시내로 진출했다. 서울과 경상남·북도로부터 약 3천명의 응원부대를 지원받은 경찰은 약 7천명의 병력으로써 이에 대응했다. 방어경비에서 공세로 전환한 경찰은 사람들이 보이기만 하면 최루탄을 쏘았다. 그래도 골목과 지하철 입구에서 쏟아져 나오는 데모대의 파도를 흩어 놓을 수가 없었다. 저녁에 소낙비가 내려도 데모는 계속되었다. 원래 반(反)중앙의식

6·26평화대행진 당시 부산 문현로터리의 시위장면. 한 시민이 웃통을 벗은 채 "최루탄을 쏘지 말라"며 경찰 쪽으로 달려가고 있다.

이 강한 부산 사람들은 한번 불이 붙으면 좀처럼 수그러들지 않는다고 한다.

1987년 6월, 부산에는 유난히도 비가 많이 내렸다. 억수같이 쏟아 붓는 빗속에서 매일같이 격렬한 시위가 그치지 않았다. 부산 시민들의 민주화 의지는 그만큼 강렬한 것이었다.

일요일인 21일 오후에 나는 상도동 집에서 김영배(金令培) 사무총장과 김현규(金鉉圭) 총무로부터 민정당 총장·총무와의 회담에서 아무 합의도 보지 못했다는 보고를 받은 뒤 기자들을 만났다.

시민·학생·전경이 매일 다치는 이 시국에 전두환은 구름 위에 있으면서, 노대표에게 하청준 것처럼 나와 만나라 하고 있어요. 1년에 2만여명씩의 각계 인사를 만난다면서 나를 왜 못 만납니까? 야당총재가 2만명 축에도 못 낀다는 말입니까?

명동 데모에서는 학생과 시민의 비율이 1 대 4라고 하지 않습니까? 넥타이 맨 샐러리맨들 사이에 바람이 불었어요. 샐러리맨들은 점심시간에 나가 두어 시간 소리치고 해야 직성이 풀린답니다. 이 바람을 역류시킬 수는 없어요.

이즈음 한국 중산층은 세계의 언론으로부터 각광을 받았다. 세계의 거의 모든 주요 언론들은 이번 사태가 한국 '중산층의 반란'이라고 표현하면서, 왜 중산층이 반정부의 기치하에서 격렬한 저항을 보이게 되었는지를 분석했다. 나는 중산층을 행동파로 변신시킨 3대 원인을 첫째, 박종철군 고문치사사건, 둘째, 4·13조치, 셋째, 최루탄 난사로 꼽았다.

국본(國本)의 4개항 요구에 대한 응답 시한인 22일이 다가왔다. 나는 이 날 분주하게 움직였다. 오전에 나는 천주교 서울대교구청으로 김수환 추기경을 방문했다. 이 자리에서 김추기경과 나는 현 시국을 수습하는 첩경은 4·13조치의 완전 철회이며, 이를 위해 나와 전두환의 만남이 매우 중요하다는 데 인식을 같이했다.

대화 도중 노태우가 여·야 영수회담이 곧 이루어질 것이라고 발표했다는 소식이 들려 왔다. 나는 '국본'이 계획 중인 국민평화대행진은 내가 전두환과 회담한 후 그 결과를 보고 개최 여부를 결정하는 것이 좋겠다고 판단했다.

나는 곧 외교구락부로 달려가 '국본'측 공동대표들을 만났다. 나는 대회 날짜의 발표를 연기해 줄 것을 요청했다.

영수회담 개최가 확실해진 6월 22일, 기자들은 이 회담에 임하는

1987년 6월 22일. 김수환 추기경을 만났다.

나의 자세에 대해 물었다. 나는 "영수회담에서 4·13조치의 철회를 요구하겠다"고 분명히 밝힌 뒤, "노태우가 만나자고 했을 때 거부한 것은 4·13조치의 철회를 논의의 대상에서 제외한다고 해서 그런 것이다"고 말했다.

어느 기자가 "개헌논의의 재개 정도를 내놓을 때에는 어떻게 할 것인가?"하고 물었을 때 나는 단호하게 대답했다.

"그런 말장난은 절대 받아들일 수 없다. 현정권이 그렇게 나간다면 엄청난 국민적 저항에 부딪칠 것이다. 이 시점에서는 내년 2월 이후에도 계속 정권을 잡겠다는 생각을 갖지 말아야 한다. 다음 대통령은 누가 되어도 좋다는 생각을 가져야 보복 없는 좋은 정치가 될 수 있다."

나는 기자들에게 영수회담이 잘 안 될 경우 국민평화대행진이 불가피하다는 점도 강조했다.

비표는 끝내 거부

한국에서 사태가 심상치 않게 전개되자, 6월 23일 미 국무성 동아시아·태평양담당 차관보인 개스터 시거가 방한했다. 전두환과 노태우를 만난 시거는 미국의 입장을 전달했다. 전두환에 대한 경고였다.

미국의 입장은 이미 여러 차례 분명히 한 바 있지만, 모든 문제가 평화적으로 해결돼야 한다는 것이다. 또 민주발전이 이룩돼야 한다는 것이다. 이것은 과거는 물론 앞으로도 계속될 미국의 정책이다.

6월 24일 나는 김태룡(金泰龍) 민주당 대변인과 함께 청와대로 갔다. 그런데 청와대 입구에서부터 실랑이가 벌어졌다. 전두환을 만나려면 비표(秘標)를 달고 들어가야 한다는 것이었다.

"당신들이 이래서 국민의 마음을 모른다는 얘기가 나온다. 대한민국에서 이 김영삼이의 얼굴을 모르는 사람이 있는가? 세계가 다 안다. 나쁜 관례는 고쳐야 한다."

나는 끝내 비표를 달지 않고 전두환을 만났다. 나와 전두환이 영수회담을 하는 동안 박영수(朴英秀) 비서실장과 김윤환(金潤煥) 정무수석, 김태룡 민주당 대변인은 대기실에서 기다리고 있었다.

공동회견 회피한 전두환

나는 전두환에게 거침없이 하고 싶은 말을 다 쏟아 냈다. 나는 "만약 이대로 가면 수습할 수 없다. 계엄으로는 수습이 불가능하며 어떤 비상조치든 자멸(自滅)로 가는 길이 된다"고 경고하고, "민주화의 수용만이 나라가 살고 당신이 살아남을 수 있는 길이다"고 말했다.

나는 4·13조치 철회 및 선택적 국민투표 실시, 언론자유 보장, 6·10대회 관련자 등 구속자의 석방과 사면·복권, 김대중 가택봉쇄 해제 등을 주장했다. 그러나 전두환은 개헌논의를 재개하겠다고만 말했을 뿐, 4·13조치 철회와 직선제 수용문제 등에 대해서는 대답을 회피했다.

나는 또 전두환에게 "오늘 날 만나자고 했는데, 나만 만날 것이 아니라 김대중을 당장 사면·복권하고 나와 전두환 당신, 그리고 김대중 이렇게 셋이서 식사를 한번 하자. 원한다면 노태우 대표가 참석해도 좋다"고 제의했다. 식사를 하면서도 이 문제를 재차 거론했지만, 전두환은 아무 말도 하지 않았다.

전두환은 어려운 대목에 부딪치면 노태우와 만나 의견을 절충하라는 태도로 일관했다. 나는 그때마다 "노태우는 만날 필요가 없다. 당신이 책임자인데 왜 자꾸 미루느냐"고 다그쳤다.

회담은 3시간가량 진행되었다. 전두환이 오찬 약속이 있다면서 회담을 끝내고 싶어하길래, 나는 핀잔을 주어 자리에 앉혔다. "지금 이 회담보다 더 중요한 약속이 어디 있느냐." 결국 전두환은 인터폰을 눌러 약속을 취소했고, 회담은 오찬으로 이어졌다.

회담 내내 내가 특히 강조한 것은 전두환이 나의 민주화 요구를 수용한다면 회담결과를 공동기자회견을 통해서 발표하자는 것이었다. 정권의 책임자인 전두환이 대통령직선제를 수용한다는 분명한 태도를 밝히지 않는다면, 6·26집회를 앞둔 국민들을 설득하기 어려운 것이다. 그러나 전두환은 여전히 노태우의 이름만을 들먹일 뿐이었고, 나의 요구에 대해서는 끝내 회피했다.

전두환은 현실을 몰랐다

회담을 끝내고 귀빈 대기실로 들어서자 김태룡 대변인이 따라왔다. 나는 혼잣말처럼 "합의된 게 아무 것도 없어"하고 말했다. 김대변인이 "그럼 결렬이군요?" 해서 나는 아무 말 없이 고개를 끄덕거렸다.

그 날 오후 2시 54분쯤 나는 민추협 사무실에 도착, 곧바로 내·외신 기자 80여명과 회견을 가졌다. 나는 회견내용을 항목별로 간단하게 소개했다. 나는 "양측 대변인이 대화내용을 있는 그대로 정리해서 발표키로 했다"고 말해 공동 합의사항이 없음을 간접 설명했다.

나는 우선 최대 관심사였던 4·13조치 철회와 직선제 수용에 대해 설명했다. 나는 "4·13조치 철회를 강력히 요구했지만 전두환은 구체적으로 철회라는 표현을 쓰지 않았다," "나는 전두환에게 바로 직선제를 실시하는 게 마땅하나, 원한다면 선택적 국민투표를 해서 국민 뜻에 따르는 게 바람직하다고 강조했다"고 밝혔다.

나는 또 "민주주의를 요구하다 구속된 사람이 3천명에 가깝다. 이들을 과감하게 전원 석방하고 사면·복권하는 게 좋겠다고 말했으나, 전두환은 아무 언질도 주지 않았다"고 설명했다. 나는 "진실로 멋있는 정치를 하려면 김대중씨를 사면·복권하고 함께 국정을 논의해야 함을 누차 강조했다"고 부연하고, 다만 "김대중씨는 오늘 중 연금이 해제될 것 같은 감(感)을 받았다"고 말해 주었다.

나는 또 "이승만과 박정희 두 정권이 멸망하는 것을 본 사람으로서 당시 상황을 전두환에게 자세히 설명해 주었다"고 하면서, "전두환정권은 이 점을 깊이 새겨서 앞으로 4·13 철회를 분명히 선언해야 할 것"이라고 거듭 촉구했다.

나는 전두환이 올림픽을 거론한 데 대해 내가 "올림픽을 위해서도 민주화를 해야 한다," "임기 내에 개헌을 하고, 그 헌법에 따라 출범한 정부가 올림픽을 치러야 국민적 축제가 가능하다"고 강조했다고 밝혔다.

나는 전두환의 시국인식에 대한 질문을 받고 한마디로 대답했다.

"전두환이 현시국을 잘 모르는 것 같았다. 그래서 부산 등지의 시위와 무차별 진압상황 등을 얘기하며 정치현안에 대해 합의하자고 했다."

평화대행진 강행 선언

기자회견 후 나는 총재실에서 긴급 정무회의를 주재하고 영수회담이 결렬되었음을 알리고, 대여(對與) 강경투쟁을 선언했다. 이어서 나는 민족문제연구소에서 다시 기자들과 일문일답을 했다.

- 정부 쪽에서는 4·13조치를 사실상 철회한 것으로 해석하고

있는데, 결렬선언을 한 것은 너무 성급한 것 아닌가?

"그것은 저쪽이 급해져서 그러는 모양인데, 철회라는 것을 분명히 밝혔어야 한다. 따라서 고려할 필요가 없다. 저쪽은 우선 급박하니 시간을 벌려 하겠지만, 국회에서 논의한다는 것으로는 안 된다."

- 26일의 평화대행진은 강행하는 것인가?

"회담결렬을 선언했으니 당연하다. 내일 아침 국민운동본부 간부들과 식사를 하면서 대책을 논의할 생각이다."

- 평화대행진으로 인해 큰 충돌이 있을 수도 있다는 우려가 많은데.

"우리는 어디까지나 평화적인 시위를 할 것이다. 회담결과가 만족스러웠으면 연기할 수도 있었으나, 이런 식이면 강행할 수밖에 없지 않은가."

- 강경투쟁 이후 최근 소강국면을 보이던 시위가 격렬해지지 않겠는가?

"회담에서도 정치현안에 대해 결관이 나지 않으면, 시위가 더욱 격렬해지고 수습이 어려워진다는 점을 누차 강조했으나 응답이 없었다. 민주화만 되면 과격시위도 수용될 수 있을 것이다."

- 강경투쟁은 현정권에 대한 타도투쟁을 의미하는가?

"아직 그렇게까지는 표현할 필요가 없다고 본다."

- 조만간 영수회담이 다시 열릴 가능성은?

"전두환과 또 만나자고 했으니 그 정신은 살아 있다. 4·13조치의 철회 등 우리의 주장을 받아들이지 않는 한 당장 다시 만날 생각은 없다. 나는 오늘 여러 가지를 촉구하면서, 그렇게 해야만 다시는 정치보복이 없고 눈물 없는 정치를 이룰 수 있을 것이라고까지 했다. 국민의 의사를 무시하는 4·13조치를 철회하지 않으면 무슨 문제든 풀리지 않는다. 회담에서도 말했지만 계엄을 하면 내란상태로 들어간다. 그런 불행이 있어서는 안 되고 민중혁명이 와서도 안 된다. 결국 전두환이 수습에 나서서 결정을 해야 한다."

- 민정당의 수습방안을 보고 대화를 계속해야 할 필요가 있지 않은가?

"전두환은 정치를 노태우 대표위원에게 맡겼다면서, 국회에서 개헌논의를 재개하고 여·야가 협상을 하라고 했지만, 급박한 시국문제를 밑의 사람에게 미뤄서는 안 된다."

결렬과 '사실상의 철회' 사이

청와대 회담을 내가 '결렬'이라고 선언하자 정부와 민정당에서는 당황한 빛을 감추지 못했다. 정부는 기자들에게 "4·13조치는 사실상 철회된 것이다"고 설명하면서, 결렬선언은 어불성설(語不成說)이라고 했다. 어불성설은 내가 아니고 전두환이었다. 내가 전두환에게 4·13조치 철회를 분명히 못 박자고 그토록 끈질기게 요구했으나 전두환은 이를 회피했다.

전두환이 이처럼 중요한 사안에 대해 분명히 말하지 않고 보좌관을 시켜 얼버무리는 것은 정권의 책임자로서 당당하지 못한 자세였다.

나라의 운명을 결정지을 중대사안에 대해서 명색이 국정 책임자가 이처럼 애매한 발언을 하는 데 대하여 나는 실망을 금할 수 없었고, '결렬'이라고 발표하지 않을 수 없었다. 나의 결렬선언이 정부 쪽으로 하여금 "사실상 철회다"는 식의 후퇴를 가져왔다는 해석도 있었으나, 이 문제는 누구의 해명이 중요한 그런 차원의 것이 전혀

6·26평화대행진 가두시위 중 경찰의 저지를 받고 있는 모습.

아니다.

  6월 24일 오후 청와대에서 발표한 나와 전두환 간의 대화 기록에는 사실과 다른 점도 많았다. 나는 25일 오전 김태룡 대변인에게 누락 또는 왜곡된 부분에 대해 바로잡고 해명하라고 지시했다. 예컨대 내가 한 발언 중에서 기록에 빠진 것으로는 "일부 야당 인사들은 이 정권이 계엄령을 선포해야 빨리 무너진다고 말하고 있다," "1979년에 내가 정권타도 선언을 했더니 부마(釜馬)사태와 10·26이 일어났다," "대통령이 시중의 얘기를 정확하게 못 듣는 것 같다" 등이 있었다. 청와대는 또 "구속자를 풀어야 한다"는 말을 "풀어 주십시오"로 바꾸어 발표하거나, "감사합니다," "고맙습니다"

등의 말은 하지 않았는데 한 것처럼 발표했다. 전두환에게 감사할 것은 한 가지도 없었다.

평화대행진 현수막 내걸다

6·26평화대행진을 하루 앞둔 6월 25일 아침, 나는 '국본' 간부들을 외교구락부로 초청, 식사를 함께 하며 전날의 영수회담 경과를 설명하고 평화대행진 추진문제를 협의했다. 이 자리에서 국본측 참석자들은 "영수회담은 결렬되었다"는 나의 의견을 수용, 26일의 대행진을 성공적으로 진행할 것을 다짐했다.

민주당은 25일 민추협 사무실에서 6·26평화대행진 준비위원 모임을 갖고 대회 준비상황을 최종 점검하는 등 투쟁대열을 짜는 데 부심했다. 오후에 열린 의원총회에서는 26일의 대행진과 관련한 세부지침을 시달하고, 의원들을 19개 조로 나누어 서울·인천·수원·의정부·부천 등에 40여만 장의 대행진 홍보전단을 배포하도록 조치했다.

이 날 오전 10시부터 중앙당을 비롯한 각 지구당에서는 '국민평화대행진 26일 오후 6시'라는 현수막을 밖으로 내걸고, 대행진 당일인 26일 오전 10시부터는 옥외방송을 실시하기로 했다. 또 전국적인 시위상황을 파악하고 만일의 불상사에 대비하기 위해, 25일부터 오는 7월 12일까지 부총재를 조장(組長)으로 하는 비상 대기조 6개 조를 편성·운영하기로 했다.

6월 25일, 이 날은 나라 안의 온 관심이 하루 앞으로 다가온 평화대행진에 집중되었다. 나는 "적어도 1백만명이 거리로 나올 것"이라고 장담했다.

6·10시위 후 우리나라는 직접민주주의 시대로 진입한 느낌이 들 지경이었다. 광장·성당·거리·골목 등 도심 곳곳에서 수백·수천명이 참석하는 시민 토론회가 열리는가 하면, 시위에 몇 명이 참가하느냐가 정국의 풍향에 결정적인 잣대(尺)로 여겨지는 그런 분위기였다. 국회 등 장내의 정치가 민주주의를 수용하지 못하니 민의는 거리로 나왔고, 거기에 모인 사람의 숫자가 가장 권위 있는 판정의 기준이 된 것이다.

25일 오전, 민추협에 있는 내 사무실로 시거 미 국무차관보가 찾아와 1시간여 동안 요담했다. 나는 "대통령직선제와 언론자유 등 신속하고 단호한 민주화 조치가 취해지지 않는다면 정국안정은 불가능하다. 국민혁명이 일어날 것이다"고 말했다. 시거는 군대는 나오지 않으리란 뉘앙스를 많이 풍겼다.

닭장차에 실리다

6월 26일 오후 4시 40분쯤 무교동 민추협 사무실이 들어 있는 빌딩 앞길에서 경찰은 최루탄을 터뜨려 민주당원들을 종로와 청계천쪽으로 흐트러뜨렸다. 이틀 전의 영수회담으로 대화국면이 전개될 듯했으나 '거리의 진실'은 따로 있다는 것이 입증되는 순간이었다.

민주당과 민추협은 이 날 오후 5시 민추협 사무실에서 '민주헌법쟁취를 위한 국민평화대행진식(式)'을 갖고 비폭력 평화적 방법의 행진을 다짐했다. 민주당과 민추협은 민주당의 김태룡, 민추협의 채영석(蔡映錫) 대변인 이름으로 된 성명서를 통해, "김영삼 총재가 6·24 청와대 영수회담에서 구체적이고 즉각적인 민주화 실현을 요구했지만, 현정권은 개헌을 국회에서 합의해 보라는 식의 해

묵은 각본만 되풀이했다"고 비난했다.

나는 "이 정권이 도도히 흐르는 국민의 힘과 여망을 받아 우리가 요구하고 있는 4·13조치의 확실한 철회, 직선제 또는 선택적 국민투표, 3천여명 구속자의 석방 등을 들어 주지 않을 수 없는 시점에 왔다"고 말하고, "이 정권은 우리의 요구를 받아들여 우리가 다시 거리에 나가 데모하는 일이 없기를 바란다"고 강조했다.

5시 50분쯤 우리 일행은 민추협 사무실을 나와 대형 태극기를 들고 시청으로 행진하려 했으나, 경찰은 거리 곳곳에 최루가스 분말을 대량 살포하며 저지를 했다.

당시 경찰의 물리력에 의해 나와 김동영(金東英), 박용만(朴容萬) 부총재 등 당직자들은 '닭장차'에 실려 가는 수모를 겪었다. 나 한 사람만을 태운 닭장차는 김포공항 쪽으로 가다가 중간에서 길을 바꿔 상도동 집에 나를 내려놓았다. 국회의원을 비롯한 현장에 있던 많은 당원들도 강제로 경찰차에 실려 갔다. 그들은 멀리 떨어진 경부고속도로 변에 내려졌다. 민주당과 민추협 간부들은 당국의 폭력 저지를 규탄하고 4·13조치 철회 등을 요구하며, 27일 아침까지 민추협 사무실에서 농성을 했다.

국민운동본부는 이 날 오전 「6·26 국민평화대행진의 날은 밝았다」는 제목의 성명을 발표, "우리는 온 국민과 더불어 당당하고 의연하게 국민의 뜻을 외면하는 현정권의 태도를 꾸짖고, 민주헌법 쟁취를 통한 민주정부 수립의 결연한 뜻을 오늘 다시 한번 표시한다"고 밝혔다.

6·26 국민평화대행진

6월 26일, 서울의 경찰은 전에 없이 강력하게 대처하여 사태를 장악해 나갔고, 6월 18일과 같은 집단적인 항복(?)은 없었다. 늘 시위대를 쫓는 입장에 있었다. 최루탄 발사를 자제하겠다던 내무부장관의 약속은 최악의 난사로 나타났다.

1987년 6월 26일, 평화대행진 참가 중에 터진 최루탄에 곤혹스런 표정(노승환, 최형우, 나, 김정원, 이중재)을 짓고 있다.

시위군중이 6월 10일이나 18일보다 훨씬 늘었는데도 그런 대처가 가능했던 것은, 며칠간의 소강상태를 통해 전경이 충분한 휴식을 취한 데도 이유가 있었지만, 무엇보다도 상부로부터의 독전(督戰)이 대단했기 때문이다. 26일엔 사복조의 수상한 사내들이 쇠파이프를 베로 둘둘 말아 들고 다니며, 시위자뿐 아니라 일반 시민까지 마구 구타하는 모습이 시내 도처에서 목격되었다.

어느 이탈리아 기자는 이 사복조 중에는 '갱스터'(깡패)로 보이는 사람들이 많다면서, 한국 기자들에게 "혹시 죄수들을 위장시킨 것이 아니냐"고 물었다고 한다. 한국 기자들이 그럴 리 없다고 해도, 그 이탈리아 기자는 믿지 않았다고 한다.

26일의 시위에는 노동자들로 보이는 사람들이 전보다 훨씬 많이 늘어났다. 시위가 계속되었더라면 이들이 대거 참여했을 것이고, 그때는 또 다른 국면이 전개되었을지도 모른다.

6·26평화대행진에는 전국에서 약 180만명이 참가했다. 사상 최대규모였다. 6·26평화대행진의 메시지는 국민들이 '4·13의 사실상 철회' 정도로는 절대 만족할 수 없다는 단호한 선언이었다. 26일로 대세는 완전히 기울어졌다.

26일 밤, 나는 민추협 사무실에서 농성 중 기자들과 만나 "평화대행진은 대단히 큰 성공"이라고 말했다. 앞으로의 정국 대처방안에 대해서 나는 "우리는 투쟁과 대화를 병행하고 있으므로 대화로 문제를 해결한다는 데 이론(異論)이 없다"고 했다. 덧붙여 "국민들의 고통과 많은 사람들의 죽음을 더 이상 방치해서는 안 된다. 지금이라도 현정권이 결단을 내려 민주화를 이뤄 주기를 진심으로 바란다"고 강조했다.

피와 땀과 눈물의 결실

6월항쟁은 결국 전두환을 굴복시켰다. 마침내 민정당 대표 노태우로부터 직선제개헌, 김대중 사면·복권, 기본권 신장을 위한 제도적 개선, 언론자유 보장 등 시국수습 8개항이 담긴 '6·29선언'을 이끌어 낸 것이다. 8개항에는 내가 전두환과의 영수회담에서 제시한 내용이 거의 그대로 나열되었다.

6·29선언이 발표됨으로써 개헌을 둘러싼 시비와 공방은 일단락됐고, 대도시의 시민들을 괴롭히던 최루탄가스도 하루아침에 사라

지는 등 비로소 정상을 되찾아 가게 되었다.

6월 29일, 그 날 오전 나는 민추협 회장단 회의 도중 노태우의 특별선언 소식을 듣고 소감을 말했다.

이 시대 국민에게 희망을 안겨 주는 발표라고 보며 환영한다. 구체적인 대응책은 여권의 후속조치를 지켜 본 뒤 강구하겠다.

당원들과 구속자 가족들로부터 "축하드립니다," "좋으시겠어요"라는 인사를 받고 악수를 나누면서, 나는 "고생하셨습니다"라고 인사했다. 몰려든 내·외신 기자들은 앞을 다투어 질문공세를 퍼부었다.

- 노대표의 발표에 대한 평가는?
"국민의 뜻을 받아들인 중요한 결심을 했다고 봅니다. 오랫동안 많은 국민이 피와 땀과 눈물로 싸워 온 결실이란 점에서 늦었지만 진심으로 환영합니다."
- 노대표 단독구상이 여권 내에서 어떻게 수렴될 것으로 보시는지요?
"전두환이 노대표의 구상을 받아들여야 하고 또 받아들일 것으로 믿고 싶습니다. 모든 걸 빨리 결심했으면 합니다. 또한 대통령선거에서 어느 누구도 엉터리 법률에 제약받는 일이 없어야 합니다."

1987년을 정치기적의 해로

- 노대표의 선언을 야권에서 지원할 구상은 없으신지요?

"확대간부회의에서 참석자들에게 '말 좀 해 보라'고 했으나 아무도 얘기하지 않았습니다. 내 생각으로는 1987년이 정치적 기적을 이룰 수 있는 희망의 해가 되리라 봅니다. 민주화를 위해 당원동지와 재야·학생 모두 참 잘 싸워 주었습니다. 외신과의 인터뷰에서도 얘기했지만, 나는 진실로 군(軍)을 사랑합니다. 군도 모든 민의를 받아들여 민주화를 이룩하는 데 적극적으로 협력할 것으로 믿습니다."

- 바람직한 정치일정은?

"9월 말까지 개헌과 대통령선거법·국회의원선거법을 모두 끝내고, 10월이나 늦어도 11월 초순까지 대통령선거와 국회의원 선거를 치렀으면 합니다."

- 민주당은 실세 대화를 통해 권력구조 문제를 타결해야 한다고 주장해 왔는데, 이제는 '김·노회담'을 통해 결정할 시점이 아닌지요?

"전대통령이 수습안을 받아들이면 다시 영수회담을 통해 노태우 대표와도 만나 얘기할 용의가 있습니다. 대통령선거법·국회의원선거법·선거시기 등 정치일정은 민정·민주당간에 중진회담을 열어 공동으로 결정해 나가야 하고, 구속자 석방, 사면·복권은 협상대상이 아니라 정부·여당이 당연히 빨리 실현해야 합니다."

- 앞으로 여당과 협상할 개헌안, 선거법 등을 언제쯤 마련할 계획인지요?

"30일 정무회의를 열어 소위(小委)를 구성할 겁니다. 크게 다를 것이 없기 때문에 1주일 만에 끝낼 수 있을 겁니다. 대통령선거법도 마찬가지고. 다만 국회의원선거법은 협상에 시간이 걸리겠지요."

- 이 시점에 민주당이 해야 할 시급한 문제가 있다면?

"좀 천천히 생각해 보고……. 그만 합시다. (한동안 생각한 뒤) 우리는 지금 이 시점부터가 제일 중요합니다. 전환기가 더 어려워요. 국민의 뜻을 겸허히 받아들여 진실된 민주화의 길로 가야 하고, 국민들의 기대에 어긋나지 말아야지요. 정국 추이를 지켜보면서 중지를 모아 가겠습니다."

- 오늘 발표가 있기 전 민주당이 구상했던 것은?

"민주화가 안 될 경우 곧 지난 6·26대회보다 몇 배 큰 대회를 할 예정이었습니다. 오늘 아침에도 국민운동본부에 사람을 보내 '지금부터 모든 걸 정치적으로 해결하도록 노력해야 하며 당분간 지켜 보자'고 얘기했습니다. 민주화가 안 될 경우 그 대회는 반드시 진행됩니다."

- 노대표의 발표가 예상보다 빨랐는지요?

"빠르기는……. 늦었지요. 수만명이 고통당하고. 다시 강조하지만 위대한 민권승리의 시발점이고, 무엇보다도 오랫동안 감옥생활을 한 민주인사와 수배자들에게 석방조치가 있어야 합니다. 흔들림 없이 싸워 준 그 분들에게 진심으로 감사합니다."

- 시민들의 반응을 어떻게 보시는지요?

"점심시간에 나가 봤더니 온 국민이 박수를 치고 손을 흔들고 즐거워하고 승리에 부푼 모습이었습니다. 정치를 잘하면 이렇게 국민에게 즐거움과 기쁨을 주는 것인데……. 학생들이 얼마나 고생했습니까."

인터뷰 도중 나는 나도 몰래 눈물이 어리는 것을 느꼈다. 이 날 나는 하루 종일 외국 기자들의 질문공세에 시달려야 했지만 즐거운 고달픔이었다.

- 지난해 11월 김대중 의장의 불출마선언을 어떻게 보시는지요?

"여러 번 얘기했지만 나와 김의장은 민주화된 뒤에까지 힘을 합치기로 했습니다. 국민에게 걱정을 끼쳐 드리는 일은 없을 겁니다."

6월항쟁의 회고

나는 십여년이 지난 지금도 6월 민주항쟁의 나날들에 대해 선명한 기억을 가지고 있다. 긴장과 분노, 흥분과 감동의 순간들……. 무엇이 우리 국민을 그토록 포악한 독재의 공포로부터 해방시킨 것일까? 작렬하는 최루탄 속에서 나는 과연 무엇을 생각하고 행동했던가?

1987년 봄, 전두환은 군과 경찰에 의존해서 막강한 권력을 행사하고 있었다. 그러나 우리 국민은 독재에 대해 궐기했고 민주주의의 메아리로 전국을 물결치게 했다. 참으로 위대한 국민이었다.

나는 6월항쟁 기간 중 단 하루도 최루탄이 터지는 투쟁의 현장에서 떠나 본 적이 없었다. 격렬한 시위와 대규모 집회를 통해 야당과 재야, 학생과 시민, 그리고 국민 모두의 용기가 하나로 결집되었고, 시간이 흐를수록 그 힘은 커져 갔다. 나는 그런 역사의 현장에서 국민과 함께 눈물을 흘렸고, 국민의 힘에 감동했다. 우리 국민은 민주주의를 향한 역사의 고비에서 참으로 놀라운 용기를 보여 주었다.

용기는 인간을 독재에 항거하는 투쟁으로 이끈다. 그 투쟁을 승리로 이끄는 데는 지혜가 필요한 법이다. 나는 국민의 사랑을 받는 민주야당의 총재로서 1987년 6월항쟁의 전 기간 동안 거의 뜬눈으

로 밤을 지샜다. 하
루하루 상황은 급
변했고, 그때마다
새로운 투쟁전술이
필요했다. 나는 지
도자로서 생각에
생각을 거듭했다.
우리 국민의 용기
와 힘은 하루가 다

6월항쟁기간 중 구속되었다가 석방된 김명윤 국민운동본부
상임공동대표를 환영하는 모습.

르게 성장했으며, 동시에 독재자 전두환에 대한 국민적 분노와 증오
는 더욱더 커져 갔다.

시간이 흐르면서 학생과 시민·재야는 물론이고, 내 주변 사람들
조차 흥분한 상태가 되어 갔다. 궁지에 몰린 독재자 전두환이 어떤
무모한 행동으로 나올지도 알 수 없는 일이었다. 실제로 그 해 6월
전두환은 쿠데타를 다시 할 생각까지 했다. 나는 절대로 군인들에
게 또다시 기회를 주어서는 안 된다고 생각했다.

지혜가 필요했다. 나는 책임 있는 지도자로서 민주화투쟁을 단계
적으로 강화해, 전두환을 압박하면서 동시에 파국을 경계하고 국민
의 희생을 최소화할 수 있는 방법을 생각해 내야 했다. 내가 전두환
에게 '실질대화'를 요구했던 것이 그 첫 시도였으며, 이어서 나는
노태우와의 대화 용의→노태우의 후보선출 방식에 반대→전두환에
게 직접협상 촉구→전두환과의 회담결렬 후 대화 재촉구 등 상황에
따라 전술의 변화를 꾀했다. 국민들이 나와 국민운동본부의 행동지
침에 동조해 준 것은 참으로 고마운 일이었다.

2. 시대의 과제는 군정종식

민주화 공동선언 주장

1987년 7월 3일 아침, 나는 상도동 집에서 기자들과 만나 시국에 관한 입장을 밝혔다. 나는 정부·여당은 6·29선언에서 약속한 민주화 공약 중에서도 사면·복권 등 그들이 독자적으로 취할 수 있는 조치들을 우선 실행에 옮겨야 한다고 촉구했다. 정부·여당이 약속을 실천하는 자세를 보여야 다음해 2월의 정부이양을 위한 정치일정도 차질 없이 추진될 수 있다고 나는 주장했다.

나는 대통령후보 문제에 대해, "많은 사람들이 대통령후보 문제에 지나친 관심을 보이고 있는데, 김대중 의장과 나는 민주화 이후까지도 협력해 나가기로 분명히 약속했다. 절대로 표대결은 안 할 것이고, 1980년처럼 국민에게 걱정을 끼치는 일은 결코 없을 것이다. 민주화만 되면 더 이상 바랄 것이 없고, 우리 국민에게 자유와 민주주의를 되돌려주는 게 최고의 소망일 뿐"이라고 내 입장을 밝혔다.

그 무렵 김대중이 거듭 주장하고 있던 거국내각 주장에 대해서는, 민주화와 대통령직선제를 주장하는 마당에 한꺼번에 너무 많은 것을 주장하는 게 반드시 좋은 일인지……"하고 반문했다. 대신 나는 "전두환이 당적(黨籍)을 떠나 민주화 의지의 진실성을 국민들에게 보여 줄 필요가 있다"고 주장했다. 헌법과 선거법을 공정하게 고치고, 내무장관 등 선거 주무각료에 중립적 인사를 앉혀 선거를 치르도록 하는 게 좋은 방법이라고 나는 보았다.

나는 또 "나와 김대중, 전두환, 노태우의 4자회담에서 민주화 공동선언을 할 것"을 주장했다. 이는 보복 없는 정치, 피와 눈물이 없는 민주화를 이루기 위한 상징적인 조치가 될 것이었다. 여·야가 함께 민주화를 선언하면서, 한 사람의 낙오자도 없이 민주화 대열에 참여토록 하면, 민주화는 더욱 요지부동의 것이 되리라 믿었다.

광주사태는 기본적으로 전두환이 스스로 풀어야 한다는 것이 내 입장이었다. 광주사태를 '폭동'이라 하고 시민을 '폭도'라고 규정한 것은 당연히 시정돼야 한다. 독재에 항거, 민주주의를 위해서 싸운 것이니 '의거'(義擧)로 규정하고, 민주주의를 이루는 것으로 이들을 위로해야 한다고 나는 주장했다. 나는 또 "사망자를 기리는 충혼탑(忠魂塔)을 건립하고, 피해자에게는 독립유공자 차원에서 보상해야 한다"고 말했다. 물론 전두환정권이 회개하고 사과하면서 진실을 규명하는 것이 그 전제였다. 전두환정권은 진실된 마음으로 피해자들의 명예회복에 노력을 기울여야지, 일시적 호도책으로 국면을 모면하려 해선 안 된다는 말이었다.

신민당 입당은 당연하지

개헌작업과 대선·총선 등의 정치일정 문제는 여·야간 협상을 남겨 두고 있었으나, 이제 커다란 장애물은 없었다.

6·29선언 이후 나와 김대중의 한마디 한마디, 그리고 일거수 일투족은 뉴스의 초점이 되었다. 7월 초, 국내외 언론은 나와 김대중의 관계가 '긴장의 조짐'을 보이고 있다면서, 김대중과 내가 앞으로의 대통령선거 과정에서 계속 단합을 유지할 수 있을 것인지에 대해서 의문을 나타내기 시작했다.

7월 4일 아침, 나는 외교구락부에서 김대중과 1시간 30여분 동안 만나 시국대처 방안에 대해 의견을 나누었다. 회동이 끝난 후 김대중이 두 사람의 합의내용을 발표했고, 오해의 소지가 있는 부분에 대해서는 내가 보충설명을 했다.

김대중은 거국내각 구성문제에 대한 기자들의 질문에, "친형제와 부부간에도 잘하자는 의미에서 견해차이가 있을 수 있는 것이 아니냐"고 반문한 뒤, "그러나 우리 두 사람은 어떤 문제도 토론과 의견교환으로 합의를 못 볼 것이 없다"며 두 사람의 단합을 다짐했다. 나는 김대중의 거국내각과 나의 '전두환의 민정당 총재직 사임안'이 내용상으로 대동소이하다고 말해 주었다.

김대중의 입당 및 재야인사 영입문제에 대해 나는 "김대중 의장과 내가 민주당을 만들었다. 내가 김의장을 상임고문으로 추대할 것이고 김의장도 이에 이견(異見)이 없다"고 설명했다. 기자들이 김대중에게 이 문제를 재확인하자, 김대중은 "내가 갈 데가 어디 있느냐. 입당하는 것은 당연하지"라고 화답하면서, "김총재가 나를 상임고문으로 해줄지 안 해줄지 그때 가 봐야지, 내가 시켜 달라고 미리 말할 수는 없지 않느냐"면서 농담을 건네기도 했다.

나와 김대중의 발표에도 불구하고 언론에서는 거국내각 문제, 정치일정, 대여(對與)협상, 재야영입 등에 대해 두 사람이 합의점을 찾지 못한 것으로 해석했다. 다음은 당시 언론이 보도한 일문일답 내용이다.

 — 김의장이 주장한 거국중립내각 구성을 김총재는 정부측에 권유한다는 수준으로 매듭을 지었는데, 앞으로 더 이상 문제를 제기하지 않겠습니까?

나 나와 김의장 간에 이견(異見)이 있는 것처럼 보도됐는데, 두 사람 사이에 얘기를 해 보니 차이가 없었다. 전두환 대통령이 민정당 당적을 떠나 초연한 입장에 머물러야 한다. 권고의 의미는 지금 당장 거국내각을 구성하라는 것은 아니고 정부·여당 스스로가 하라는 것이니, 김의장과 내 견해 사이에 차이가 없다. 전두환씨에게 권고를 한 것이니 앞으로 정부측의 추이를 보겠다.

 — 거국내각을 구성할 경우 구성인물은 어떻게 할 것입니까?

김대중 상대방에게 권고한다는 것이 우리 두 사람 사이의 원칙이라는 선에서 끝내자. 상대방이 거국내각 구성권고를 받아들일 경우 구성방법에 대해서는 우리와 상의할 것으로 본다.

나 당연히 우리측과 협의하지 않겠는가. 두 사람 사이에 이견이 없었다.

 — 구속자 전원 석방과 전면적인 사면·복권이 이뤄지지 않을 경우 여·야 협상에 응하지 않는다고 한 것은 모든 정치일정이 조속히 진행돼야 한다는 결정과는 배치되지 않습니까?

나 얼마나 될지는 모르나 내주 중에는 구속자 석방이 단행되고 사면·복권도 이뤄질 것으로 본다. 우리 당의 개헌안도 내주 중으로는 끝나게 된다. 내주 중의 사면·복권, 구속자 석방 등이 어떻게 단행될 것인지 지켜보겠다.

김대중 사면·복권과 구속자 석방을 하려면 다 해야지 왜 빼려고 하나. 살인자나 진짜 공산주의자를 하라는 것은 아니고, 억울한 공산주의자가 대상에서 빠져서는 안 된다는 것이다. 억울한 지 여부는 양쪽 모두 상식선이라는 게 있고 필요하면 전문가의 협의를 받을 수도 있다.

나 선별해서는 안 되고 다 풀라는 것이 내 주장이다.

- 최대의 관심사인 대통령후보 문제는 거론됐습니까?

나 관심사항이라는 게 뭐냐?

김대중 일어섭시다. (양김씨는 껄끄러운 질문이 나오자, 즉답을 피한 채 일문일답을 서둘러 끝내고 회동장소인 외교구락부를 떠났다)

불출마 번복, 퇴로 준비

일요일인 7월 5일, 6·10대회 때 최루탄에 맞아 사경을 헤매던 연세대생 이한열군이 사망했다. 이 날 상오 10시경 임시당사인 민추협에 도착한 나는 확대간부회의를 연 뒤 이(李)군 빈소를 찾아 분향했다.

내가 영안실 앞에서 숨진 이군의 아버지를 만난 뒤 빈소에서 분향하는 동안 이군의 어머니는 "총재님, 전경을 철수시켜 줘요"하고 요구하면서, "4·13조치가 없었으면 한열이는 이렇게 안 됐을 것"이라고 울부짖었다. 나는 "온 국민이 이(李)군의 회생을 기도했는데, 이보다 원통하고 슬픈 일이 없습니다"라며, "자신의 몸을 던져 조국의 민주화를 이루겠다는 이군의 숭고한 정신은 역사에 길이 남고, 이군은 순교자로 기록될 것"이라고 이군의 가족을 위로했다.

7월 9일, 전국민이 이한열군의 추모식에 시선을 모았다. 오전 7시 연세대에서 열린 이한열군의 추모식과, 시청 앞까지의 도보행진은 그야말로 인산인해를 이루었다. 시청 앞에 도착하니 넓은 광장

1987년 7월 5일, 이한열 열사 추모식에 참석하여 분향하는 모습.

이 인파로 가득 메워졌다. 참석하지 못한 시민들도 TV를 통해 이 광경을 지켜보았다. 나는 처음부터 끝까지 추모식 현장에서 시민들과 함께 했다. 연세대 집회에서 추모사를 읽은 나는 추모행렬과 함께 서울시청까지 행진했다.

추모집회를 마치고 당사에 도착한 나는 기자들과 만난 자리에서 "오늘 이한열군은 온 국민의 아들이 됐으며, 이군은 오늘로서 사실상 부활한 것"이라고 애도의 뜻을 표하고, "정치 지도자의 한 사람으로서 이 시간까지 죽지 않고 살아 있는 것이 부끄럽다. 이군이 독재정권에 의해 목숨을 빼앗긴 마지막 희생자가 되기를 바란다"며 안타까워했다.

7월 9일, 정부는 오랜 숙제이던 김대중 등 내란음모사건 관련자 18명과 광주사태 관련자 17명 등 시국사범 2,300여명을 10일 0시를 기해 석방 또는 사면·복권한다고 발표했다. 나는 이에 대해 "때늦었지만 환영한다"고 논평하고, 그러나 "민주화된 사회 건설에 한 사람도 제외되는 사람이 없도록 전국의 옥문(獄門)을 활짝 열어 장기수를 포함, 이번에도 빠진 모든 민주인사·정치범을 전원 석방하고 정치적인 이유로 수배된 모든 사람들에 대해서도 수배해제를 해야 한다"고 촉구했다.

이어서 나는 "무엇보다도 이번에 김대중 민추협 공동의장이 사면·복권된 것을 국민과 함께 기뻐한다"면서, "지금까지 늘 그래왔지만, 앞으로도 김의장과 모든 문제를 함께 의논하면서 굳건히 협력해 나가겠다"고 밝혔다. 나는 김대중의 입당문제와 관련, "김의장을 가까운 시일 내에 정식으로 민주당의 상임고문으로 추대하겠다"고 밝혔다.

사면·복권이 확정된 김대중은 7월 9일부터 정치활동을 재개했다. 그는 이 날 자신의 1986년 11월 대통령후보 불출마선언을 번복할 의사를 내비쳤다. "현재로선 종래의 입장에 변화가 없지만, 국민 여론에 따라 결정하게 될 것"이라고 퇴로(退路)를 열어 놓은 것이었다. 정가에서는 양대 선거일정을 정하는 문제와 함께 나와 김대중 간의 협력문제, 즉 대통령후보 단일화문제가 점차 관심사로 떠오르고 있었다.

중림동에 당사 마련

민주당은 7월 10일에야 당사를 구해 입주했다. 창당 후에도 한동안 당사를 구하지 못해 민추협 사무실을 임시당사로 사용해 오다가, 이 날 비로소 중림동(中林洞)의 동광(東光)빌딩에 자리를 잡은 것이다. 나는 당사 입주 테이프를 자르고 현판식을 가진 뒤 5층 사무국에서 자축연을 열었다.

자축연에서 나는 "이 정권이 민주당을 해체하겠다고 위협하던 시절, 용기 있는 당원들이 모든 것을 각오하고 당사 구입에 협조했다"고 경위를 설명했다. 나는 특히 새 당사가 중림시장 안에 위치한 것과 관련, "가난한 동포들과 애환을 나누게 된 것은 잘된 일"이라고 말하고, "바로 이 당사에서 우리는 민주주의의 위대한 승리를 맞고 만세를 부르자"고 말해 큰 박수를 받았다.

7월 11일, 나는 김대중과 외교구락부에서 만났다. 두 사람은 전두환의 당적 포기를 촉구하는 한편, 김대중의 7월 중 민주당 입당에 합의했다. 그러나 김대중은 정작 그로부터 한 달가량이 지난 8월 8일에야 민주당에 상임고문으로 입당했다.

'위기 호도하면 저항' 경고

7월 1일, 전두환은 「시국수습을 위한 특별담화」를 통해 6·29선언의 수용을 확인했다. 나는 7월 13일 전두환의 7·1확인조치 후 여권의 시국대처 방안의 문제점과 국정 전반에 대한 나의 견해를 기자회견을 통해 밝혔다. "사반세기 만에 군사독재를 청산할 수 있는 호기를 맞이해, 나는 우리 국민이 이제 승리의 만복감(滿腹感)에서 벗어나 민족공동체의 내일의 정향(定向)과 설계에 대해 다 함께 성찰할 것"을 당부했다.

다음은 7월 13일 가진 나의 기자회견문 요지이다.

6·29선언이나 대통령의 7·1조치도 4·13조치 이래 이 나라 국민의 민주화투쟁의 결과로서, 특히 6·10대회로부터 6·26국민대행진에 나타난 국민적 규탄과 저항에 당황한 현정권의 마지막 선택이었음을 우리는 알고 있다.

불행히도 최근 선별적인 구속자 석방, 사면·복권, 수배해제 조치 등을 보면서 현정권의 시국수습 방안이 민주화와 화해를 위해 가슴을 열어 놓은 것이 아니라 국민적 합의와 거부의 목소리를 일시적으로 잠재우고 기만하기 위한 것이 아닌가 하는 의구심을 가질 수밖에 없다.

감옥에 정치범이 남아 있고, 사면·복권이 안 돼 앞으로의 민주화과정에서 누락·제척되는 사람이 상존하며, 쫓기는 사람이 있는 가운데서의 민주화는 기만이요, 배급되는 민주화일 수밖에 없다는 점을 명백히 해 둔다.

6·29선언과 7·1 전두환의 확인조치 후 2주일이 경과하고 있음에도 불구하고, 사회의 모든 분야, 모든 수준, 모든 기능집단에서 자치와 민주화의 조짐이 전혀 보이지 않고 있다. 민주화를 한다면서 민주화 때문에 고통받은 이들에게 한마디 사과나 위로 없이 어떻게 민주화를 한다고 바랄 수 있는가.

정부·여당의 시국수습안이 정권위기를 호도하기 위한 술책이거나 재집권 망상에서 비롯된 것임이 밝혀질 때는 더 엄청난 국민적 저항과 단죄에 부딪칠 것임을 경고한다.

민주화와 국민화해

　민주화와 국민화해는 박정희시대 이래의 갈등과 분열을 씻고 사랑과 화해의 시대를 열자는 결단이요 합의인 만큼, 모든 선거에서의 경쟁과 정당 사이의 경쟁은 분열과 적대가 아니라 정의와 보다 더 큰 화합의 실현에 요체가 있어야 하며, 부정이나 사술이 개입할 여지가 없는 공명하고 정정당당한 경쟁이 되어야 한다.
　법원은 인권의 보루요 법과 양심의 마지막 파수대로 거듭 태어나야 한다. 언론의 자유와 자율은 언기법(言基法) 개폐 이전에 명백히 선언되고 확인돼야 한다. 보도지침은 철회돼야 하며, 기독교방송에 대한 통제가 해제되어 방송매체로서의 기능이 회복돼야 한다. 교육은 정치의 간섭이나 오염 없이 자신의 걸음걸이를 걸을 수 있도록 돼야 한다. 군(軍)은 영원히 정치로부터 독립해 국민과 국토를 지키는 신성한 기둥으로 존경받을 수 있어야 한다. 공무원은 정치적으로 엄정중립을 지키고 국민에게 봉사하며 신뢰와 사랑을 받는 국민의 충복이 돼야 할 것이다. 노동3권을 비롯한 노동자의 권익과 농민의 권익은 평화적으로 발양(發揚)될 수 있어야 하며, 철거민 등 도시빈민의 삶의 터전이 하루아침에 유린되는 일은 결코 없어야 한다.
　한국의 민주화를 위해 이 나라 민주야당과 민주역량에 동참하거나 정신적 연대로 하나가 된 국내외 민주세력과 평화애호 인사들과도 유대를 돈독히 하고 확대하고자 한다.
　우리가 민주정부를 수립하고 민주화를 이룩하면 북한 공산집단에 대해 민족통일을 선도할 수 있는 정치적·도덕적·역사적 정통성을 경제적 우위와 함께 확보하는 것이다.

적대와 분열에서 사랑과 화해로, 독재적 억압에서 민주로, 전쟁의 폐허 위에서 민족적 일치와 형제애를 이룩하는 그 도덕성을 바탕으로 세계의 모범이 되는 정의로운 국가를 건설, 우리나라는 세계의 중심에 커다란 빛으로 서리라고 확신한다.

이 중요한 시기에 졸지 않고 깨어 있어 단결하는 우리 모두가 되기를 빈다.

표대결은 없을 것

이어서 나는 기자들과 일문일답을 가졌다.

- 중립적 선거관리내각과 김대중 의장의 거국내각과의 차이점은?

"큰 차이가 없다. 전두환이 당적을 떠나 선거를 공명정대하게 하면 된다."

- 지난 토요일 외교구락부 회동에서는 중립·거국내각의 구성을 권고토록 합의했고, 오늘 회견은 요구로 보이는데…….

"국민투표를 관리하기 위해서라도 선거관리내각 문제가 결정돼야 한다. 이 문제는 여·야 사이에 협의가 가능하다."

- 10월 말 11월 초 대통령선거 등 구체적 정치일정을 제시하면서도 이에 구애받지 않겠다는 의미는?

"일정을 못 박기보다는 융통성을 갖고 논의하자는 것이다. 그러나 동토(凍土)선거는 안 된다."

- 김의장은 정부이양 후에도 국회의원 선거가 가능하다고 밝혔는데…….

"김의장도 이견이 없다. 민주적으로 선출된 국회를 갖고 대통

기자회견을 하는 모습.

령 취임식을 가져야 한다. 대통령은 국민이 뽑아 놓고 정통성 시비가 있는 국회를 그대로 남겨 놓은 채 정권교체하는 것은 문제가 있다."

- 김총재와 김의장은 단합과 후보단일화를 강조하고 있는데, 김의장의 불출마선언은 유효하다고 보는가?

"그 얘기는 나에게 묻지 말라. 우리 두 사람이 민주화를 위해 모든 것을 다 바치겠다는 것은 불변이다."

- 김의장이 지방에 갔다 오면 출마의사를 밝힐 것으로 예상되는데, 김총재의 의중은?

"이 문제가 온 국민의 관심의 초점이다. 김의장과 후보단일화는 자신 있다."

- 김총재와 김의장 간에 단일후보 조정이 여의치 않으면 표대결로 가는 것 아닌가?

"표대결 않기로 약속했고, 표대결은 절대 없을 것이다."

- 1971년에도 표대결 않기로 합의해 놓고 표대결하지 않았는가?

"절대 그런 일 없을 것이다."
- 김총재의 출마의사는?
"시간을 갖고 김의장과 충분히 협의하겠다."
- 후보단일화에 있어서 국민·당원, 그리고 두 김씨 중 어느 쪽이 우선되는가?
"우리 둘이서 협의·결정하겠다."
- 역할분담 식으로 해결 가능한가?
"그런 식으로 안 하기로 했다."
- 오늘 기자회견장에도 많은 사람들이 왔지만, 앞으로 민주화 과정에서 각계각층의 분출되는 다양한 욕구는 어떤 방식으로 수렴할 것인가?
"스페인의 경우 프랑코 총통의 40년에 걸친 독재의 종식 후 2백여 개 정당이 난립했으나 선거를 통해서 정리되었듯이, 우리도 선거혁명으로 모든 것이 해결된다고 본다. 그러나 오랜 독재의 문제점이 하루아침에 해결될 수는 없다."
- 재야인사의 영입 및 예우문제는?
"누구든지 들어오겠다면 환영한다. 입당자는 우리 당의 정강을 지지하고 따르겠다는 것으로 본다. 재야인사 중 공천이나 당직 등의 예우를 요구하며 입당을 하겠다는 사람은 없을 것이다."
- 민정당이 지역감정 등을 들어 직선제 거부논리를 전개해 왔는데, 지역감정 해소책은?
"우리 두 사람이 단합하면 그 문제도 해결될 것으로 본다."

김대중의 출마명분 찾기

작년 11월 나의 성명은 현정권이 자진해서 직선제를 수락하는 경우를 상정한 것이지만, 이번 노태우 대표의 6·29선언은 "국민이 직선제를 쟁취한 것"이므로 상황이 달라졌다.

7월 17일, 김대중은 "불출마선언은 4·13호헌조치와 함께 백지화된 것"이라는 논리를 내세우며, '대통령선거 불출마' 선언의 무효를 공식화했다.

외신(外信)들도 이즈음 나와 김대중의 거취에 더욱 관심을 보였다. 6·29선언이 있은 지 보름도 못 된 7월 13일, 국내 언론에는 「두 김씨 모두 출마 땐 패배 가능성」이란 제하의 〈뉴욕타임스〉와 〈워싱턴포스트〉지의 분석기사가 게재됐다.

〈워싱턴포스트〉는 "지금 한국에서는 두 김씨로 알려진 야당 지도자들간의 (대통령후보) 경합에 가장 깊은 관심이 모아지고 있다"면서, "그들은 그토록 오랫동안 기다린 끝에 지금 자신들에게 기회가 왔다는 것을 알고 있으나, 어느 한 사람이 물러서지 않는 한 야당표가 분열되어 노태우 대표에게 대통령직이 돌아갈 가능성이 있다는 점에 대해서도 알고 있다"고 지적했다.

〈뉴욕타임스〉는 "작년에 대통령 불출마를 약속했던" 김대중이 사면·복권조치 이후 출마 가능성을 비친 데 대해, "김씨의 반응은 야당 진영의 경쟁자들은 물론 군부 내 많은 사람들의 가슴을 오싹하게 만들고 있다"고 한 데 이어, "김대중씨가 출마할 경우 두 가지 사태가 예상될 수 있다"고 하면서, "하나는 군부개입 가능성이며, 다른 하나는 김영삼 총재도 함께 출마하여 야당표가 분열되고 결국은 노대표가 당선될지도 모르는 가능성"이라고 보도했다.

김대중 입당에 희망 걸다

 이러한 우려에도 불구하고 나에게 희망을 갖게 하는 일이 생겼다. 8월 8일, 우여곡절 끝에 김대중이 통일민주당에 상임고문으로 입당한 것이다. 유신 붕괴 이후 민주화의 소중한 기회였던 1980년, 김대중은 신민당 입당을 한사코 거부하며 독자적인 세력확대 노선을 추구했다. 그로 인해 야당의 힘이 분산되었고, 결과적으로 전두환의 쿠데타를 막지 못함으로써 통한(痛恨)이 되었다.
 그래서 1987년 여름 나는 김대중의 입당에 심혈을 기울였다. 세간에는 나와 김대중의 분열을 관측하는 전망도 있었지만, 김대중이 마침내 입당하는 것을 보고 나는 이번에야말로 군사정권의 종식이 확실히 가능하다는 희망을 갖게 되었다.
 김대중의 입당을 전후해 나와 김대중은 서로 경쟁하지 않고 야당의 대통령후보 단일화를 이루겠다고 수 차례 공개적인 약속을 했다. 후보조정은 전적으로 두 사람에게 달려 있으며, 국민의 사랑을 받는 정치 지도자로서 두 당사자가 결단을 내리는 것이 최선이었고, 그것은 1980년의 실패에 대해 두 사람이 국민들에게 보상하는 의미를 갖는 것이기도 했다.
 나는 김대중의 입당을 보면서, 이제 한 사람은 대통령후보로서, 다른 한 사람은 국민의 애정을 듬뿍 받는 지도자로서 두 사람이 손을 잡고 전국을 다니며 군정종식과 민주주의의 회복을 외치는 대통령선거를 할 수 있게 되었다는 기대를 갖게 되었다. 1945년 해방 이래 질곡의 역사를 걸어온 나의 사랑하는 조국에는 아직까지 이런 일이 아득한 꿈과 희망으로만 남아 있었다. 1987년에 우리가 군정종식을 이룬다면, 이는 민주주의의 승리이고 우리 조국의 승리이고 세계사의 한 페이지를 장식하는 승리이기도 하다고 나는 생각했다. 1987년, 나는 그 꿈이 이루어지기를 기도하는 마음으로 간절히 소망했다.

직선제 개헌안 통과

국회 개헌특위는 8월 17일 제6차 회의를 열어 1986년 8월 26일 이후 중단상태에 있던 개헌안 작성작업을 재개했다. 개헌협상은 비교적 순조롭게 진행되었다. 8월 31일 민정·민주 양당은 8인정치회담 제19차 회의에서 대통령 임기 5년의 개헌협상을 타결했으며, 9월 1일 양당의 개헌협상 대표들은 합의문서에 서명했다.

그후 9월 18일 대통령직선제와 임기 5년의 단임을 골자로 하는 헌법개정안을 국회에 발의, 9월 21일 전두환이 헌법개정안을 공고했고, 10월 12일 국회 의결을 거쳐 10월 27일 국민투표에 붙여졌다. 개표결과 개헌안은 93.1%의 압도적인 찬성을 받았다. 이로써 여·야 합의개헌이 성공적으로 이루어졌다.

개헌안 협상이 막바지에 이르고 정치일정의 윤곽이 점차 뚜렷해지면서, 대통령선거의 전초전이 시작되었다. 나와 노태우, 김대중, 김종필에 대해 언론사들은 앞다투어 온갖 기획물을 내놓았다.

다음은 8월 24일 게재된 모(某) 일간지 기동 인터뷰단과 나의 집중회견을 발췌한 것이다.

> 김영삼 총재는 요즘 무척 바쁘다. 인천의 목사 모임에 가서 연설하는가 하면, 남대문시장에 들러 노점상인들과도 대화를 나눴

다. "……민주정부가 들어서면……" 하는 말로 집권공약의 냄새가 물씬 나는 발언도 그에게서 자주 나온다. 한마디로 '대권'을 향한 몸놀림과 채비가 빨라지고 있는 것이다.

김총재를 그의 사무실인 민족문제연구소로 찾아갔다. 60평짜리 구(舊)사무실에 비해 새 사무실은 190여 평에 팩시밀리·컴퓨터까지 들여놓아 은연중 대통령후보 산실(産室) 또는 '대권 산실'의 의지가 읽혀졌다.

장면정권의 교훈

- 현재의 야당에 과연 수권능력이 있느냐고 우려하는 일부의 견해에 대해 어떻게 생각하십니까? 김총재 자신 과거 내각책임제를 반대하는 이유로 현재 야당의원의 수준으로는 내각책임제를 못한다고 한 적이 있는 것으로 기억됩니다만…….

"26년간 군인들이 정치하면서 왜곡선전을 하는 바람에 국민들의 인식이 잘못돼 버렸어요. 언론도 그렇고……. 군인들이 무슨 정치를 알았습니까? 정치에서 가장 중요한 것은 경험입니다. 나는 4·19 후 민주당정권이 망하는 걸 봤어요. 우리만큼 경험을 쌓은 정당이 있습니까? 물론 그 동안 고급두뇌의 영입이 여러 가지 이유로 원활하지 못했으나, 이제는 수많은 사람들이 모여들고 있습니다."

- 최근 어느 외지(外誌)에 김총재나 김고문이 집권하면 각료직을 50 대 50으로 균분(均分)키로 했다는 보도가 나왔는데 사실입니까?

"4·19 후 들어선 민주당정부가 망한 이유가 다섯 가지 있습니다. 첫째, 정권을 무슨 전리품처럼 생각하고 갈라 먹었습니다. 장관은 말할 것도 없고, 시골의 수리조합장까지 민주당 사람으로 채웠잖아요? 둘째, 정치보복을 한 겁니다. 누구라고 않겠습니다만, 당시 감옥에 갔다 온 어떤 사람이 그렇게 주장해서 소급입법으로 수천명을 묶었습니다. 셋째, 군 지휘관 임명에 정실이 개재했어요. 이것이 군 내부를 복잡하게 만든 겁니다. 넷째, 지도자의 나약성입니다. 5·16쿠데타가 났을 때 장면 총리가 강하게 대처했더라면, 그건 하루 만에 끝났을 거예요. 그런 것을 숨어 버리는 바람에 잘못됐어요. 마지막으로 언론의 지나친 비판입니다. 장면 총리가 들어선 그 날부터 호되게 몰아쳤어요. 한 1년쯤은 봐줘야지……. 민주당이 이런 이유로 망한 걸 알고 있는데 우리가 뭐 갈라 먹고……, 그래서는 안 됩니다."

- 과거 민주당 때도 소급입법을 해서 정치보복을 했습니다. 선거가 야당 승리로 끝나면 광주사태 진상도 규명하자고 나올 테고……. 이런 것이 문제가 되면 정권교체에도 장애가 되지 않겠습니까?

"소급입법은 민주당이 망한 이유 중의 하나입니다. 김고문과도 얘기했지만, 나는 헌법 부칙에 정치보복 금지조항을 꼭 넣어야 한다고 생각해요. 헌법이 국민투표에서 50%든 70%든 지지를 받아 통과되면 소급입법 같은 것은 못하게 됩니다."

51%의 지지가 더 중요

- 최근 학원가의 동향을 보면 '전국대학생대표자협의회'가 발족되는 등 심상찮은 분위기입니다. 신학기가 되면 노·학(勞學) 연대투쟁이 벌어지느니 해서 9월위기설, 10월위기설 등이 나돌고 있는데요.

기자회견을 하는 모습.

"지금이 변혁기이므로 그런 소문도 나돌 수 있겠으나, 위기는 없을 것으로 봅니다. 혁명을 주장하는 과격세력이 있을 수 있겠으나, 민주화가 되어 감에 따라 그 목소리는 점차 작아질 겁니다."

- 요즘 각계에서 여러 가지 대통령론(論)이 나오고 있습니다만, 김총재는 바람직한 대통령이 어떠해야 한다고 보십니까?

"우리는 지도자라면 으레 카리스마적이어야 한다는 생각에 젖어 있는 것 같아요. 나는 대통령은 아주 민주적인 사람이어야 한다고 생각합니다. 국민을 아주 편하게 해주고, 정치가 있는지 없는지 모르게 하는 것이 좋은 정치라고 생각해요."

- 우리나라에는 특정인에 대한 비토 의지를 표명하는 그룹이 있는데, 그걸 의식한 말입니까?

"그런 뜻은 아니고……."

- 민주적인 사람이라는 것은 어떤 사람을 말합니까? 모든 계층을 대표하기는 어려운 것 아닙니까?

"과거에 국민 지지와 상관없이 된 사람들은 중대발표니 뭐니 강권해서 끌고 나갔는데, 다수 국민의 뜻대로 해 나가야 한다는 말입니다. 사실 민주주의라도 1백% 지지는 불가능합니다. 오히려 51%의 지지가 더 귀할지 모르지요. 그러나 어떤 계층이든 저 사람이면 안심할 수 있다는 생각은 들어야지요."

- 최근 〈뉴욕타임스〉지(紙)에 박희도(朴熙道) 육군참모총장의 발언이 보도돼 물의를 빚었습니다만, 어떤 사람은 곤란하다는 것이면 김총재는 괜찮다는 뜻으로도 들리던데요.

"그것 참 이상하게 끌고 가려고 하는구먼……." (김총재는 말의 뉘앙스가 다른 쪽으로 흐를까 봐 염려하는 눈치다)

- 김총재와 김고문 간의 후보단일화가 세간의 관심거립니다. 두 분은 "걱정 말라"고 하고 있지만, 돌아가는 것을 보면 어느 분도 양보할 생각이 없는 것 같아요. 그렇다면 경선(競選)이라도 해야 하는 것 아닙니까?

"나와 김고문은 한 번도 아니고 여러 번 절대 경쟁을 하지 않을 것이라고 국민들에게 약속했습니다. 경선도 민주적인 방법이지요. 그러나 그러다 보면 서로를 공격하게 되고 경상도 · 전라도…… 어쩌고 할 위험도 있어요. 선거도 하기 전에 만신창이가 되고 말지요. 표대결은 있을 수 없어요. 국민에게 걱정만 끼치게 되고……."

'마음을 비운다'는 말

- 대(對)국민 약속이행을 강조하셨는데, 김고문의 불출마선언도 대국민 약속이라고 보십니까?

"그것 참……. (김총재는 거북스럽다는 표정으로) 작년 서독(西

獨)에 갔을 때 그 얘기가 나왔는데 충격적이었지요. 떠날 때까지는 전혀 상의가 없었거든요."

- 당시엔 "마음을 비우라"는 김수환(金壽煥) 추기경의 말도 있고 해서 두 분간에 제3자를 넣어 "민주화되면 모두 나서지 말자"는 선언을 하는 게 어떠냐는 의견타진이 있었다는 소문이 있었습니다. 그런데 국내 분위기가 악화되니까 김고문이 김총재 귀국을 못 기다리고 먼저 그런 선언을 했다는 얘기도 있던데요…….

"그것은 전혀 근거 없는 얘기입니다."

- 김총재는 전에 "마음을 비웠다"고 말씀한 적이 있었는데, 김총재가 양보할 생각은 없습니까?

"마음을 비운다는 것은 물욕 · 명예욕 때문에 이성을 잃지 않겠다는 뜻입니다. 이 말은 '이 나라의 민주화를 위해 내가 어떻게 하는 것이 최선의 길이고, 그 길로 갈 수만 있다면 행복하겠다'는 것입니다. 민주화를 위해 최선을 다한다는 그런 뜻이지요."

- 최근 추기경이나 재야의 유력한 분들이 후보단일화에 관한 나름대로의 의견을 제시했다는 얘기가 들리던데요.

"그 문제에 관해서는 내가 아는 것이 있지만 얘기하지 않겠어요."(이 대목에서 웃음을 띤 김총재의 표정은 사뭇 밝았다)

- 김총재에게 유리한 내용입니까? 최근 KNCC 성명을 보면 김총재 입장을 지지하는 것 같은데요.

"하여튼 얘기 안 하겠습니다."

- 총재와 후보를 겸하는 게 좋다고 보십니까?

"원칙적으로 겸하는 게 좋다는 게 나의 일관된 생각입니다. 김고문도 1971년 선거 때 총재를 겸하지 못해 힘들더라고 하더군요."

- 그렇다면 김총재가 후보가 되어야 한다는 논리가 성립되는 것 아닙니까?

"그렇게 어렵게 얘기하지 말고……. 원칙이 그렇다는 것입니다."

- 단일화만 되면 야당이 승리할 것이라고 확신하십니까?

"야당이 이겨야 하는 것이 역사의 순리지요."

후보조정, 빨리 해야 된다

- 김총재는 후보조정을 빨리 하자는 입장이고, 김고문은 '급할 게 없다'는 입장으로 알려져 있는데요…….

"민정당은 6월 10일 이후 사실상 선거체제로 들어갔습니다. 게다가 야권후보 조정이 안 되는 데 대해 불안해하는 국민의 시선이 있습니다."

- 그러나 김고문은 9월 초부터 지방 8개 도시를 순방할 계획인데, 그러다 보면 9월 하순에나 가야 얘기가 되지 않겠습니까?

"9월 초도 빠른 게 아니라고 보는데, 9월 말은 너무 늦어요."

- 최근 노사분규에 대해 어떻게 보십니까?

"노동자들의 요구는 임금인상, 민주노조 설립, 노동시간 엄수 세 가지로 요약되는데, 이는 최소한의 요구입니다. 인간적인 대접을 받겠다는 거지요. 만약 우리나라가 민주주의가 돼 있었다면 우리 경제는 훨씬 발전했을 겁니다. 노사문제도 현재 임금인상 요구의 역작용도 생각할 수 있으나, 더 열심히 일해 생산성을 높일 수 있습니다. 그 동안 기업가들이 돈을 많이 벌었습니다만 분배는 안 됐습니다. 광주의 어느 메리야스공장의 경우 일당 2,260원으로, 노동자들이 1백% 인상을 요구하려다 너무 많다고 50%를 요구했는데, 그래도 월 10만원이 안 됩니다. 그래도 폐업신고를 하다니……. 기업주가 마음을 고쳐야 합니다."

― 김총재의 통일문제에 대한 입장은 무엇인지 궁금합니다. 그리고 김고문의 공화국연방에 대해서는 어떻게 보십니까?

"통일문제는 정말 중요한 과제입니다. 역대 독재정권들은 통일문제를 구실로 많은 탄압을 가했어요. 나는 통일은 자주적이고 평화적이며 민주주의적인 방식으로 이루어져야 한다고 생각합니다. 김대중씨의 통일론은 직접 들어 본 일이 없어 평가를 내리기가 곤란합니다. 한번 같이 얘기해 보겠습니다."

― 당이나 계보 운영자금 조달은 어떻게 하시는지요? 어려움은 없습니까?

"74년부터 야당총재를 세번째 하고 있지만 어떤 기업도 야당에 돈을 주는 것을 겁내고 있어요. 이번에 당사를 구한 것도 순전히 당원들의 성금으로 한 겁니다. 사실 공개할 입장은 아니지만 상당히 어렵습니다."

김총재는 회견을 마치면서 "민주당의 집권은 99% 국민적 합의"라면서, "민정당이 이젠 야당 할 각오를 해야 한다"고 힘주어 말했다.

집권층, 민주세력 분열 획책

군부 집권세력이 6·29선언을 발표한 것은 획기적인 발상의 전환이라 할 만했다. 그러나 그 속을 들여다보면, 당시 군부 집권세력으로서는 국민들의 저항으로 벼랑 끝에 몰린 나머지 선택한 고도의 술책이었다. 그들에게 6·29선언은 국민들의 거센 저항을 일단 누그러뜨리고 민주화세력의 분열을 획책함으로써, 자신들의 권력을 계속 유지할 수 있는 가능성을 엿보려 한 것이었다.

과거 박정희정권은 언론을 통해 야당의 내분상을 실제 이상으로 과도하게 포장·보도하게 함으로써 야당의 내분을 부추겼고, 나아가 국민들의 눈에 야당이 지리멸렬하게 보이도록 했다. 6·29선언에도 불구하고 전두환을 비롯한 구(舊)세력들은 민주세력에게 정권을 넘겨주는 것에 대해 불안해했으며, 이에 따라 1987년 대통령선거를 앞두고 지역감정의 조장, 나와 김대중 간의 이간책(離間策) 구사 등을 비롯한 다양하고도 전면적인 대응에 나섰다.

전라도 순회로 바람몰이

당내의 동교동계는 8월 27일 김대중의 차기 대통령후보 추대의사를 공식화했으며, 원내조직인 민권회(民權會)와 외곽조직인 민헌연(民憲研)을 통합, 9월 1일 '헌정민권회'(약칭 민권회)로 조직을 일원화하고, 김대중의 비서실도 개편했다.

동교동 쪽의 후보추대 선언 및 조직확대에 대해 나의 참모들은 김대중에 대한 불만을 피력하며 대응(對應)을 건의해 왔다. 김대중에 맞설 수 있는 전국조직을 준비하자는 것이었다. 그러나 나는 받아들이지 않았다. 나는 단일화는 두 사람간에 해결될 수 있다고 믿었고, 불필요한 감정을 자극하고 경쟁을 악화시키는 것은 옳지 않다고 생각해서였다.

7월 중순을 넘기면서 언론에서는 나와 김대중의 '경쟁관계'를 부각시키기 시작했다. 당내에서는 상도동계와 동교동계의 분립(分立)이 첨예화하고, 재야(在野)에서도 나와 김대중에 대한 지지의견이 엇갈리고 있었다. 6월항쟁에 이르기까지 한마음 한뜻으로 싸워온 사람들 사이에 틈새가 벌어지는 조짐이 나타나기 시작했다. 내

색하지는 않았지만 나는 우려하지 않을 수 없었다.

9월 들어 여·야의 직선제 개헌협상이 완전 타결되고 '12월 중순 이전 대선(大選) 실시'라는 정치일정이 합의됨에 따라 나와 김대중 간의 단일화협상이 본격화됐다. 그러나 단일화는 막상 쉬운 일이 아니었다. 나는 빗발 같은 국민 여론을 들어 조기 단일화를 주장했지만, 김대중은 선거전략상 막판 단일화가 유리하다고 비켜서기만 했다.

이런 와중에 김대중은 9월 8일부터 광주, 목포 등 전라도 순회연설에 나섰다. '지역바람'을 일으킬 기세였다. 김대중의 지방순회는 나를 몹시 당황케 했다. 우리나라의 오랜 역사 속에서 지역정서의 차이는 존재해 왔지만, 이것을 정치적 적대감정으로까지 확산시켜 이용한 사람은 공작정치(工作政治)의 1인자(一人者) 박정희였다. 박정희가 1971년 대선을 앞두고 내가 40대기수론 돌풍을 일으켰을 때, 나의 신민당 후보 당선을 막기 위해 애썼던 것도 자신에게 유리한 지역구도를 만들기 위해서였다. 박정희가 1971년 대선(大選)에서 써먹었던 망국적인 정치술수를 16년이 지난 1987년에 되살아나게 할 수는 없었다. 국민과 역사는 나와 김대중의 후보단일화를 요청하고 있었고, 지역감정의 대립은 민주화세력의 결집을 방해하는 커다란 장애물이었다. 내가 지방순회를 극도로 자제하고 있었던 이유도 그 때문이었다.

지방순회는 중지해야

8월 27일 동교동계가 김대중의 차기 대통령후보 추대를 공식화하고 김대중이 전라도를 순방하게 되자, 나도 손을 놓고 있을 수만

시민들과 반갑게 악수하는 모습.

은 없게 되었다. 민족문제연구소 이사회에서는 9월 12일 상오 나를 공식적으로 대통령후보로 추대하겠다고 발표했다. 민주당의 대통령후보 경쟁이 본격화한 것이다.

이 날 나는 인사말에서 "둘이 다 나선다면 김고문이 부산 등 다른 지역에서 제대로 유세를 할 수 있겠으며, 내가 광주나 다른 지역에서 유세를 할 수 있겠느냐"고 반문하면서, "한 젊은이가 옥중에서까지 27일간이나 단식하며 단일화를 강력히 요구했다"고 말해 후보단일화의 중요성을 강조했다. 내가 말한 젊은이는 부산 미(美)문화원 방화사건으로 구속된 김현장(金鉉獎)이었다.

민족문제연구소 이사회에서는 동시에 대통령후보는 반드시 단일화하고, 경선은 배제하며, 후보단일화는 늦어도 9월 말을 넘겨서는 안 되며, 정부는 공산주의자를 제외하고 구속 중인 모든 민주인사의 석방과 사면·복권을 즉각 단행해야 한다는 결의문을 채택했다.

9월 14일 상오, 나는 김대중과 후보단일화 문제를 논의하기 위해 만났다. 1시간가량 얘기했지만 결론이 나지 않았다. 그는 뚜렷한 대답을 하지 않았다. 두 사람은 이 날 회동이 끝난 뒤 기자들의 질문에 각기 대답했다.

- 후보단일화 시기에 대해.

나 지금 국민의 관심은 후보단일화에 있다. 9월 말 이전에는 매듭을 지어야 하며 결코 빠른 게 아니다. 김고문도 반대하는 의사표명은 없었다.

김대중 단일화를 하기만 하면 되는 것이지, 빨리 하는 것은 현재 바람직하지 않다. 지금은 야당 붐을 일으켜 정국의 주도권을 잡고, 확고하게 민주화 방향으로 가도록 하는 게 좋다. 후보는 늦게 결정하는 게 선거전략상 이로움이 많다.

- 김고문의 지방 나들이에 대해.

나 광주·목포 순방은 김고문의 고향방문과 성묘라는 차원에서 있을 수 있으나, 더 이상의 지방순회는 후보단일화와 단합에 도움이 안 되니 중지해야 한다. 같이 다니는 게 바람직하다.

김대중 나는 15년이나 국민과 격리돼 있었던 만큼, 현장의 소리를 확인할 필요가 있다. 김총재는 여러 번 지방을 다녔고 나는 처음이니, 사정이 다르다. 그래서 지구당 개편대회를 열어 같이 다니자고 했는데, 당에서 아무런 조치가 없었기 때문에 혼자 다니는 것이며, 두 번의 지방 나들이에서 느끼는 게 많다.

분당설은 무책임한 얘기

- 36개 지구당 창당문제는 어떻게 됐나?

나 언제든지 해도 좋으나 후보단일화를 이룬 뒤 하는 게 바람직하다.

김대중 당헌·당규대로 대의원을 지금의 700여명에서 1,600여명으로 늘려야 한다.

- 경선 가능성이 있는가?

나 두 사람이 영·호남(嶺湖南)으로 나누어져 있는 만큼, 잘못하면 엄청난 지역대립을 가져올 우려가 있다. 이를 해소할 책임이 우리에게 있기 때문에 경쟁을 않기로 합의 본 것 아니냐.

김대중 동교동측에서 경선을 하자는 것처럼 보도가 되고 있는데, 전혀 경선준비를 하지 않고 있다. 경선은 바람직하지 않다고 생각한다.

- 두 사람 모두 후보에 나설 것이라는 관측이 유력한데…….

나 그런 일은 절대 없을 것이다. 1980년의 재판이 될 것으로 생각하는 사람이 있다면 잘못이고, 그런 우(愚)를 범하지 않는다.

김대중 한 당에서 두 사람의 후보가 어떻게 나오나. 세월이 가면 해결될 것이다. 분당설은 무책임한 사람들의 얘기이다.

후보단일화 문제는 일본 언론에서도 큰 관심을 가졌다. 〈아사히신문〉 21일자 조간에서는 서울 특파원이 9월 19일 나와 김대중을 연속 인터뷰한 내용을 외신면 머리기사에 싣고, "두 김씨 모두 자신이 국민의 지지를 절대적으로 받고 있다고 생각, 전혀 입후보를 사양할 기미가 없다"고 못 박았다.

다음은 나의 〈아사히신문〉 회견내용이다.

- 대통령 출마에 대해.

"나는 전국적으로 균등하게 지지가 있다. 고향인 경상도뿐만 아니고 서울·경기·전라도 등에도 상당한 지지가 있다. 지금 가장 중요한 것은 군사정권의 종식이다. 많은 학생·근로자들이 구속돼 석방을 기다리고 있다. 이같은 과제는 각계각층의 광범위한 지지를 받을 수 있는 내가 하지 않으면 안 된다. 박(朴)정권·전(全)정권에 대해서 계속 국내에 있으면서 가장 정면에 나서서 투쟁해 온 정치가는 바로 '나'라고 생각한다. 지난 6월의 집회나 데모 등에서 최루탄을 맞아 가며 경찰차로 연행되기도 했다."

- 후보단일화에 대해.

"민주당에서 두 사람의 후보가 나온다든가, 김고문이 탈당해서 입후보한다든가 하는 일은 없을 것이다. 두 사람이 입후보한다면 군정의 종식은 없다. 지금까지 국민에게 한 약속에 따라서 타협에 의해 단일화를 할 예정이다."

- 정권획득 후의 정책.

"정치적인 민주화는 실현 중이며, 앞으로의 중요 과제는 경제와 통일문제다. 현정권은 기업과 유착돼 왔는데, 이것을 완전히 자유경쟁토록 해야 한다. 근로자는 지금까지 희생만 강요돼 왔기 때문에 노사분규가 일어나는 것은 당연하다. 노사가 공존하는 길이 필요하다."

단일화는 민주화의 담보

9월 21일 오전 11시경 민주당 확대간부회의가 끝난 직후 나와 김대중은 또다시 단독 대좌했다. 이 날 회동에서 나는 드디어 김대중으로부터 '9월 내 후보단일화 매듭'이라는 합의를 받아 내는 데 성공했다. 나는 다소 안도했다. 후보단일화는 군정종식의 가장 확실한 담보였다.

어쨌든 후보단일화의 시한만이라도 합의할 수 있었으니, 후보추대를 위한 임시전당대회도 10월 10일쯤에는 열 수 있을 것 같았다. 노태우의 민정당은 벌써부터 선거운동을 하고 있던 터라 한시가 급한 판국이었다. 후보단일화 문제로 그 동안 국민에게 걱정을 끼친 것 같아 매우 송구하던 터였다.

그러나 김대중은 나와의 회동 이후에도 26일에는 인천, 27일에는 고려대를 방문하는 등 지지세를 과시하려 했다. 나는 21일의 합의대로 9월 중으로 매듭을 짓고 싶었다.

9월 29일, 나는 김대중과 외교구락부에서 다시 만났다. 주위의 우려에도 불구하고 이 날 나는 상당한 기대를 갖고 회담에 임했다. 나는 국내에서 줄기차게 민주화투쟁을 해 온 나에게 후보를 양보할 것을 권고했다. 김대중은 끝내 양보하겠다는 말을 하지 않았다. 협상은 결렬되었다. 순조로운 후보단일화에 대한 희망이 무너지는 안타까운 날이었다.

내가 김대중의 양보에 기대를 가졌던 것은 그 동안 김대중이 나에게 보여 준 언행 때문이었다. 우선 나는 1980년 끝내 신민당을 외면했던 김대중이 8월 8일 통일민주당에 입당하는 것을 보면서 그가 변했다고 생각하게 되었다. 또 김대중은 입당을 전후해 나와 경쟁하지 않고 야당의 대통령후보 단일화를 이루겠다고 여러 차례 공개적인 약속을 했다. 후보단일화 문제로 수 차례 만났을 때도 김대중은 나에게 자신이 출마하지 않을 것이라는 암시(暗示)를 계속했다.

1987년 9월에 출간한 신앙강론집 『정직과 진실이 승리하는 사회』.

그는 단일화의 시기를 가급적 늦추자고 하면서, "지금 출마하지 않겠다고 얘기하면 나를 따르는 지지자들을 실망시킨다. 양측의 지지세력을 끝까지 통합해서 끌고 나가기 위해서는 출마하지 않겠다는 얘기를 지금 해서는 안 된다"고 얘기해 왔다. 그래서 나는 '불출마선언 번복'이나 '단일화시기 지연론'에 대한 주위의 우려에도 불구하고 김대중과의 대화에 기대를 걸었던 것이다. 돌이켜 볼 때 이 당시 나의 판단이 빗나간 것은 어디까지나 김대중이 의도적으로 자신의 생각을 나에게 분명히 하지 않았기 때문이었다.

다음날인 9월 30일 상오, 나는 기자회견을 갖고 전날 김대중과의 회동결과를 설명했다. 나는 회견문에서 "정치인의 정권욕에서가 아니라 오늘이 있기까지 숱한 역경을 온몸으로 부딪치고 헤쳐 온 연장선 위에서, 나 자신을 바쳐 민주화를 관철해 내고 싶은 게 간절한 꿈"이라고 밝히고, "김대중 고문은 민족의 지도자로, 나라의 민주화와 민족통일로 가는 희망으로 남아 달라"고 당부했다.

나는 회동내용을 묻는 기자들과 일문일답을 가졌다.

- 먼저 9월 29일 회동결과를 설명해 주시지요.
"과거 어느 때보다 내용 있는 얘기를 했습니다. 나는 '김(金) 고문이 그 동안 당한 고통을 잘 안다. 그러나 지난 1979년 내가 박정희정권을 종식시키기 위해 싸우다가 총재직무정지 가처분과 국회의원직 제명 등을 당했고, 10·26 후에도 민추협을 만든 뒤 신민당을 창당하여 1985년 선거를 치렀다. 민주당을 창당하고 6·10대회를 개최하는 과정에서 현실적으로 선거혁명의 씨를 뿌렸으니, 내가 민주화의 종결까지 맡아 하고 싶다. 김고문은 당총재로서 전권(全權)을 맡아 해주었으면 좋겠다. 내가 볼 때 김고문이 후보로 나설 경우 결과적으로 71년 대통령선거에서 김고문이 박정희와 싸웠을 때보다 지역감정이 훨씬 더 크게 되살아나는 상태로 간다. 그렇게 되면 우리의 최고 바람인 군정종식이 안 된다. 이 시점에서 김고문이 양보하는 게 좋겠다고 생각한다. 내 자신이 대통령후보로 나가는 게 순리이며, 군정을 종식시키는 길이라고 생각한다'고 김고문에게 얘기했지요."

4자필승론

- 김고문은 자신이 대통령후보를 해야 한다는 이유로 어떤 것을 내세웠습니까?

"김고문은 '이번에 지방에 가 보니까 국민 지지가 크더라. 때문에 후퇴하기가 어렵다. 26년간 호남(湖南)이 정권을 못 잡았기 때문에 이번에야말로 호남이 잡는 게 옳다고 생각한다'고 했어요."

- 김고문이 양보해 달라고 한 것은 이번이 처음입니까?

"전에도 한번 있었지요. 2주일 전에 김고문은 내게 '김총재, 이번에 내가 못하면 내 나이로 마지막 아니오? 그걸 기억해 주시오'라고 했습니다."

- 그에 대해 뭐라고 답변했습니까?

"나로서는 '그런 얘기는 할 필요가 없지 않느냐. 5년 뒤면 김고문의 나이가 70이 되는데, 이승만은 71세에 대통령을 했다. 나 이대로 가더냐'고 했다. 그리고 정치적 연륜은 사실 내가 더 많지 않느냐는 얘기를 하려다가 말았어요."

9월 30일, 김대중도 자신의 입장을 밝혔다. 그는 "이번의 대통령후보는 법적으로는 당에 의해 결정되더라도 정치적으로는 국민이 정해야 한다," "국민들이 나를 기대 이상 격려·지지하고 있는 상황에서 내가 대통령후보로 나가지 않으면 정치적 배신자가 될 것"이라는 논리를 내세웠다.

10월에 접어들어 김대중은 지지세 모으기에 열중했다. 대중집회와 함께 재야와 종교계 등의 '지지성명'을 유도했다. 나는 10월 8일 기자회견을 통해 일부 재야인사들의 특정인 지지가 재야의 분열을 가져올 것을 우려하면서, 재야는 엄정중립을 지켜야 할 것이라고 강조했다. 나는 "설사 나 자신을 지지한다고 하더라도 그것은 바람직하지 못하다"고 분명히 말했다. 나는 1960년 대통령선거를 앞두고 대학생회장단을 만난 조병옥 박사가 "나를 지지해서도 안 된다. 학생들은 공명선거의 파수꾼 역할만을 하라"고 당부하던 모습을 잊지 않고 있었다.

그러나 이즈음 김대중측에서는 출마의 구실로 '단일화 불필요론'이니 '4자필승론'까지 들고 나오는 등 실망스러운 조짐이 계속되었다. 지역감정을 선거의 기본전략으로 삼겠다는 실로 어처구니없는 발상이었다.

더 이상 허송할 시간이 없다

대통령선거가 눈앞에 닥쳐왔고, 김대중이 출마를 기정사실화하고 있는 상황에서 나는 더 이상 후보출마에 대한 입장표명을 늦출 수 없었다. 10월 10일 상오, 나는 중앙당사에서 내·외신 기자회견을 갖고 대통령후보 출마를 공식 선언했다.

다음은 출마 선언문의 일부이다.

본인은 오늘 공식으로 대통령후보 출마를 선언하는 바입니다. 그 동안 본인은 온 국민의 여망인 군정종식과 민주화를 위하여 반드시 야권후보를 단일화시켜야 한다는 일념으로 단일화를 위하여 나의 모든 열과 성을 다해 왔습니다만, 결과적으로 국민들에게 실망과 좌절을 안겨 주었을 뿐만 아니라, 민주화 전망 자체에 대해서도 심각한 우려를 갖게 한 데 대하여 본인의 부덕의 소치로 생각하며 다시 한번 죄송한 뜻을 표하는 바입니다.

이제 대통령선거가 불과 2개월여밖에 남지 않은 현시점에서 더 이상 거취 표명을 늦출 수 없는 상황에 처하여 있으며, 이 나라의 민주화를 보다 확실히 실현해야 한다는 사명감과 십자가를 지는 심정으로 대통령후보 출마를 결심하기에 이르렀습니다.

본인은 그 동안 부족하지만 유신체제에 대한 도전과 박정권의 타도, 그리고 23일간의 단식투쟁과 민추협의 결성, 신민당의 창당과 2·12선거혁명, 직선제개헌 투쟁, 통일민주당의 창당과 6월 시민혁명의 성공, 직선제개헌 쟁취 등 험난한 정치사의 고비고비마다 온몸을 던져 압제의 사슬을 깨는 투쟁의 선봉에 서 왔다고 생각합니다.

따라서 본인은 민주당의 총재로서 그 동안 일생을 바쳐 투쟁해 온 반독재 민주화투쟁을 본인이 앞장서서 선거혁명을 통해 완결하고, 우리가 생명까지 바쳐 갈망해 온 이 나라의 민주화를 실현하고자 합니다.

이것이 민주화를 확실히 실현할 수 있는 유일한 길이고, 국민에 대한 본인의 의무이며, 대다수 민주시민의 한결같은 여망이자 역사의 순리(順理)라고 확신하고 있습니다.

본인은 군사독재의 종식을 열망하는 국민의 투쟁에 힘입어 이번 선거에서 반드시 승리할 것을 확신합니다.

이어 기자들과의 일문일답에서 나는 "야당총재로서 나의 후보출마 선언은 순리이며 역사와 국민에 대한 의무라고 생각해서 결정했다"고 밝히고, "선거가 60여일밖에 남지 않은 상황에서 더 이상 허송할 시간이 없다"고 말했다. 김대중에 대해 나는 "김고문이 당사(黨舍) 입주식에서 '우리는 경쟁하지 않을 것이다'고 말한 것을 기억해야 한다"고 상기시키고, 단일화를 두 사람이 협의해서 결정한다고 약속해 놓고는 국민 지지 운운하는 것은 말이 안 된다고 지적했다. 그러나 단일화 노력은 계속할 것이라고 분명히 밝혀 두었다.

나는 대통령후보로서의 첫 유세로 10월 17일 부산에서 대회를 열겠다고 밝혔다.

부산집회, 사상 최대인파 운집

10월 17일, 나는 부산 수영만(水營灣)에서 집회를 열었다. '군정종식 및 김영삼 대통령후보 추대를 위한 부산대회'였다. 이 날 수영만(水營灣) 고수부지에는 오전 10시경부터 시민들이 모여들기 시작했다. 내가 대회장에 도착한 오후 3시, 50여만 평에 달하는 넓은 공터와 야산을 가득 메운 시민들은 나를 열렬히 환영해 주었다. 나를 비롯해서 집회에 참석한 모든 사람들은 흥분과 감동의 물결에 휩싸였다. 군사독재의 종식을 위해 투쟁해 온 오랜 세월의 고통이

감격의 눈물이 되어 사람들의 뺨 위로 흘러내렸다.
　이 날 대회에 참석한 군중 수를 일본의 〈아사히신문〉은 170만, 〈월스트리트 저널〉은 1백만 이상이라고 보도했다. 사람들은 240만 이상이 모였다고 했다. 이 날 군중들은 태극기와 동그라미 세 개로 나를 상징한 삼색기(三色旗), 나의 캐리커처가 그려진 삼각기(三角旗) 등을 흔들며 갖가지 구호를 연창(連唱)했다.
　나는 오후 2시경 수영만 사거리에서 부산지역 대학생들이 마련한 노제(路祭)에 참석한 뒤, 오픈카에 타고 약 2km가량 차량행진을 해서 오후 3시 정각 행사장에 도착했다. 행사장에는 "군정종식 김영삼," "효자(孝子) 김영삼을 청와대로," "대통령은 김영삼, 김영삼은 대통령" 등 문구가 적힌 애드벌룬 30여 개가 떠 있었고, 시민들은 "민주화카몬 부산아이가," "군정종식," "마, 김총재를 청와대로 보내자," "경상도도 김영삼, 전라도도 김영삼"이라고 쓴 피켓을 치켜들며 대회 집행부의 선창에 따라 2, 3분 간격으로 "김영삼, 김영삼"을 연호(連呼)했다.
　부산집회는 '사상 최대규모의 인파'가 운집한 정치집회였다. 사람들은 "김대중이 자신의 아성이랄 수 있는 광주·목포 등 네 곳에서 마주친 청중 수를 몽땅 합친 것보다 훨씬 많은 인파가 몰렸다"고 흥분하면서, 후보단일화에 결정적 전기가 마련될 것으로 기대했다.
　나는 연설을 통해 '군정종식을 위한 부산대회'의 의미를 강조했다. 나는 "오늘이 바로 유신을 선포한 날이며 부마(釜馬)항쟁이 절정에 달한 날"이라고 말하고, "오늘은 군부독재의 종식을 선언하는 날이며 민주화시대의 개막을 알리는 날"이라고 역설했다. "군정 연장은 절대 없도록 해야 한다"는 것이 이 날의 주제였다.
　나는 김대중과의 후보단일화 문제에 대해 이렇게 역설했다.

1987년 10월 17일, 사상 최대 인파가 운집한 부산 수영만 집회에서.

나는 내가 김대중 고문을 밀어서 민주화된다는 보장만 있다면 지금이라도 대통령후보를 양보할 겁니다. 그러나 김고문이 후보가 된다면 영·호남이 완전히 대립될 뿐만 아니라, 그를 반대하는 사람도 많기 때문에 도저히 힘들다고 판단했습니다. 따라서 각계각층에서 고르게 지지받고 있고 압도적 승리를 거둘 수 있는 내가 나서는 것이 불가피한 상황입니다.

민주화의 보장만 있다면

"내가 김대중을 밀어서 민주화된다는 보장만 있다면 지금이라도 대통령후보를 양보할 것"이라는 말은 나의 진심이었다.

민주화투쟁을 이끌어 온 오랜 세월 동안, 나는 항상 '보이지 않는 적(敵)'들에 대한 경계를 늦출 수 없었다. 박정희 이래 두 차례의 쿠데타를 거치면서 한국군 내부에는 정치 지향적인 강경파 집단이 형성되어 있었다. 1993년 내가 대통령에 취임한 직후 군 내부의 '하나회'라는 사조직을 척결할 때까지, 이들은 합법적인 정부의 유지를 위협하는 제1의 위험요소로 엄연하게 남아 있었다.

소위 '비토세력'은 1980년과 마찬가지로 1987년에도 여전히 군의 실권을 장악하고 있었고, '민주화 조치'의 진전을 거부했다. 이들은 특히 김대중에 대해서는 강력한 거부와 불만의 몸짓을 보이고 있었다.

또다시 1980년의 악몽을 되풀이할 수는 없었다. 단일화는 가장 확실한 군정종식의 수단이었다. 순리대로 보자면 5·17쿠데타에서 6월항쟁까지 군사독재에 맞서 국내정치의 현장에서 민주화투쟁을 이끌어 온 내가 대통령후보가 되는 것이 합당했다. 그런데 양보할 듯하던 김대중이 끝내 버티고 있었다.

그러나 내가 일방적으로 김대중의 손을 들어 준다고 하더라도 김대중이 당선될 수 있으리라는 보장은 없었다. 더욱이 대통령선거가 제대로 실시될 수 있을지조차 불투명했다. 또다시 불행한 사태가 초래될 수 있었다. 나는 이 사실을 김대중에게 여러 번 지적해 주기도 했다.

경선 제의

10월 말의 시점에서 나는 생각을 달리하지 않을 수 없었다. 9월 29일 회동 이후 김대중은 '무조건 출마'로 방향을 잡은 듯했다. 10월 22일, 나는 외교구락부에서 다시 김대중을 만났다. 나는 마지막이라는 심정으로 이야기를 꺼냈다. 많은 논란이 오갔지만 결론이 나지 않았다. 협의를 통해 대통령후보를 결정한다는 것이 두 사람이 국민 앞에 약속한 일이지만, 양보가 없다면 이제 다른 방법을 생각해야 했다. 이 날 김대중이 양보할 의사가 없음을 확인한 나는 김대중에게 최후의 방법으로 숙고해 온 경선(競選)을 제안했다.

이제 후보단일화를 위해서는 경선밖에 달리 방법이 없었다. 첫째, 경선은 공평한 게임이었고, 김대중이 거부할 명분이 없었다. 둘째, 예측할 수 없는 경선을 통해 단일화가 된다면 어느 누구도 그 결과에 대해 시비를 걸 수 없을 것이었다.

민주당이 경선을 공정하게 그리고 짧은 시일 내에 치를 수 있는 여건은 충분했다. 애당초 신민당과 통일민주당의 모태가 되었던 민추협(民推協)은 상도동과 동교동측의 배분이 절반씩 똑같았으며, 통일민주당도 창당할 때부터 나와 김대중의 지분이 50 대 50으로 되어 있어 팽팽한 세력균형 상태였다. 미창당 지구당은 기술적으로 문제될 것이 없었다. 서로의 세력은 팽팽하지만, 두 사람이 공정한 경선을 합의한다면 불상사 없이 대회를 치를 수 있었다.

"대의원 숫자가 50 대 50이니, 내가 후보가 될 확률이 50%면 당신이 될 확률도 50%다. 단일화는 국민의 여망이니 이제 모든 것은 하늘에 맡기자."

나는 김대중에게 이렇게 말했다.
선거시한은 숨 가쁘게 다가왔고, 국민들의 군정종식 요구는 강렬했다. 나는 엄청난 중압감을 느끼고 있었다. 단일화만 된다면 선거운동도 필요 없을 정도의 파괴력이 생겨날 것이었다.

"측근들과 상의할 시간을 좀 주시지요."

경선을 거부할 명분이 없다고 생각해서였을까? 김대중은 이때 주변을 설득할 시간을 달라는 듯이 이렇게 말했다. 만약 그가 경선을 거부하는 태도를 보였다면, 나는 그 자리에서 회담을 끝내지 않았을 것이다.
그 무렵 단일화를 주장하던 사람들이 나를 찾아온 적이 있다. "내가 경선을 하겠다면 어떻게 하겠느냐"고 하니, 그렇게만 된다면 나를 전폭 지지하겠다고 하는 사람들이 많았다. 내가 경선을 제안한 것은 승산이나 자신감을 떠난 결심이었다. 경선만이 승패를 떠나 두 사람 모두가 승리자가 될 수 있는 마지막 길이었다.
외교구락부에서의 회동을 끝낸 후 나는 민족문제연구소에서 기자들과 일문일답을 가졌다.

- 대통령후보 단일화를 위해 전당대회에서 경선을 통한 방법을 제의한 배경은?

"나와 김고문은 국민에게 걱정을 끼치는 일은 하지 않고 민주화가 된 이후까지 협력키로 약속했고, 후보문제도 경선을 않고 우리 두 사람이 대화로 풀기로 약속했었다. 그런데 김고문이 절대 출마를 하지 않을 수 없다며, 대통령선거에 나가지 않을 명분이 없다고 했다. 비록 경선 않기로 약속했지만 후보단일화가 더 중요한 명분인 만큼 민주방식으로 경선하자고 했다. 1970년 지명대회에서 내가 김대중을 지지했던 것처럼 이번에도 전격적으로 전당대회를 치러 누가 지든 그 결과에 복종하자고 했다. 그 이상 강한 명분이 어디 있느냐. 김고문이 시기가 늦었다고 해서, 내가 김고문이 10월 말까지 좋다고 말하지 않았느냐고 했다."

- 김총재가 지난번 확대간부회의에서 제의한 11월 5일 전당대회 일자는 유효한가?

"그대로 살아 있다."

- 서명파 의원들(10월 1일 대통령후보 단일화를 촉구하면서 서명운동을 벌인 박찬종 의원 등 12명의 의원들을 말함)의 의견을 참작했는가?

"그런 것도 다 감안했다. 내가 김고문에게 당신이 총재를 맡아 전권을 갖고 공천 등을 처리해 달라고 했다. 50 대 50의 원칙이 아니라 모든 것을 재량껏 하라는 뜻이었다."

- 경선을 제의하려면 빨리 했어야 하지 않나?

"제일 좋은 방법은 약속대로 대화로 해결하는 것이다. 나는 오늘 김고문에게 당신이 단일화 시간을 늦추자고 하지 않았나. 그

걸 나는 당신이 내게 양보하는 것으로 판단했다고 말했다. 그런데 얘기를 해 보니 김고문은 나갈 수밖에 없다고 해서 차선책으로 경선을 제의했다."

- 전당대회에서 경선을 하면 승리할 자신이 있는가.
"어느 경우든 전당대회 결과에 승복할 생각이다."
- 전당대회를 하게 되면 각목대회와 공작정치 등이 예상되지 않는가?
"김고문이 그러길래, 내가 '당신과 내가 합의하면 극복할 수 있다'고 했다."
- 김고문이 수락할 것으로 보느냐?
"모르겠다."
- 경선이 안 될 경우 전당대회는 그대로 결행할 방침인가?
"모든 노력을 다하려고 한다. 경선은 당을 안 깨는 방법이며 민주주의 최고의 방법이다."

신당창당으로 뒤통수 치기

이틀쯤 지나 김대중의 측근인 이중재 부총재가 나를 찾아왔다. 그런데 김대중이 보낸 메시지는 너무나 충격적이었다. 김대중은 대통령후보 출마를 포기할 수 없기 때문에 부득이 탈당하겠다는 것이었다. 나는 깜짝 놀랐다. 나에게는 생각할 시간을 달라고 해 놓고는 참모를 보내 일방적으로 탈당을 통고하다니! 아무리 출마를 하고 싶어도 민주화의 대의와 국민 앞에 했던 약속을 이처럼 저버릴 수 있는지 놀라울 뿐이었다.

분당(分黨)하는 사태가 오리라고는 생각조차 못했던 나로서는 김대중의 통고는 청천벽력과 같은 것이었다. 뒤통수를 호되게 맞은 느낌이었다. 더구나 이중재가 나를 찾아왔을 때는 이미 방송을 통해 김대중의 탈당 소식이 보도되고 있었다. 김대중이 분당과 함께 출마를 선언할 것이라는 얘기였다. 나에게 시간을 달라고 말하던 그 순간에 김대중은 신당창당을 준비하고 있었던 것이다. 그 날 나는 뜬눈으로 밤을 지샜다.

10월 28일, 김대중은 대통령 출마와 함께 신당창당을 공식 선언했다. 그 날 아침 나는 상도동에서 기자들을 만나 "김고문이 당을 떠나는 것이 과연 국민 여망에 부응하는 길인지 의심스러울 뿐만 아니라 참으로 유감천만"이라고 짤막하게 논평했다. "민주당이 창당될 때 나와 김고문이 얼마나 어려움을 겪고 수모를 당했는가"하고 회고하는 순간에는 목이 메어 말을 더 할 수가 없었다.

여권의 온갖 방해공작 속에 어렵사리 창당된 통일민주당은 이로써 6개월 만에 분당사태를 맞게 되었고, 상도동계와 동교동계는 대통령 선거일을 불과 한 달 보름여 남겨 놓고 딴집살림을 하기에 이르렀다.

끝내 평민당 창당

1987년 대통령선거를 되돌아볼 때 나는 많은 상념(想念)에 잠기곤 한다. 박정희의 18년 독재를 무너뜨리고 간신히 서울의 봄을 꽃피워 보려는 순간, 신군부가 추악한 쿠데타를 일으켜 이 땅의 민주주의를 또다시 짓밟았다. 온갖 좌절 속에서도 나는 1983년 목숨을 건 단식투쟁을 시작으로 하루도 쉴 날 없이 숨 가쁘게 민주화투쟁을 이어 왔다. 1987년 가을, 단일화보다 더 중요한 선거준비는 없다고 생각했고 또 큰 기대를 걸었다. 그러다가 50 대 50이란 예측불허의 결과를 수용할 각오를 다지면서 마침내 당내 경선까지 준비했다. 그러나 김대중은 1980년과 마찬가지로 1987년에도 자기 갈 길로 가 버린 것이다.

6·29 이후 집권세력의 최대 전략은 야권의 분열이었다. 지역감정 유발과 단일화 방해를 비롯해 온갖 고강도(高强度)의 정치술수가 난무한 속에서, 김대중은 자신의 역사적 소명에 대해 판단착오를 일으켰다. 시대의 요구는 '군정종식'이었으나 그는 '세력확대'의 전략을 세웠다.

10월 29일 민주당 내 동교동계 의원 24명과 무소속 의원 1명 등 51명으로 창당준비위를 구성한 동교동측은 당명(黨名)을 평화민주당(平和民主黨, 약칭 평민당)으로 정하고, 10월 30일 창당준비위원회, 11월 12일에는 창당대회를 열어 김대중을 당총재 및 대통령후보로 선출했다. 정계에 복귀한 김종필도 10월 30일 신민주공화당을 창당하고 대권경쟁에 뛰어들었다. 1노3김의 대통령 선거전이 본격적으로 시동을 걸게 되었다.

3. 통한의 군정종식 좌절

민주당 집권은 역사의 순리

11월 9일, 통일민주당은 세종문화회관 별관에서 대통령후보 지명을 위한 전당대회를 열어 나를 만장일치로 후보에 추대했다.

나는 이 날 후보지명 수락연설을 통해 "지금 한국의 역사는 군부독재를 이 땅에서 영원히 종식·청산하고, 이 땅에 평화적으로 민주주의혁명을 완수할 것을 요청하고 있다"고 말하고, "민주주의혁명이 역사적 요청이라면 정통 민주세력의 결집체인 민주당의 집권은 당연한 역사의 순리"라고 역설했다.

다음은 후보수락 연설의 요지이다.

지금 군부독재 종식을 갈망하는 국민의 지지는 우리 민주당과, 그리고 비록 부족하지만 이 사람에게 향하고 있음을 우리는 뜨겁게 확인하고 있다.

우리 사회는 오랜 독재적 억압과 차별적 경제, 그리고 공작적 사회분열 정책으로 인해 있는 자와 없는 자, 권력을 가진 자와 가

1987년 11월 9일, 통일민주당 대통령후보에 추대된 뒤 대의원들의 환호에 답하는 모습.

지지 못한 자, 지역과 지역, 산업과 산업 사이에 불신과 분열이 확대돼 갈기갈기 찢기어져 있다.

이제 우리나라는 민주화로부터 시작, 민족의 화해와 통일을 거쳐 세계평화와 인류의 문명과 도덕의 발전에 기여하는 땅, 위대한 세계사의 현장으로 변모해야 하며, 우리 민주당정부는 그 누구라도 긍지를 갖고 이 나라를 사랑하고 자랑스럽게 여길 수 있는 그런 조국을 창조해 나갈 것이다.

입법·사법·정당·언론·노동·교육·문화 등 모든 분야가 강요와 억압에 길들여진 경직성을 탈피하고 민주적 자기혁신을 이룩해야 한다. 이렇게 민주체제를 확립함으로써 우리의 안보태세도 더욱 확고히 할 수 있을 것이다.

민주당정부는 그 동안의 내실 없는 겉치레 성장과 빈익빈 부익부 성장을 탈피하고, 공정분배와 내실성장을 통한 넉넉하고 고

1987년 11월 9일, 통일민주당 대통령후보 수락연설 장면.

른 복지사회를 건설해 나아갈 것이다.

민주당정부는 사회기능 내부의 다양한 활력을 보장하고, 그 다양성 속의 조화가 공동선을 지향하는 범위 안에서만 기능할 것이다. 공무원은 오직 국민과 양심 앞에 책임을 지게 할 것이다.

나는 지금까지도 그러했거니와, 앞으로도 국민 앞에 한 약속을 어떤 경우에도 지킬 것이다. 그리하여 신뢰받는 대통령, 믿음의 정부가 되도록 할 것이다.

우리 사회에는 지역간·계층간·세대간에 갈라진 것과 찢긴 것이 너무 많다. 나는 사랑과 정의에 기초한 국민 내부의 화해와 통합을 이뤄 나갈 것이다. 그러나 화해의 방향이 결코 불의에 대한 묵인이나 타협이 아니라, 정의의 기준에 합치하도록 해야 할 것이며, 사회정의와 민족정기도 되찾아야 할 것이다.

이번 선거투쟁은 절대다수의 소외된 국민을 위한 투쟁이며,

민족통일을 지향하는 길이기도 하다.

　작년부터 줄기차게 전개해 온 대통령직선제 개헌투쟁이 민주당을 중심으로 한 노동자·학생·민주인사·농민과 도시빈민 등 모든 국민의 국민연합 투쟁이었듯이, 군정종식을 위해 모든 국민이 하나가 된 선거투쟁도 국민연합 투쟁이 되지 않으면 안 된다.

정승화 장군의 입당

　후보수락 연설을 끝내고 난 뒤 나는 다시 연단 앞으로 나갔다. 나는 "오늘 대의원 여러분과 민주화를 열망하는 온 국민에게 소개할 한 사람이 있다"고 말하고, "전(前)육군참모총장 정승화(鄭昇和) 장군을 오늘로 당의 상임고문으로 지명한다"고 선언했다.

　처음에는 영문을 몰라 어리둥절해하던 대의원들은 정승화 장군이 단상으로 올라가자 일제히 "정승화, 정승화"를 연호하며 열광했고, 장내는 삽시간에 놀라움과 환호로 술렁거렸다.

　정씨의 영입교섭은 10월 17일 부산대회가 끝난 뒤부터 시작, 비밀누설을 방지하기 위해 내가 직접 나서서 조용히 추진했다. 정승화씨는 1980년 전두환의 신군부가 권력장악을 위한 첫 단계로 실질적인 군권(軍權) 장악을 기도했던 12·12쿠데타 당시, 육군참모총장으로서 신군부의 첫번째 희생자가 되었던 인물이다. 정승화 장군이 4성장군으로서 야당인 민주당에 입당을 결심한 것은 결코 쉽지 않은 행동이자 용기 있는 결단이었다.

　정승화 장군에 이어 정병주(鄭柄宙) 전(前)특전사령관, 김재춘(金在春) 전(前)중앙정보부장 등의 민주당 입당이 이어졌다. 군(軍) 출신 인사들의 입당은 민주화의 대세가 민주당에 있으며, 문민정부가

1987년 11월 9일, 통일민주당 대통령후보 지명 전당대회장 앞에서 정승화 장군과 함께.

세워져야만 한국 군부의 진정한 정통성이 확립될 수 있다는 것을 상징하는 사건이었다.

정승화 장군은 훌륭한 인물이며 군인 중의 군인이었다. 정승화 장군은 민주당에 입당하면서 "내가 민주당에 입당하는 것은 군정종식이 나의 소원이기 때문이며, 군정을 종식하려면 김총재께서 대통령에 당선돼야 하기 때문입니다. 또 그것이 역사의 순리라고 생각합니다. 김총재께서 당선이 되더라도 나는 정치할 생각이 없습니다"라고 말했고, 최선을 다해 선거운동을 해 주었다.

나중에 1988년 총선을 앞두고 나는 정승화 장군에게 전국구 1번을 제의한 적이 있다. 그런데 정승화 장군은 "나는 정치할 뜻이 없습니다" 하면서 사양하는 것이었다.

"나는 군인들이 더 이상 정치를 해서는 안 된다고 생각합니다. 정치군인들이 이미 우리 군과 정치를 모두 망쳐 놓았고, 우리 역사를 욕되게 했습니다. 그것으로 충분합니다. 나는 역사에 군인으로 남고 싶습니다."

정승화 장군의 분명하고 단호한 태도에서 나는 참다운 군인정신을 읽을 수 있었다. 내가 과거 야당총재로서 공천이나 당직을 결정할 때, 또는 나중에 대통령이 되어 주요 직책을 임명하려 할 때, 내가 만난 대부분의 사람들은 거절하지 않고 나의 제안을 받아들였다. 그러나 정승화 장군만은 예외였다. 나라를 위해 한길만을 걸으려 했던 그의 공직에 대한 사명감은 나라를 위한 봉사의 길을 걸으려는 후배들에게 남다른 귀감이 되어야 할 것이다.

야만적 폭력으로 유세 중단

한편 김대중의 잘못된 선택과 집권세력의 전략이 맞아떨어진 선거구도가 만들어지자, 선거전이 과열되면서 사상 유례 없는 지역감정이 폭발했다. 민주화와 군정종식을 염원하던 나는 선거기간 내내 극심한 고통을 당해야 했다. 선거폭력이 잇달았다.

오랜 민주화투쟁을 통해 나는 전국적으로 가장 고른 지지기반을 가지고 있었다. 그러나 지역감정의 폭발은 국민들의 이성적 판단을 흐리게 했다. 11월 14일 나의 광주유세는 극심한 폭력사태로 좌절되고 말았다. 이 날 나는 광주역 광장에서 '군정종식과 국민화합을 위한 광주국민대회'를 개최하려고 했으나, "김대중"을 외치면서 소낙비처럼 돌과 쇳덩이를 던지는 이성을 잃은 군중들의 폭력 때문에 5분여 만에 대회는 중지되고 말았다.

이 날 오후 2시 40분쯤 나는 숙소인 신양(新陽)파크호텔을 출발, 10분 뒤 승용차로 3km 떨어진 광주역에 도착했다. 그러나 역 광장에 운집해 있던 군중들의 저지 때문에, 불과 2백여m 떨어진 연단에 접근하지 못한 채 옆 골목 등을 통해 5백여m쯤 승용차를 타고 길을 뚫어 단상에 올라갔다.

군중들은 "김대중"을 연호하며 야유를 보냈고, 일부 군중들은 나의 '군정종식' 피켓을 빼앗아 불태우는 한편, 철판 조각과 쇠파이프·각목·돌 등을 마구 단상으로 던졌다. 내가 단상에 올라가 마이크를 잡았을 때도 이런 소란은 계속되었다. 내가 "여러분의 이런 행동은 전두환·노태우만 이롭게 한다"면서 자제를 호소했으나 소란은 멈출 줄을 몰랐다.

나는 분노했다. 평생을 인간의 자유의지를 짓밟는 독재정권의 폭력에 맞서 싸워 온 나였다. 이런 이성(理性) 잃은 행동이 과연 이 나라의 민주화를 위해 어떤 도움이 된단 말인가. 생각할수록 기가 막혔다.

그러나 나는 어떤 불의의 도전에도 정면으로 맞서 왔으며, 불의에는 더더욱 굴복하지 않는 성격이다. 나는 연설을 강행하려 했다. 연단으로 날아드는 날카로운 쇠꼬챙이들, 그러나 나는 그것에 맞아 쓰러지는 한이 있더라도 연설을 강행할 결심이었다. "민주화를 위해 죽는다면 그것은 영광이다." 나는 그러한 각오로 살아왔고 23일간의 생명을 건 단식투쟁도 할 수 있었다. 나는 1983년의 단식투쟁 이후 "오늘이 내 인생의 마지막 날"이라고 생각하고 살아왔다. 지금까지도 이 생각에는 변함이 없다.

외부세력이 폭력 부채질

그러나 이러한 나의 의지도 소용이 없었다. 당시 유세하던 연단은 대규모 집회에 걸맞은 4~5m 높이의 임시구조물이었다. 연단에는 나를 비롯한 민주당 국회의원들과 연설원 등 다수의 사람들이

앉거나 서 있었다. 그런데 동원된 폭력배들은 연단 밑으로 몰려들어 연단을 부수고 있었다. 연단이 무너지면 연단 위·아래에 있는 사람들에게 커다란 인명피해가 발생할 것이 우려되었다.

어느 국가나 지역에서도 다소의 자연발생적인 지역감정은 있을 수 있다. 남다른 애향심이나 자기 고장 출신 정치인에 대한 애착도 그런 원초적인 감정의 하나일 수 있다. 그러나 당시의 지역감정은 인위적인 것이었고, 야만적인 폭력이었다. 폭력에 의해 민주주의가 짓밟히는 참혹한 순간이었다. 허물어져 내려앉는 연단 위에서 나는 여러 사람의 안전을 위해 울분을 삼키며 내 연설을 중단하지 않을 수 없었다.

이 날 대회장에는 5만여 군중이 모였으나, 이 중 김대중을 지지하는 군중들이 피켓을 앞세우고 나의 운동원과 지지자들을 연단 앞에서 몰아내고 광장 중앙을 거의 점거했다. 이 과정에서 폭도들에게 얻어맞아 수십명의 민주당원들이 부상을 당했으며, 민주당 국회의원들의 차량이 다수 부서졌다.

나는 광주를 떠나 마산으로 가는 도중 휴게소에서 김형래(金炯來) 선거대책본부 대변인에게 성명을 발표토록 지시했다. 김대변인은 "김영삼 후보의 군정종식 광주시민대회가 일부 불순세력들의 조직적이며 계획적인 방해와 투석, 철판 투척, 폭행, 방화 등 살인적 난동으로 말미암아 부득이 중단되었음을 통탄한다"며, "이같은 난동과 폭거는 온 국민이 열망하는 민주화를 기본적으로 저해하며 군정을 연장케 하는 반역사적·반시대적 망동으로서 도저히 용납될 수 없다"고 발표했다.

폭력사태는 지역감정에 기인한 바 있지만, 전두환정권은 이를 부채질했다. 12월 7일의 여수유세 때에도 나는 하마터면 죽을 뻔한 고비를 겪었다. 주먹만한 돌멩이며 쇠꼬챙이 등이 난무하는 데다가, 연설은커녕 연단을 무너뜨리려 해서 서 있기조차 힘들 지경이 되었다. 유세장의 살벌한 분위기 때문에 수분 만에 연설을 마친 내가 출발하려 하자, 내가 탄 무개차 위로 돌멩이며 각목·쇳조각 등이 우박처럼 쏟아졌다. 살인적인 행위였다. 내 옆에 서 있던 경호원이 날아드는 돌에 머리를 맞아 유혈이 낭자했고, 나의 수행원 수십명이 부상을 당했다. 이 날 집회에는 5백여명의 경찰이 경비를 섰으나 폭력사태에 대해 어떠한 제재조치도 취하지 않았다. 지역감정을 조장하는 무리들이 뒤에서 조종한 게 분명했다. 나는 여수유세를 마치고 순천(順天)과 광양(光陽)을 방문할 예정이었으나, 그곳에서는 이미 각목을 든 청년들이 돌을 쌓아 놓고 기다리고 있다는 연락이 왔다. 더 이상의 불상사를 막기 위해 나는 유세를 취소할 수밖에 없었다.

〈워싱턴포스트〉지는 11월 15일 나의 광주집회가 광주시민의 집회방해 때문에 무산됐다고 보도하고, 지역감정이 한국정치 장래의 최대 약점이 될 것이라고 보도했으며, 일본의 〈산케이(産經)신문〉은 광주연설 방해사건으로 일부에 남아 있던 야당후보 단일화 기대를 완전히 무산시킨 것은 물론, 대통령선거의 향방에도 큰 영향을 끼칠 것이라고 보도했다.

백기완과 회동, 단일화 합의

11월 16일 대통령 선거일이 공고되고 난 뒤 국내외의 이목은 '1노3김'으로 집중되었다. 전국의 유세장에서 막바지 설전과 폭력사태가 빈발하던 12월 초, 대학생 6백여명이 통일민주당과 평민당 당

1987년 대통령선거에서 무개차량을 타고 가두행진을 하는 모습.

사 앞에서 양김 후보단일화 시위를 벌였다. 이어서 학생들은 민주당, 평민당 당사 및 나와 김대중 자택으로 몰려가 후보단일화 농성을 벌였다.

선거는 목전에 임박하고 있었다. 막판 야권후보 단일화가 다시 정치권의 관심사로 떠올랐다. 12월 9일, 재야·운동권에서 '독자적인 민중후보'를 주장하며 출마를 선언했던 무소속의 백기완(白基琓) 후보측과, 서울민통련 등 13개 재야·학생단체 대표단은 긴급회의를 갖고 후보단일화를 위해, 나와 김대중·백기완 후보와 재야

대표들이 참석하는 4자 비상정치협상을 제의했다.

이튿날인 12월 10일 아침, 나와 백기완 후보는 외교구락부에서 회동, 야권의 후보단일화와 군정종식을 위한 연대를 추진키로 합의했다. 이를 위해 김대중과의 회담도 추진, 민주세력이 다 함께 참여하는 민주연립정부 구성안 등을 논의하는 비상정치회담을 주선하는 데도 뜻을 모았다. 나와 백기완의 회동소식이 전해지자 호남지역 유세를 다니던 김대중도 급거 상경, 백기완과 동교동 자택에서 만났다. 그러나 김대중은 4자회담을 정식으로 거부, 후보단일화의 마지막 가능성을 깨 버렸다.

대세는 민주당으로

11월 20일, 민주당에서는 김상현(金相賢)의 입당 환영식이 있었다. 나는 "김상현씨는 16년간 미복권 상태에 있었고 5년간 감옥생활을 했으며 고문도 숱하게 받았다"면서, "특히 나와 민추협을 창립할 때나 2·12총선에서도 특별한 관계를 맺어 왔다"고 환영했다. 환영의 꽃다발을 받은 김상현은 "김영삼 후보가 단식을 통해 당시의 캄캄한 정치현실에서 민주화의 봉화를 올린 점을 높게 평가하며, 김영삼정권 창출에 최선을 다하겠다"고 말했다. 그는 이 날 입당성명을 통해 "정치인은 일관성이 있어야 한다"면서, "단순히 대통령후보가 되기 위해 경선도 거부한 채 당을 떠난 사람들 곁으로 갈 수가 없었다"고 말하고, "암흑과 같은 정치현실에서 민추협과 신민당을 만들어 2·12선거 돌풍을 일으키고 6월투쟁을 주도하면서 탁월한 지도력을 보여 준 김영삼 후보가 군정종식의 유일한 적임자"라고 천명했다.

〈타임〉지 1987년 12월 7일자 커버 스토리에 실린 화보.

이때부터 김상현은 민주당의 총재권한대리 및 부총재를 맡아 나의 승리를 위해 최선을 다했다. 그는 각종 유세에 찬조연사로 나와 "김대중은 직선제가 이룩되면 대통령후보를 사퇴하겠다던 약속을 지켜야 한다"고 주장했다. 그는 12월 2일 TV 찬조연설을 해주었으며, 12월 5일 여의도 유세에서도 "지역감정 해소와 군정종식을 위해 김영삼 후보가 대통령이 돼야 한다"고 역설했다.

민주당의 '군정종식' 구호는 가는 곳마다 지지를 얻었고, 군 출신 인사들의 영입과 김상현 등 민주인사들의 합류는 민주당이 선거에서 대세를 장악해 가고 있음을 말해 주었다.

11월 말에서 12월 초까지 호남을 제외한 대부분의 지역에서 나는 고른 지지를 얻어 경쟁에서 선두를 점할 수 있었다. 각종 여론조사에서 나는 선두를 달리고 있었다. 무엇보다 외신(外信)들이 민감하게 반응했다.

〈워싱턴포스트〉는 11월 말 현재 "김영삼 후보가 많은 사람들에 의해 선두주자로 인식되고 있다"면서, "김영삼 후보가 노태우 후보를 매우 소극적인 선거운동 쪽으로 몰아넣고 있다"고 보도했다. 이어서 서울주재 한 서방 외교관의 발언을 빌어 "정부도 승리를 그다지 확신하지 못하고 있으며, 김영삼씨 바람이 불고 있다"고 전했다. 12월 7일자 미국의 〈타임〉지(誌)는 한국의 선거를 커버 스토리로 다루면서 미 국무성 관리의 말을 인용해 "김영삼 후보가 선두를 달리고 있다"고 보도했다. 〈타임〉지에 나온 나의 사진이 노태우보다 더 위에 크게 편집되어 대세의 향방을 나타내고 있었다.

나는 선거 종반에 대규모 부정선거만 이루어지지 않는다면 당선될 것으로 확신했다. 11월 하순부터 내 연설에는 공무원들이 부정선거에 이용되지 말 것을 당부하는 내용이 늘어났다.

군정종식 좌절

1987년 11월 29일, 한국 민주화의 향방을 결정할 중요한 대통령선거를 불과 18일 남겨 놓은 시점에, 선거의 판도를 바꾸어 버린 불행한 사건이 발생했다. 대한항공기의 공중폭발 참사였다. 승객 115명을 태운 바그다드발 서울행 대한항공 858편 여객기가 이 날 미얀마의 뱅골만 상공에서 폭발·실종됐다.

대한항공기 공중폭파 사건은 선거에 결정적인 영향을 가져왔다. 무엇보다 유권자들의 불안심리를 크게 자극했다. 그 결과 전라도를 제외한 전 지역에서 고른 지지를 받으며 각종 여론조사에서 1위를 달리던 나에게 가장 큰 타격이 왔다. 김대중의 경우 KAL기사건은 오히려 선거 종반 전라도 몰표현상을 심화시켰다. 가장 큰 덕을 본 사람은 노태우였다. 노태우는 이제 군사정권하에서 '안보논리'에 젖어 살아온 국민들의 안정희구 심리를 최대한 활용할 수 있게 되었다.

투표를 하루 앞둔 12월 15일, 전두환은 KAL기 폭파범 마유미(金賢姬)를 바레인에서 서울로 이송함으로써 노태우에게 엄청나게 유리한 환경을 조성했다. 6월민주항쟁에 이르기까지 그토록 오랫동안 갈망해 온 국민들의 민주화에 대한 여망이 KAL기 폭파사건의 거센 바람에 날아가 버리는 순간이었다.

12월 16일, 제13대 대통령선거가 실시됐다. 총 유권자 2,587만여 명 중 89.2%가 투표에 참가해 내가 633만여 표, 노태우가 828만여 표, 김대중이 611만여 표로 집계되었다. 높은 투표율은 국민들의 대통령 직접선거에 대한 열망이 얼마나 컸던가를 반증해 주는 숫자였다. 하지만 선거결과는 국민 대다수의 희망과는 거리가 먼 것이었다. 두 번 다시 역사에 등장해서는 안 될 군부세력이 옷을 바꾸어 입고 나타난 결과였다.

6·29선언을 하던 그 순간부터 집권세력은 집요한 공작정치를 통해 정권 재창출을 기도했다. 그들은 민주화의 대명제 앞에 단결해 온 국민과 야당 지도자들을 지역감정이라는 혼탁한 분열책으로 갈라 놓는 데 성공을 거두었고, 선거 최종 순간에 국민들의 안보 불안감을 부채질함으로써 승리를 탈취해 갔다. 1987년 여름, 내 조국은 대통령 직선제라는 민주주의에의 올바른 궤도를 잡았지만, 그것은 또다시 고통스럽게 우회해야 하는 길이 되었다.

대통령선거의 패배는 나에게 혹독한 고통을 주었다. 수십년 뼈저리게 고생해서 쟁취한 민주화였는데, 군부 집권세력의 권력연장으로 귀결되고 말았다. 투표결과를 보면서 나는 억울하고 원통해서

| 시도명 | 〈제13대 대통령선거 지역별 득표수〉 (1987. 12. 16) |||||
| | 후보별 |||||
	합계	노태우 (민정당)	김영삼 (민주당)	김대중 (평민당)	김종필 (공화당)
합계	22,603,411	8,282,738	6,337,581	6,113,375	1,823,067
서울	5,618,729	1,682,824	1,637,347	1,833,010	460,988
부산	1,995,317	640,622	1,117,011	182,409	51,663
대구	1,132,078	800,363	274,880	29,831	23,230
인천	828,860	326,186	248,604	176,611	76,333
광주	476,153	22,943	2,471	449,554	1,111
경기	2,905,323	1,204,235	800,274	647,934	247,259
강원	921,214	546,569	240,585	81,478	49,954
충북	757,457	355,222	213,851	83,132	102,456
충남	1,534,906	402,491	246,527	190,772	691,214
전북	1,136,975	160,760	17,130	948,955	8,629
전남	1,459,870	119,229	16,826	1,317,990	4,831
경북	1,669,019	1,108,035	470,189	39,756	43,227
경남	1,925,412	792,757	987,042	86,804	51,242
제주	242,098	120,502	64,844	45,139	10,930

잠을 이룰 수가 없었다. 내 가슴은 납덩이처럼 무거운 것으로 짓눌렸다.

12월 19일, 도하 신문광고를 통해 나는 「국민 여러분께 드리는 말씀」이란 사과성명을 냈다. 이 성명에서 나는 "야권후보 단일화를 이룩하지 못한 부덕의 소치에 대하여 국민 여러분께 죄송한 마음을 금할 길 없으며, 깊이 자성하고 사과드리는 바입니다"라고 했다.

선거 직후, 나는 이번 선거를 사상 유례가 없는 '원천적 부정선거'로 규정, 군사정권 타도투쟁 선언을 할 만큼 격앙돼 있었던 것이 사실이다. 누구보다도 나 자신은 "선거가 공명정대하게만 치러졌으면 내가 승리했을 것"이라는 확신을 내버릴 수 없었으며, 그것이 나로 하여금 '군사정권 타도투쟁' 선언을 하게 만들었다고 할 수 있다.

그러나 야권을 지지한 과반수 이상의 국민이 선거결과에 대해 실망과 허탈감에 빠져 있다는 데 생각이 미치자, 나는 국민의 실망과 허탈감을 달래야 할 책무를 느끼지 않을 수 없었다. 모처럼 합의개헌이 이루어지고 그 헌법에 따라 대통령선거를 치른 마당에 또다시 정국이 갈피를 잡지 못하고 길거리에서 방황한다면, 국민들에게 희망을 빼앗아 간다는 생각이 들었다.

나는 12월 22일 당간부들이 배석한 가운데 가진 기자회견에서 "이번 대통령선거에서 이루지 못한 군정종식과 민주화라는 역사적 과업을 다가오는 총선에서 선거혁명을 통해 기필코 실현하겠다"고 천명했다.

제 7 부
코페르니쿠스적 전환

1. 4당체제의 혼란

대청봉에서 맞은 새해

한동안 중단했던 아침 조깅을 12월 22일부터 다시 시작한 나는 기자회견 직후 고향인 거제도와 아버지께서 입원 중이시던 부산을 다녀왔다. 이어서 28일 정무회의 석상에서 "그 동안 국민의 군정종식 기대를 달성하지 못한 책임이 나에게 있다는 생각으로 잠 못 이루고 번민해 왔다"고 심경을 털어놓았다. 나는 "국민에게 책임져야 할 정치인으로서 나의 각오는 확실하므로, 빠른 시일 내에 전당대회를 열어 심판받게 해달라"고 주문, 새해 초 임시전당대회를 열어 나의 총재직 재신임 여부를 묻기로 했다.

한 해가 저물고 있었다. 1987년 12월 31일, 나는 설악산에 올랐다. 일행이라고는 나와 비서인 김기수, 이성헌(李性憲), 김영수(金永守)뿐이었다. 오색에서 출발해서 대청봉까지 사위(四圍)는 온통 눈으로 뒤덮여 있었다. 나는 눈밭에 미끄러지고 또 미끄러지면서 6시간을 올랐다. 오르는 도중 눈을 녹여 끓인 찌개로 허기를 달랜 것이 휴식의 전부였다. 해가 지자 눈보라가 치기 시작했다. 눈밭을 뚫고 마침내 대청봉 정상의 산장에 도달했다. 지금은 대청봉과 중청봉 사이에 수백명이 대피할 수 있는 커다란 산장이 만들어져 있지만,

눈 덮인 산정에서.

당시에는 대청봉 정상에 오래 된 군용 참호를 개조한 초라한 대피소가 있었다. 일어서면 머리가 천장에 닿는 산장의 한 평 남짓한 작은 방에서 나는 밤늦게까지 소줏잔을 기울이며 뼛속까지 스며드는 한기를 달랬다. 1987년 한 해의 뼈를 깎는 아픔도 눈보라에 날려 보냈다.

아침이 밝았다. 1988년 새해였다. 산장 관리인은 산장 밖의 온도계를 살펴 기상대로 전화 보고를 했다. 비록 알아주는 사람은 적겠지만, 이러한 숨은 노고 덕분에 매일 아침 잠자리에서 일어난 국민들은 설악산 대청봉의 일기를 알게 되는 것이다.

눈보라는 씻은 듯이 멈추었다. 산장 문을 열고 나서자 영하 21도의 추위로 공기는 쨍쨍 소리를 내는 듯했다. 목소리조차 퍼져 나가지 못하고 발 아래로 부서져 내렸다. 해발 1,708m 대청봉 정상에 오른 내 앞에는 눈 덮인 연봉(連峰)들의 웅자(雄姿)가 구비구비 펼쳐져 있었다. 나는 그 자리에 서서 한동안 움직일 수 없었다. 산은 정말 진실하고 위대했다. 한없이 작아져 버린 한 인간에게 설악산은 그 순간 따스한 말을 건네고 있었다.

총재직 재신임

1월 6일 열린 민주당 임시전당대회에서 나의 총재직 사퇴 여부를 표결에 부친 결과 가(可) 76표, 부(否) 819표가 나왔다. 나는 "이제 당내 민주화로써 민주당을 국민정당으로 정착시키고 정책정당으로 탈바꿈시키겠다"고 밝히고, "평민당을 포함한 모든 야권세력은 이제 민주당의 깃발 아래 다시 모이는 것이 역사의 순리"라고 말했다. 그러나 재신임을 받은 내 마음은 가볍지 않았다.

다음은 총재 재신임을 받은 후 기자들과 가진 일문일답 내용이다.

- 재신임의 소감은?

"지난 대통령선거에서 패배한 뒤 육십 평생을 통해 처음으로 정치적인 이유 때문에 눈물을 흘렸습니다. 비록 내 욕심도 있었지만, 당선되면 정치적 경륜을 펴 보이고 내 나름대로 이 땅에 민주주의를 정착시켜 보겠다는 생각을 갖고 있었는데, 군정종식과 참된 민주화를 위한 국민 여망에 보답하지 못했습니다. 이제 민주당을 진정한 민주정당으로 탈바꿈시켜 다가오는 총선에서 국민의 여망에 부응하기 위해 최선의 노력을 다하겠습니다."

- 오늘 전당대회에서 총재직 사퇴서를 수리하자는 10% 가까운 의사가 표출된 것을 어떻게 받아들이고 있는지……?

"어떤 의미에서든 감사하게 생각합니다. 나에게 채찍질해서 총선을 이끌도록 하려는 충고로 생각합니다. 그런 의미에서 90% 이상의 재신임은 오히려 너무 많은 것 같습니다."

- 재신임 수락연설에서 당의 투쟁노선을 국회 중심으로 설정하고, 올림픽의 성공을 위해서도 최선의 노력을 다하겠다고 밝혔는데, 구체적인 복안은?

"내 자신은 의회민주주의자로서 어느 경우든 국회에서 싸우고 협상하며 최선을 다하겠다는 생각입니다. 아울러 정책정당의 면모를 갖춰 국민 속에 뿌리 내리는 정당이 되도록 할 것이며, 여러 부문에서 신진 엘리트들을 대담하게 영입할 계획입니다."

- 야권통합 방안은?

"평민당을 비롯한 모든 재야세력들이 민주당을 중심으로 다시 통합해야 할 것입니다."

- 모처럼 부총재 경선으로 당내 민주화 바람이 일고 있습니다. 앞으로 총재단 운영의 방향은?

"나는 당내 민주화 실천을 위해 총재단 경선제의 도입을 요구했습니다. 전당대회에서 선출된 분들과 당을 훌륭히 이끌어 나가겠습니다."

- 김총재의 총선에서의 지역구 출마문제는?

"아직 결정하지 않았습니다. 다만 민주당이 제1당이 되기 위해서는 내가 전국 사무장이 되어서 실질적으로 지원을 해야 하기 때문에, 당원과 국민들의 의견을 받아들여 결정토록 하겠습니다."

야권통합 위해 총재직 사퇴

1988년 2월 8일 오전 9시, 나는 전격적으로 총재직 사퇴를 선언했다. 야권통합을 위한 또 한 번의 결단이었다. 불과 한 달 전에 전당대회가 안겨 준 재신임을 다시 내놓으면서 나는 야권이 앞으로 나아가야 할 방향을 제시했다.

야권의 신속한 단일화를 위해 나는 오늘 총재직을 사퇴하고 평당원으로 남아 백의종군하겠다는 뜻을 밝힙니다. 총선이 얼마 남지 않은 이 시점에서 하루속히 해결해야 할 가장 시급하고 절박한 과제는 모든 민주세력이 대동단결하여 야당이 단일화하는 것입니다. 이 나라의 모든 정치인들은 당리당략과 사리사욕을 떠나 아무런 조건이나 형식에도 구애됨이 없이 빠른 시일 내에 야권의 단일화를 이룩할 것을 간곡히 호소합니다. 야당이 단일화되기만 하면 민주화를 염원하는 국민들에게 새로운 희망과 용기를 주게 됨으로써 반드시 선거혁명을 통해 이번 총선에서 승리할 것입니다. 그렇게 되면 행정부의 독주를 효율적으로 견제함으로써 참다운 의회민주주의를 실현시킬 수 있을 것입니다.

나의 백의종군 선언은 지지부진하던 야권통합 논의에 불을 지폈다. 통합논의의 쟁점은 김대중의 평민당 총재직 사퇴와 소선거구제 도입 여부로 좁혀졌다. 민주당에서는 "김영삼 총재가 대국적인 차원에서 백의종군을 선언했으니, 김대중 총재도 당연히 총재직을 내놔야 한다"는 주장을 했고, 평민당은 이에 맞서 통합을 전제로 민주당이 중·대선거구제 당론을 소선거구제로 바꿔야 한다는 주장이었다.

총재직 사퇴선언 후 다시 설악산으로 들어갔던 나는 그 무렵 속리산으로 옮겨 와 있었다. 2월 21일, 민주당의 야권통합 협상기구 대표들이 나를 찾아와 지원을 요청했다. 이때 나는 나의 총재직 사퇴에도 불구하고 통합협상이 효과를 거두지 못하는 것을 보고, 통합의 진전을 위해 23일 오전 마포 가든호텔에서 김대중을 만나 그의 주장인 소선거구제를 수용해 주었다.

13대 총선과 4당체제

당시 나의 소선거구제 수용은 완전히 예상을 뒤엎는 것이었다. 그러나 김대중은 또다시 총재직 사퇴 대신 통합야당의 양김 공동대표제를 요구, 통합협상은 금방 벽에 부딪혔다. 김대중은 자신의 주장에 나를 끌어들여 총재직에 연연한다는 비판을 나와 나누어 가지려 했다. 나는 평민당과의 통합협상을 포기했다. 현실성이 없다고 판단한 것이다.

이에 따라 민주당은 3월 들어 재야세력이 만든 한겨레민주당과 2차통합을 추진하게 된다. 민주당과 한겨레민주당의 통합논의는 급진전돼, 3월 16일 당명을 '우리민주당'으로 정하는 등 통합선언이 초읽기에 들어갔다. 그러나 이 날 오전 김대중이 돌연 총재직 사퇴를 선언함에 따라 통합논의는 또다시 원점으로 돌아갔다. 김대중은 민주당과 한겨레민주당의 통합을 막기 위해 총재직을 내던졌다.

이에 민주당·평민당·한겨레민주당 협상대표들은 다시 머리를 맞대고 막판 3자통합을 시도했다. 그러나 3월 19일, 예상외의 폭력

정당/단체	득표수(율)	의석수
민주정의당	6,670,494(34.0)	125(38)
통일민주당	4,680,175(23.8)	59(13)
평화민주당	3,783,279(19.3)	70(16)
신민주공화당	3,062,506(15.6)	35(8)
무소속	933,161(4.8)	9
한겨레민주당	251,236(1.3)	1
합계	19,380,851(98.8)	299(75)석

〈제13대 총선 정당별 득표 및 의석 현황〉 (1988. 4. 26)

사태로 통합은 완전히 무산됐다. 통합협상에 최종적으로 도장을 찍기로 한 시각, 서교호텔 주변에는 대낮부터 괴청년들이 북적거렸다. 게다가 최종안을 들고 김대중에게 결재를 받으러 간 평민당 협상대표는 시간이 되어도 돌아오지 않았다. 기다리다 못해 장소를 옮기려던 민주당 협상대표들에게 괴청년들이 달려들어 난장판이 벌어졌다.

나의 총재직 사퇴로 불을 당긴 총선 전 야권통합 논의는 김대중의 총재직 사퇴까지는 이끌어 냈으나, 폭력사태로 결국 판이 깨지고 말았다.

4월 26일의 제13대 총선결과, 민정당 125석(전국구 38석 포함), 평민당 70석(전국구 16석), 민주당 59석(전국구 13석), 공화당 35석(전국구 8석), 무소속 9석, 한겨레민주당 1석으로 나타났다.

그러나 득표율 면에서 민주당은 민정당 33.39%에 이어 23.83%를 획득함으로써 19.26%를 얻은 평민당과 15.59%를 얻은 공화당을 앞질렀다. 인구비례를 감안하지 않고 기형적으로 급조된 잘못된 선거구제가 낳은 결과였다. 더욱이 통일민주당은 전국의 각 선거구에서 고루 득표함으로써 고른 지지기반을 가진 정당임을 입증했다. 나는 부산 서구에서 당선, 8선고지를 점령했지만, 그보다는 전국을 누비며 지원유세에 더 땀을 쏟았다.

1988년 5월 12일 상오, 서울 세종문화회관 별관에서 민주당 정기 전당대회가 열렸다. 야권통합을 명분으로 제2선으로 후퇴해 있었던 나는 93일 만에 만장일치로 다시 총재에 재추대됐다. 이로써 나와 노태우·김대중·김종필 등에 의해 운영될 4당체제가 가동되었다. 어느 정당도 원내 과반수를 확보하지 못한 여소야대(與小野大)의 정국상황에다 난제들이 산적해 있던 때라, 4당 총재간의 대화와 협상이 주목받던 때였다.

총재로 선출된 뒤 나는 수락연설을 통해 "우리 당은 서민대중과 소외계층의 뜻이 골고루 국정에 반영될 수 있는 참여적 민주주의의 실현, 분배의 정의와 국민복지가 구현되는 경제정의의 실현 및 사회의 자율화와 개방화, 선진문화 창달의 길로 나가겠다"고 당의 진로를 천명하면서, "지역적 배타주의와 권위주의적·독선적 정치문화의 불식에 앞장서겠다"고 다짐했다.

다음은 5월 12일 전당대회에서의 나의 총재수락 연설요지이다.

> 나를 또다시 총재로 추대해 준 뜻은 야당을 하기 위한 야당의 모습을 재현하라는 게 아니라, 다음 번 선거에서 기필코 여당이 되기 위한 준비를 하기 위해 강력한 지도력을 발휘해 달라는 요구라고 생각한다.
> 또한 지난 두 차례 선거를 통해 드러난 국민의 요구를 겸허하게 받아들여, 국민에게 희망과 신뢰를 줄 수 있는 수권(授權)능력을 갖춘 정당으로 거듭 태어나라는 뜻으로 받아들인다.

우리 당은 산업사회를 이끌어 가는 건전한 중산층으로부터 진보세력까지 골고루 대표하는 가장 이상적인 정당이다. 지난 총선에서 야당 가운데 가장 높은 득표율을 올렸으며, 전국적으로 고른 득표를 했고, 젊은층으로부터 가장 많은 지지를 받았다.

그러나 이 시점에서 자기 개혁과 자기 반성을 소홀히 하면서 현실 안주와 자기 합리화에 급급하면, 정통 민주세력이 집권세력으로 등장할 수 있는 기회조차 박탈될 것이다.

서민대중과 소외계층의 뜻이 골고루 국정에 반영될 수 있는 참여적 의회민주주의의 실현, 독점과 특혜와 정경유착이 없는 분배정의의 실현을 추구해 나가야 한다.

지역적 배타주의와 권위주의적·독선적 정치문화를 불식하고, 다양한 집단의 이익이 보장되는 시민정치 구현에 앞장서 나가야 한다.

단기적으로 비민주적 악법을 개폐해 법적·제도적 민주화의 기반 구축, 양심수의 전원 석방과 사면·복권, 수배자 해제, 제5공화국 비리조사와 광주사태의 철저한 진상규명에 최우선적 노력을 기울여 나가야겠다.

또한 지자제(地自制)의 조기 전면실시와 시급한 민생문제의 해결에도 총력을 기울이는 등, 양대 선거의 공약이행에 최선을 다하겠다.

지난번 양대 선거를 통해 국민 앞에 제시한 공약을 이행하고, 장기적으로 민족적 자긍심을 높이고, 망국적 지역감정을 해소해 한 민족, 한 핏줄의 화해와 단결을 도모하는 데 앞장서겠다.

이런 노력을 해 나가는 데 있어 결코 조급하거나 초조해서는 안 된다. 혼란을 수반한 급격한 변화나 의회를 통하지 않는 과격한 개혁을 추구해서는 안 될 것이다.

1988년 5월 12일 열린 통일민주당 전당대회. 왼쪽부터 황명수, 이기택, 김동영, 나, 김상현, 김현규.

현정권이 민주화와 사회정의 구현의 방향으로 나아간다면 우리는 협력자가 되는 데 인색하지 않을 것이다.

안정 속의 확실한 민주화를 위해 안정 속의 정치·경제 선진화를 추구해 나가는 데 있어 정치력을 최대로 발휘하여 토론과 협상을 해 나가겠으나, 원칙을 벗어난 타협은 하지 않을 것이다.

급변하는 국제정치와 국내정치 상황은 부단한 자기 개혁을 요구하고 있으며, 민족통일과 민주화의 주역이 돼야 한다는 사명감을 요구하고 있다.

청와대 4자회담

5월의 총재 복귀와 함께 나는 '민주화의 실현'과 수권정당으로의 발돋움이라는 커다란 과제를 위해 멀리 보고, 크게 보고, 앞을 보는 발걸음을 떼어 놓고 있었다. 당 운영의 민주화를 도모하여 수권능력을 강화하고 정책정당으로의 발전을 꾀했다. 정치상황의 변화에 능동적으로 대처하려는 생각에서였다.

여소야대의 정국 속에서 나의 정치적 위상은 30여년의 정치생활을 통해 매우 미묘한 것이었다.

5월 28일 오전 11시, 청와대에서 노태우와 나, 김대중, 김종필의 4자회담이 열렸다. 구속자 석방, 5공비리 조사 등 정치현안에 대해 여·야의 대표들이 만나 각자의 입장과 견해를 밝히고 의견을 나누는 자리이자 여소야대 정국의 시동이었다.

나는 이 날 다음과 같은 생각을 밝혔다.

여소야대의 4당체제가 등장한 상황에서 정국이 제대로 운영되기 위해서는 대화정치와 타협정치의 기틀이 마련돼야 한다. 여기에는 먼저 과거의 군사정권과 같이 상대방을 공작대상으로 보는 공작정치와 불신에 기초한 배타정치가 청산되어야 한다.

13대국회는 광주의거 조사, 5공비리 조사 등 5개 특위를 구성, 역대 군사정권이 남긴 반민주 잔재를 깨끗이 청산해야 한다.

과거 일부 반민주(反民主) 법률에 의해 '반국가 사범'으로 규정된 인사들의 대부분이 '반정부 사범'들이고, 형량의 절반 이상을 마친 사람들이 많은 점을 고려해, 정치적 차원은 물론 인권적·국민화합적 차원에서도 전원 석방해야 한다.

대통령이 양심수(良心囚) 문제에 결단을 내림으로써 더 이상 정치적 쟁점이 생기지 않도록 해야 한다. 이번 13대국회에서 반국가 사범을 양산한 반민주 법률의 개폐를 통해 양심범이 없는 사회풍토를 조성해야 한다.

남북문제와 통일문제에 대한 초당적 협력체제가 이루어질 수 있도록 정부의 정보·자료 독점과 통일문제의 정략적 이용을 중지하고, 통일문제에 대한 정부의 민주적 자세가 갖추어져야 한다. 정부가 통일문제에 대한 교섭창구를 총괄하되, 야당도 각자의 능력과 처지에 맞는 대북(對北)·대(對)공산권 교섭의 기회와 문호를 가질 수 있도록 개방돼야 한다.

북한의 올림픽 참가를 꼭 성사시키도록 정부가 노력해야 하며, 이와 관련, 올림픽조직위 등 관계기관은 범(汎)정당적 협조가 가능하도록 정보와 자료를 즉각 제공해야 한다.

학생권의 통일론은 정부가 독점, 이를 정략적으로 이용한 데 대한 불신에서 연유되고 있는 만큼, 정부는 과감한 민주화 조치를 함으로써 민주화 의지에 대한 의구심과 불안을 없애 민주화가 학생운동의 명분이 되지 않도록 해야 한다.

대미(對美)관계에서도 농산물 수입과 한·미(韓美)방위 협조체제에서 대등한 외교관계를 취하고 자주외교를 강화, 수입개방과 관련된 반미감정을 진정시켜야 한다.

장기적으로 재야와 학생들의 진보적 사상을 제도권 안으로 수용할 혁신정당 출현이 바람직하다.

농산물 수입개방은 우선적으로 농어민 보호라는 측면에서 생각해야 한다.

곡가와 수매량 등 재정지출 수반사항은 국회의 심의를 거치도록 조치되어야 한다.

국정 전반에 대한 소신 천명

나는 민주당 총재로서 대북(對北)외교의 돌파구를 마련키 위해 평양·북경·모스크바를 방문, 책임 있는 인사와 대화에 나설 뜻이 있으며, 당국은 이러한 뜻을 구태의연한 냉전논리로 보지 말고 세계사의 새 흐름의 시각에서 보아야 할 것이다.

1988년 6월 30일 오후, 국회 본회의에서의 대표연설을 통해 나는 남북한 문제, 북방외교, 국내정치, 경제, 사회, 문화 등 거의 모든 분야에 대해 나의 소신과 당의 입장을 피력했다.

나는 북방외교와 관련, "이제는 미국·일본 등 우방과 긴밀한 관계를 유지해야 함은 물론, 소련·중국과도 새로운 시각에서 관계를 모색해야 할 역사적 요청 앞에 서 있다"고 전제하고, "남북관계 개선과 함께 외교지평의 확장을 추진하기 위해 북경과 모스크바를 방문해 책임 있는 실세(實勢)와 허심탄회하게 대화하는 일에 나설 용의가 있다"고 밝혔다. 나는 또 "민족통일과 한반도의 평화, 남북교류에 보탬이 된다면 평양을 직접 방문해 진정한 민주화합의 새 장(章)을 열고자 한다"고 말했다.

나는 "민족갈등, 지역갈등, 계층갈등, 그리고 세대갈등이 우리 사회를 불안하게 하고 있다"고 분석하고, "이러한 불안을 치유하는 방법은 전(前)시대의 비민주적 유산을 청산하고 진정한 민주시대를 여는 길뿐"이라고 강조했다.

13대국회가 가장 먼저 처리해야 할 중요과제로 나는 5공(共)비리의 척결을 지적하고, "국회 특위가 전두환정권의 비리조사에 착수하기 전에 먼저 전(全)씨 자신이 자신과 가족, 친·인척의 부정·부패와 비리를 밝히고 부정한 재산을 국민에게 되돌려줄 것"을 촉구했다. 나는 "전씨가 부정과 비리에 대해 반성하고 사과한다면, 많은 국민들은 전직 대통령에 대한 처벌을 유보하자고 주장할지 모른다"고 한 뒤, "그러나 그가 전직 대통령이라는 이유만으로 노태우 대통령이 그를 비호하려 든다면 그것은 민의(民意)에 대한 배반이요 도전임을 경고해 둔다"고 말했다.

북방외교에 초당적 참여 선언

나는 안기부(安企部)와 보안사(保安司)의 정치개입에 대해 언급, "정치를 '전투와 공작의 차원'에서 해방시켜 '대화와 참여의 차원'으로 이끌어 올리기 위해서는 두 기관의 조직과 운영을 근본적으로 변경해야 한다"고 주장하고, "안기부는 대외·대북한 정보의 수집에만 전념하며, 일부 정치군인들이 정치에 개입하는 통로를 영원히 차단하기 위해 보안사의 구조와 기능을 원래의 수준으로 되돌려야 한다"고 촉구했다.

국회 본회의 대표연설에서 내가 '평양방문 용의'를 표명하자 이를 지지하는 전화가 쇄도하는가 하면, 그 무렵 비록 '개인자격'이라는 단서가 붙었지만 내가 중국 정부로부터 방문초청을 받은 사실을 언론에서는 커다란 사건으로 취급, 경우에 따라서는 정부가 파견하는 공식대표보다도 더 알찬 성과를 기대할 수도 있다고 논평했다.

주변 열강들의 급격한 체제변화 속에서 당시 우리 외교는 중대한 고비를 맞고 있었다. 한마디로 정부만이 외교를 독점하던 시대는 지났다. 야당정치의 영역을 국내에서의 대여(對與)투쟁에만 국한시

1988년 임진각에서 재야인사들과 함께. 왼쪽부터 문익환, 문동환, 나, 계훈제, 백기완.

키지 않고 국제사회로 그 지평을 넓혀 가야 한다는 것이 그 무렵 내게 새롭게 제기된 국정 아젠다(agenda)의 하나였다.

북방외교 및 대북관계에서 이처럼 초당적 참여를 선언함으로써 나는 정치권의 지평을 확장하고 야당의 자기 변신에 속도와 탄력을 붙였다.

소련 언론과 최초로 회견

1988년 8월 17일부터 23일까지 1주일간 나는 일본을 방문했다. 나의 일본 방문은 새로운 야당외교의 시도였다.

나는 18일 동경(東京)외신기자클럽 회견에서 동북아의 평화를 위해 남북한·미·일·중·소 등 동북아 6개국 국회의원으로 구성되는 '동북아 국회의원 협의체'의 설립을 제의해 좋은 호응을 얻었다. 나는 또 다케시타(竹下) 수상을 비롯해 후쿠다(福田) 전(前)수상과 다수의 자민당(自民黨) 간부들을 만났으며, 사회당(社會黨)·민사당(民社黨)을 비롯한 야당 인사들과도 폭넓은 접촉을 가졌다. 나는 사회당에 대해 북한을 한반도의 합법정부로 인정하는 사회당의 대한(對韓)정책 변경을 주문했다. 나는 이시바시(石橋) 전(前)위원장을 만난 데 이어, 또 사할린교포 송환문제를 위해 소련과의 사이에서 중재노력을 해 온 공명당과 접촉했으며, 쓰카모토(塚本) 민사당(民社黨) 위원장도 만났다. 나는 또 일본측에 대해 한·일관계의 재정립이란 차원에서 재일동포의 법적 지위, 재한(在韓) 원폭피해자 치료, 일본 내 한국 문화재 반환, 교과서 왜곡문제 등 양국간의 현안에 대한 발상의 전환을 촉구했다.

한편 8월 20일 하오에는 한국의 정치인으로서는 처음으로 숙소에서 소련 언론과 회견을 했다. 19개국어로 번역되어 출판되는 소련의 정치평론 주간지인 〈노보예브레미야〉('새물결'이라는 뜻. 영문판 제호인 *New Times*로도 알려짐)의 오브샤니코프 기자가 나를 찾아왔다. 이 날 회견에서 나는 주로 한국의 북방정책 필요성을 중심으로 이야기했다.

"한·소(韓蘇) 양국을 위해 한국의 시베리아개발 참여가 바람직하며, 이것이 양국의 경제 파트너로서의 중요한 출발점이 될 수 있다"고 말하고, 세계평화를 위해 서울올림픽에 소련이 반드시 참가해야 한다고 촉구했다.

이 인터뷰는 올림픽기간 중 나를 방문한 이그나텐코(Ignatenko) 사장의 두 차례 추가 인터뷰를 거쳐 〈노보예브레미야〉 9월 30일자에 전면 게재되었다. 나의 사진과 함께 양면에 기사를 실은 것이다.

1988년 9월 30일자 소련의 〈노보예브레미야〉 인터뷰 기사.

〈노보예브레미야〉는 북한정권 수립일인 9·9절에 맞춰 8월 29일자로 김일성(金日成)과의 인터뷰를 게재했고, 9월 30일자에는 조자양(趙紫陽) 중국공산당 총서기와의 인터뷰 기사와 같은 분량으로 나의 인터뷰를 게재한 것이다. 이 인터뷰는 소련 정부의 대한(對韓)정책에 큰 변화를 가져온 역사적인 인터뷰가 되었다.

사회혼란 극심, 정변 우려

노태우정부는 출발부터 많은 동요의 소지를 안고 있었다. 야당의 분열로 노태우는 대통령에 당선되기는 했으나, 5공 전두환의 후신이라는 노태우의 태생적 한계와 취약한 정치력은 여소야대 정국과

코페르니쿠스적 전환 ··· 153

겹치면서 정국 운영의 문제점을 드러내기 시작했다.

더구나 1987년 6월항쟁 이후 한국사회는 각계각층에서 분출되는 민주화 요구로 인해 커다란 과도기적 진통을 겪고 있었다. 학생들의 민주화운동은 남북학생회담을 요구하는 통일시위로 걷잡을 수 없이 번져 갔고, 노·사분규가 폭발적으로 증가했다. 독재정권하에서 억눌려 온 각 계층의 이해갈등이 전면으로 부상(浮上)했지만, 노태우정권은 이를 전혀 조정·수용하지 못했다.

비록 대통령이 되었지만, 노태우가 군부 내에서 확고한 위치를 차지하고 있는가도 의문이었다. 군부와 군 출신 인맥은 여전히 권력의 향방을 가름할 수 있는 영향력을 갖고 있었고, 이러한 위험성은 1993년 내가 대통령에 취임한 직후 군내 사조직인 '하나회'를 전격 척결할 때까지 지속되었다.

노태우가 사회적·정치적 갈등을 풀어 나갈 정치력을 보여 주지 못할 때, 이들 정치군인 세력이 쿠데타를 통해 노태우마저 제거하고 또다시 제2의 박정희나 제2의 전두환으로 전면에 등장하지 않으리라는 보장이 없었다.

나는 일본에 다녀온 뒤 언론과의 회견에서 "여야 4당이 한 단계 더 성숙한 대화정치를 해 나간다면, 군인들의 쿠데타나 혁명적 수단에 의한 정변(政變)이 일어날 가능성은 없을 것"이라는 말을 자주 했지만, 내심으로는 우려하지 않을 수 없었다.

나는 노태우의 민주화 추진의지에 대해서는 처음부터 회의적인 편이었지만, 책임 있는 야당총재로서 파국을 막고 안정 속에 민주화를 진척시키기 위해 최선을 다하고자 했다. 이러한 맥락에서 노태우가 5공청산의 의지가 있다면 협력할 용의가 있다는 의사를 표시하기도 했고, 올림픽 기간 중 정쟁(政爭)중지를 제의하기도 했다.

남북학생회담을 둘러싼 학원가의 과격시위와 관련, 나는 8월 13일 학생들에게 "폭력적 수단을 즉각 중단해 줄 것"을 촉구했고, 8월 25일 〈조선일보〉와의 회견에서는 "민주화를 위한 학생들의 희생과 노력은 높이 평가해야 하지만, 통일이란 경험 있고 책임 있는 사람들이 전면에 나서야 할 문제이므로 학생들도 이제는 정부와 국회 차원의 노력을 지켜 보는 인내가 필요하다"는 입장을 밝히기도 했다.

나는 무엇보다 5공청산과 민주화의 실천만이 노태우정권이 사는 길이며, 극좌(極左)와 극우(極右)의 득세를 떨쳐 버리는 방안이라고 보았다. 8월 29일, 나는 노태우와의 3시간에 걸친 청와대 단독회동에서 노태우에게 당시의 혼란한 사회상황에 대한 우려를 표시하고, 노태우정부가 정국안정과 민주발전을 위해 5공(共)청산을 서두를 것을 강력히 촉구했다.

1988년 국내정치의 최대 현안인 5공청산과 광주문제 해결 등을 둘러싸고 국내의 이목은 온통 국회 청문회에 집중되어 있었다. 이들 문제에 대해서 나는 처음부터 명백하게 방향을 설정해 놓고 있었다. 전두환·최규하 두 사람은 국회에 나와 진실을 규명해야 하고, 그 밖의 5공 핵심인사들에게는 엄중하게 사법적 처리를 해야 한다는 것이었다.

노태우의 중간평가 문제에 있어서도 나는 확실하게 선을 그어 놓고 있었다. 이른바 중간평가는 대통령선거 과정에서 노태우가 공약으로 내놓은 것이다. 노태우는 1987년 12월 12일의 여의도유세에서 자신이 대통령에 당선되면 국민들에게 신임을 묻는 중간평가를 받겠다고 공약했다.

중간평가와 관련, 나는 "5공청산 없는 중간평가는 무의미하며, 5공청산은 올림픽 이전에 이루어져야 한다"는 입장을 견지했다. 그

88서울올림픽을 앞두고 사마란치 IOC(국제올림픽조직위원회) 위원장과 자리를 함께 했다.

러나 노태우는 올림픽의 성공적 개최가 모든 정치적 현안들을 덮어 버리고 지나갈 것으로 기대해서인지, 올림픽 때까지 아무 것도 해결하지 않았고 올림픽 이후까지 정국의 불안을 연장시켰다.

올림픽 이후 정국은 어디로?

올림픽 이후의 정국은 과연 어떻게 돌아갈 것이며, 야권 3당의 공조체제는 언제까지 계속될 것인가. 노태우가 공약한 중간평가를 야당은 어떻게 보고 있으며, 민생문제의 해결책은 무엇인지 등의 문제는 1988년 가을 정국의 최대 관심사였다. 당시 〈중앙일보〉(中央日報)는 9월 22일 창간일을 맞아 이들 문제에 대해 세 야당총재들과의 특별서면회견을 실었다.

다음은 질문내용과 나의 응답내용이다.

1. 올림픽 이후 정국을 어떻게 보십니까?

"올림픽은 우리 국민의 위대한 저력을 보여 줘 자존심, 자부심, 미래의 가능성을 심어 주고 성숙시켜 주었다. 올림픽 이후 고양될 국민의 자부심, 사회의 다양성, 민주화의 자신감은 소수 군인의 쿠데타와 극렬 좌경세력의 민중혁명을 있을 수 없게 할 것이다. 올림픽 이후의 정국을 밝게 본다."

2. 제5공화국 비리조사, 광주민주화운동 진상규명 등 국회 특위활동에 관해 어떤 복안을 갖고 계십니까?

"올림픽 후 정국의 우선과제는 과거의 청산이다. 그렇지만 과거를 긴 미래까지 끄는 것은 바람직하지 못하다. 5공비리·광주문제를 가능한 한 금년 내에 끝내야 하며, 이를 위해 노력하겠다. 우선 국정감사의 초점을 5공비리 척결에 두겠다. 다시는 전두환과 같은 부정한 사람이 대통령이 돼서는 안 된다는 역사의 교훈과 정의의 차원에서 다뤄 나가겠다."

3. 5공비리 및 광주사태와 관련하여 전두환 전(前)대통령에 대해 어떤 처리방안을 갖고 계십니까? 전(全) 전대통령의 사과·재산반납·낙향 등의 방안이 하나의 해결책으로 제시되고 있는데, 어떻게 보시는지요?

"지난번 국회연설 이래 나는 전두환이 눈물을 흘리며 회개하고 친·인척을 포함한 모든 사람의 재산을 내놓고 낙향할 경우, 국민들 사이에 용서하자는 얘기가 나올 것이라는 해결방안을 제시한 바 있다. 이것이 최상의 해결책이다. 그렇지 않으면 전씨 부부는 국회 증언대에 나와야 한다. 5공비리를 철저히 조사하기 위해 특위 산하에 특별검사를 설치할 수 있도록 법 제정 등의 방안이 마련돼야 한다."

4. 노태우 대통령의 중간평가 문제에 대한 입장을 분명히 해주

십시오.

"재신임(再信任) 문제는 국민과의 약속이므로 도덕적 측면에서도 반드시 지켜야 한다. 그렇지만 재신임을 정권타도의 기회로 삼지는 않겠다. 재신임의 방법은 노(盧)정권 쪽에서 결정할 문제다."

5. 노대통령과 개별 영수회담이 계속 필요하다고 보십니까?

"지난번 청와대회담 때 노대통령은 '대통령이 다시 될 것도 아니고 민주주의를 한 대통령으로 남고 싶다'고 했는데, 민주화의 의지를 갖고 있다는 인상은 받았다. 영수회담은 개별적이어도 좋고, 야3당 총재가 함께 해도 좋다. 필요하면 하겠다."

민주화 실천만이 노정권이 사는 길

6. 정국의 안정을 위한 연정(聯政) 필요성 주장에 대해 어떻게 생각하고 있는지요?

"연정 제의를 받아 본 일도 없고 전혀 생각한 바 없다. 4당체제하의 대화와 협력이 그런 대로 돼 가고 있다고 본다. 민정당이 건설적인 정책과 대안을 제시하면 당리당략을 떠나 분명히 지원하겠다."

7. 다당제(多黨制)하의 정국안정 및 지역감정 해소, 지속적 민주발전을 위해 내각책임제 개헌이 필요하다는 의견이 일부에서 제기되고 있는데, 어떻게 생각하십니까?

"새 정부 출범 7개월밖에 안 되는데 이런 것을 왈가왈부할 시기가 아니다."

8. 야3당 협조체제하에서 각 당(黨)이 독자적 위상을 어떻게 정립하려고 구상하고 계십니까?

"야3당 협조는 중요하다. 그렇지만 협력해선 안 될 일은 분명히 선(線)을 긋겠으며, 독자노선으로 나갈 것이다. 최근 일부 야당에서 야3당이 협력해서 다 한 일을 자기네들이 혼자서 다 했다고 홍보하는 것은 잘못된 일이며, 3당 공조체제를 깨뜨리려는 저의가 아닌가 하는 생각도 들었다. 민주당은 자유민주주의, 의회주의를 지키는 분명한 색깔을 확연히 보이겠다.

9. 야3당은 현정권의 민주화 의지가 부족하다고 여러 차례 지적했는데, 현정권의 구속자 석방 등 민주화 방향에 대한 평가와 전망, 그 대처방안을 밝혀 주십시오.

"노대통령과 만났을 때 올림픽 전에 구속자를 대담하게 석방해 진정한 국민대화합의 새로운 전기를 마련하자고 강조했다. 구속자 석방문제에 대한 노정권의 태도는 너무 부진하다. 민주화 조치가 미흡하면 노정권에 협력할 수 없다. 5공청산과 함께 민주화의 실천만이 정국안정의 길이며 노정권이 사는 길이다."

10. 지하철노조 등의 파업, 언론노조 투쟁 등 노사분규에 대한 분석과 정치권의 대응방향은 무엇입니까?

"과거 군사정권하에서 정부와 기업인이 노조를 탄압했기 때문에 정상적인 노사관계 정착이 안 된 게 문제다. 이제 분배의 정의 측면을 분명하게 인식해야 한다. 노·사 쌍방이 어떤 경우도 폭력을 써서는 안 되며, 기업인·근로자 모두 인내하면서 상호 공존과 신뢰의 기반을 쌓아야 한다. 정치권의 역할은 이런 공존의 바탕과 분배정의 측면에서 균형을 잡아 주는 뒷받침을 해주고, 가능하면 노사문제에 개입하지 않는 게 바람직하다."

11. 물가의 앙등, 특히 부동산 과열투기 현상 등 민생문제가 심각한데, 이를 수습할 방안은 무엇입니까?

"올림픽 이후 정치안정과 함께 물가안정이 가장 중요하다. 금융실명제, 부동산실명제의 조기실시를 통해 개별경제의 총량을 파악해서 조세에 의한 소득분배 작업을 펴야 한다. 시급한 내 집 마련을 위한 장기대책을 마련해야 한다."

12. 올림픽 이후 한국의 국제적 위상을 어떻게 전망합니까? 특히 공산권과의 관계개선 조짐이 두드러지고 있으며 야3당도 이에 대한 구상을 추진하고 있는 걸로 아는데, 구체적 계획을 밝혀주십시오.

"'세계 속의 한국'이란 표현이 실감나게 현실화될 것이다. 올림픽은 북방외교의 본격 무대를 마련해 주고 있다. 공산권과의 경제적·인적·학술적 교류가 깊어질 것이다. 아울러 북한을 너무 고립시키는 방향으로 나가선 안 된다. 올림픽을 치른 우리가 북한에 대범함을 보이는 게 좋다."

13. 우리 사회에 좌·우익 대립현상이 날로 심각해지고 있는 기미인데, 이에 대해 어떻게 진단하고 있으며 그 처방은 무엇이라고 생각합니까?

"극우(極右)·극좌(極左) 문제를 자꾸 거론하는 것은 해방 직후로 후퇴하는 것이 된다. 민주주의를 하다 보면, 정도의 차이는 있겠지만 극우·극좌가 있게 마련이다. 급진 좌경세력은 그 자체가 군사정권의 지나친 탄압에서 나온 것이다. 민주화되면 좌경문제는 자연스럽게 해결된다. 또 사회의 다양성, 국민적 성숙은 군(軍)이 쿠데타로 나올 수 없게 할 것이다. 극우·극좌 움직임은 과도기적 현상으로 우려할 바 못 된다."

5 공청문회

국회는 10월 26일 본회의를 열었다. 나는 TV와 라디오로 생중계된 이 날의 대표연설에서 "현정권이 해결해야 할 가장 중요한 과제

1988년 10월 26일, 국회 본회의에서 대표연설을 하는 모습. 내 뒤가 김재순 국회의장.

는 각종 비리로 점철된 5공과의 관계 단절"이라고 전제하고, "노태우 대통령은 국민의 뜻에 따라 전두환씨로 하여금 하루바삐 법적·정치적 책임에서부터 도의적 책임에 이르기까지 시인토록 하고, 일체의 부정하고 부당한 방법으로 얻은 재산을 전부 국가에 헌납, 사과한 후에 국민의 심판을 기다리도록 조치를 취해야 한다"고 촉구했다.

나는 "이같은 정치적 결단과 조치가 거부될 경우 국회가 5공화국의 모든 비리에 대한 진상을 철저히 파헤치고, 사법적으로 처리할 수 있도록 특별수사권과 공소권을 갖도록 필요한 입법조치를 해야 할 것"이라고 말했다.

나는 또 "노대통령이 공약한 중간평가는 역사와 국민에 대한 약속인 만큼 반드시 지켜져야 한다"고 밝히고, "중간평가는 정권타도

코페르니쿠스적 전환 ••• 161

의 차원에서 다뤄서도 안 되지만, 비민주적 악폐의 척결 없는 정권 유지적 차원에서 다뤄져서도 안 될 것"이라고 역설했다.

남북문제와 관련, 나는 "우리측에서 주장하는 인적 교류를 포함한 경제적·사회적·문화적 교류를 실시하고, 북측에서 주장하는 정치·군사문제도 동시에 논의하는 총체적 접근방식에 진지한 자세로 임해야 한다"고 지적하고, "남북한의 교류는 물론 불가침선언, 평화협정의 체결, 국가보안법 개정 등 그 어느 문제도 통일논의에서 제외될 수 없다"고 주장했다.

이 밖에 나는 언론 통·폐합비리 철저 추적, 사법부 독립과 언론 자유의 보장, 경제정책의 수립과 집행과정의 민주화, 경제기본질서에 대한 민주적 개혁과 소득분배의 획기적 개선, 여성의 지위 향상 등을 촉구했다.

청문회는 13대총선 이후 다소 침체해 있던 민주당이 자신감을 회복하는 장(場)이었다. 사상 처음 열린 국회 청문회에서 통일민주당은 단연 돋보였다.

11월 8, 9일 이틀 동안 한국갤럽조사연구소가 실시한 '정당별 및 의원별 인기조사'에서 통일민주당은 4당(黨) 가운데 76%의 지지를 차지, 압도적인 우세를 보였다. 청문회에 투입된 의원들은 하루아침에 스타가 되었고, 통일민주당의 인기는 폭발적으로 올라갔다.

5공청문회에서 대성공을 거둔 나는 광주특위 청문회를 맞아 특위 위원들이 합숙을 해 가며 준비를 하도록 독려했다. 광주특위 국회 청문회는 올림픽 개막식보다 더 높은 TV시청률을 보였다. 여기서 민주당 의원들은 빼어난 활약상을 보였고, 지지부진하던 5공청산 작업을 가속화시키는 데 커다란 기여를 했다.

청문회가 TV로 중계되는 동안 우리 당에 걸려 온 수많은 전화나 편지 중에는 "지난 두 차례의 선거 때 투표를 잘못해서 미안하다. 진심으로 사과한다"는 내용이 많았다.

전두환은 백담사로

1988년 11월 23일 전두환은 백담사로 떠났다. 이 날 아침 그는 연희동 집에서 TV로 생중계되는 가운데 「국민 여러분께 드리는 말씀」이란 성명을 발표했다.

"저는 지금 말할 수 없이 참담한 심경으로 여러분 앞에 섰습니다"라는 말로 시작한 그는, 5공비리와 광주사태에 대한 유감, 친인척 비리, 자신과 부인이 간여한 일해재단과 새세대육영회와 심장재단의 비리, 부정한 정치자금 조성사실 등을 겉 핥기 식으로 언급했다. 이어서 그는 "비리를…… 속죄하는 뜻에서 저의 재산 모두를 밝히고자 합니다"고 말하고, 자신의 재산이 연희동 집과 서초동의 땅, 콘도와 골프회원권, 그리고 23억여원의 금융자산이 전부라고 주장, "이 재산은 정부가 국민의 뜻에 따라 처리해 주시기 바랍니다"라고 밝혔다. 그는 또 정치자금 139억원이 남아 있다며, 역시 국가가 관리해 달라고 말했다. 그는 "결단코 한 평의 땅, 한푼의 돈도 해외에 갖고 있지 않다"면서, 해외에 재산을 도피시켜 놓거나 국내에 은닉해 놓지 않았다고 호언했다.

회견내용은 일본의 NHK-TV가 위성중계를 하는 등 전세계에 널리 보도되었다. 그러나 내가 대통령 재임 중 역사적인 12·12와 5·17, 5·18, 그리고 천문학적인 뇌물수수 등 부정부패 혐의로 기소된 재판에서 전두환의 유죄가 확정됨으로써, 이 날 전두환의 '해명'은 거짓임이 최종 확정되었다. 그리고 그는 여전히 연희동의 집에서 살고 있다.

한편 이 날 오전 민주당 총재실에서 전두환의 회견을 지켜본 나는 "독재자의 말로가 어떤 것이며, 독재자는 결국 국민의 준엄한 심판을 면치 못한다는 것을 알아야 한다"고 말했다. 이 날 민주당은 "전두환의 발표는 태어나선 안 될 제5공화국의 청산과 단절이라는 차원에서 크게 미흡한 것"이라는 입장을 밝히고, 특검제 도입과 5공관련 진실규명, 민주질서 파괴와 비리에 관련된 5공 핵심인물들의 공직사퇴, 양심수 석방, 부정한 정치자금의 조성 및 사용처 공개와 야당탄압 및 분열에 사용된 공작정치의 내용 규명, 광주참극의 희생자와 해직 언론인, 삼청교육대 희생자, 의문의 변사자, 공직 해직자 등의 명예회복 및 보상 등을 촉구하는 결의문을 채택했다.

사흘 뒤인 11월 26일, 노태우는 전두환의 해명을 그대로 받아들이자는 뜻을 담은 담화를 발표했다. 그는 전두환에 대한 정치적 사면과 5공비리 조사활동의 매듭을 주장했다. 그러나 더 이상 얕은 술수로 국민의 5공청산과 민주화요구를 외면하고 넘어갈 수는 없었다.

노동자들, 민주당사 점거

올림픽을 고비로 노태우정부 초기의 상대적인 안정은 급속히 무너져 갔다. 노태우가 5공청산 문제 등에 대한 해결 의지를 분명히 하지 않음으로써 국회의 특위 활동은 1988년 연내에 매듭짓기 어려운 상황으로 흘러가고 있었다. 노태우는 청문회를 거치면서 더욱 고양(高揚)된 국민들의 5공청산 욕구를 채워 주지 못하고 있었다.

민주화로 가는 과정에서의 진통(陣痛)이기는 했으나, 학생·노동자들은 연일 시위와 농성을 벌이는 등 무질서와 혼란이 지속되었다. 경찰 등 공권력도 전혀 힘을 쓰지 못했다. '물태우'라는 말까지 등장했다.

11월 29일에는 민주당의 마포당사가 '전국 노동법개정 투쟁본부' 노동자들에 의해 점거되었다. 노동자들이 야당 당사를 찾아와 자신들의 문제를 호소하는 사례는 종종 있었으나, 합법적으로 국민이 인정한 주요 야당의 당사가 노동자들에게 불법적으로 강제 점거된다는 것은 상상도 못할 일이었다. 이들 노동자들의 3~4일간에 걸친 야당 당사 '강제점거'는 나에게는 엄청난 충격이었다. 민주주의를 위해 나름대로 평생을 싸워 왔는데, 야당에 대해 이럴 수가 있나 하는 생각이 들었다. 당무(黨務)는 완전 마비되었고, 나는 국회 대표실에서 집무를 보아야 했다.

노동자들은 당사를 점거한 뒤 나에게 면담을 요구해 왔다. 나는 면담을 수용하는 대신, 즉시 당사를 비워 줄 것을 전제조건으로 하여 그들을 만났다.

그러나 그들은 약속을 지키지 않았다. 면담 후에도 내부에서 강·온파가 나누어져서 서로 싸우더니, 하루가 지나서야 당사에서 떠났다. 농성이 끝난 당사는 폐허를 방불케 했다. 총재실을 비롯한 모든 사무실이 난장판이 되어 있었다. 한바탕 태풍이 휘몰아친 뒤처럼 모든 기물이 파괴되어 있었다.

나는 크게 개탄했다. 잘못돼도 크게 잘못되었다고 생각했다. 농성이 벌어진 처음부터 끝까지 정부는 속수무책이었다. 4·19 직후의 상황이 떠올랐다. 스스로 절제하지 못하는 자유 만복(滿腹) 상태는 군사쿠데타를 다시 부르거나 공산주의에 대한 면역체를 약화시킬 수 있다고 나는 생각했다.

따지고 보면 이런 상황이 초래된 데는 민주화세력의 분열로 인해 1987년의 대통령선거에서 노태우가 당선된 것에 큰 원인이 있었다. 민주화세력이 순조롭게 집권했다면 이런 사태는 일어나지 않았을 것이다.

선거가 없어지고 민주주의가 휴지조각처럼 찢어지는 헌정 중단의 비극이 다시는 되풀이돼서는 안 된다는 생각이 그때 이후 내 머리 속에 강하게 자리잡게 되었다. 노동자들의 민주당사 점거사건은 내가 1990년 1월 3당통합을 결심하게 된 국내적 요인의 하나가 된 충격적인 사건이었다.

중간평가는 5공청산 후에

1988년 12월 27일, 나는 〈동아일보〉와의 인터뷰에서 노태우에 대한 중간평가는 5공의 부정과 비리, 그리고 광주항쟁에 관련된 문제들이 완전히 해결된 후 이루어져야 할 것이라고 말했다. 나는 이 인터뷰에서 "정부·여당이 만일의 경우 중간평가를 신임투표로 연계시키면서 5공화국 관련 문제들을 일거에 해결하려 한다면, 그것은 문제를 더욱 확대시키는 결과를 가져올 것"이라고 경고했다.

나는 또 노태우에 대한 중간평가의 성격·방법, 그리고 신임투표와의 연계문제 등은 "상당부분 복안을 갖고 있으나 구체적인 내용에 대해서는 노대통령이 결정해 밝힐 때까지 유보하겠다"고 말하고, "중간평가는 정부·여당 스스로 국민들에게 한 약속이기 때문에 꼭 지켜져야 할 것"이라고 덧붙였다.

5공문제 해결과 청산방법에 대해 나는 "우선 전두환·최규하 전(前)대통령이 '방문증언'이나 '서면증언'이 아닌 국회출석 증언으

1989년 1월 1일 통일민주당 단배식. 앞줄 왼쪽부터 강인섭, 김상현, 나, 이기택, 황명수.

로 진실을 밝히고, 그 다음 5공 핵심인물들에 대한 형사처벌이 있어야 할 것"이라고 말했다. "전(全)·최(崔)씨에 대한 책임문제의 경우 정치적 판단에 맡겨 사면을 해도 이의를 제기하지 않을 것"이라고 나는 강조했다.

나는 "청문회를 한정 없이 끌고 갈 수는 없으며, 특별검사제도를 도입해 하루빨리 5공비리를 척결하고, 광주항쟁 문제 역시 계엄확대 주동자나 발포 책임자가 지난 청문회에서 밝혀진 만큼, 관련자를 사법처리한 후 광주시민에 대한 명예회복과 보상조치가 시급히 강구되어야 할 것"이라고 밝혔다.

여당 쪽에서 흘러나오는 정책연립이니 보수대연합이니 하는 말들이 은근히 민주당을 염두에 둔 것이 아니냐는 질문에 대해서, 나는 "민정당이 정권유지와 연장 차원에서 야당을 이용하고 있다. 우리는 민정당과 성장배경이나 뿌리가 다르다. 타협이나 굴한 일 없이 오직 민주주의를 위해 투쟁해 온 민주화세력의 본류(本流)이다. 보수연합은 상상할 수도 없는 일이다. 또 대통령책임제하에서 정책연립은 무엇을 뜻하는지 모르겠다"고 밝혀 두었다.

1989년도에 새롭게 전개될 남·북한 관계에 대해, 나는 민주당이 민주통일이라는 목표를 확고히 해야 한다고 강조했다. 북한에 대한 맹목적 호의를 우리는 경계해야 한다. 남·북한 관계는 진취적으로 생각해야 하는 것이 사실이지만, 무엇보다도 국민들의 합의를 도출하고, 그 바탕 위에서 대북(對北)관계를 설정해야 한다고 나는 생각했다.

아울러 나는 책임 있는 정당의 총재로서 초당적인 외교를 위해 모든 역할을 다할 것이라고 말했다. 우선 1989년 1월 일본 사회당의 도이(土井多賀子) 위원장 초청으로 동경(東京)으로 갈 것이고, 사회당 인사들과 허심탄회하게 대화를 나눌 계획이라고 말했다.

야3당 총재, 공조에 합의

1989년 1월 24일 상오, 나와 김대중, 김종필은 마포 가든호텔에서 신년 들어 처음 야3당 총재회담을 가졌다. 이 자리에서는 ①특위정국, ②중간평가, ③지자제(地自制), ④남북관계 및 북방외교, ⑤비(非)민주적 악법 개폐, ⑥민생치안 등 6개 의제를 중심으로 정치현안 전반에 관한 각 당의 입장이 개진됐으며, 야3당 공조체제 유지방안이 논의됐다. 나는 5공청산을 위한 야3당의 공조를 확고히 하는 데 초점을 맞추어 두 사람의 동의를 얻었다.

이 날 회담에서 밝힌 나의 입장을 의제별로 요약하면 다음과 같다.

정국 전반 금년 정국은 특위와 청문회 등의 마무리와 중간평가 문제, 지자제 실시, 노사분규 등이 매우 복잡하게 얽혀 있어, 자칫 잘못하면 위기상황으로까지 치달을 조짐을 보이고 있으며, 국민은 이를 불안하게 생각하고 있다. 민정당은 과거청산보다는 기득권유지에만 급급한 나머지 정국을 푸는 문제에 대해서는 수수방관하는 자세를 취하고 있다.

특위정국 국민은 특위와 청문회를 통해 광주민주화운동과 5공비리의 실체에 대한 대체적인 윤곽을 잡았기 때문에, 이제부터는 사법적으로 처벌할 사람은 처벌하고 책임지울 일은 책임지우고 보상이나 배상할 것은 순리대로 처리해서, 특위정국이 마무리되기를 바라고 있다.

중간평가 중간평가는 노대통령이 선거 막바지에 당선을 위한 마지막 카드로 내놓았던 대(對)국민 공약으로서, 야당이 요구한 것도 아닌 만큼 야당과 절충·협상할 일이 아니다.

지자제(地自制) 국회에 제출돼 있는 야3당안(案)을 조정, 단일안을 만들어 대여(對與)협상에 임하되, 금년 후반기까지는 광역자치단체부터라도 장(長)의 선거 및 지방의회 구성을 실시해야 한다.

북방외교 국민적 합의의 바탕 위에서 초당적으로 집행돼야 하고, 여·야 할 것 없이 외교는 정략적 수단으로 이용해서는 안 되며, 남북관계의 교류나 협상 등도 폭넓게 이루어지도록 하되, 정부와의 협의하에서 이루어져야 한다.

악법 개폐 반민주 악법 중 정치관계법도 특위에서 2월 중에 마무리하고, 그렇지 않은 것은 관계 상위(常委)에 넘겨야 한다. 민생

입법은 상호 긴밀히 협력하면서 각 당이 최선의 노력을 하면 된다.

사회당 초청으로 방일

여소야대의 13대국회 개원 이래 야당외교의 중요성을 강조해 온 나는 1989년 1월 30일부터 5박 6일간 일본을 방문했다. 당시 나의 방일은 1988년 8월 방일(訪日)의 연장선 위에 있는 것이었다. 나는 사회당에 대해 전후(戰後) 북한만을 인정해 온 대한(對韓)노선을 수정할 것을 촉구했는데, 사회당이 이를 받아들여 나를 공식 초청한 것이었다.

나의 방일(訪日)은 일본 사회당이 사실상 한국을 인정하게 되었다는 의미를 가진 것이었으며, 도이(土井多賀子) 위원장은 나의 방한(訪韓) 초청을 수락했다. 여당에서 비난성명을 낼 정도로 사회당과의 교류는 그때까지만 해도 상상하기 어려운 일이었고, 정부의 반대도 심했다.

그 밖에도 나는 다케시타 총리를 비롯, 쓰카모토 민사당(民社黨) 위원장, 야노 공명당(公明黨) 위원장, 아베 자민당 간사장 등 일본 정계 지도자들과의 연쇄접촉을 갖고 새로운 야당외교의 지평을 모색했다.

1988년 11월 26일, 노태우가 대(對)국민 담화를 통해 전두환의 사면을 밝힘으로써 5공청산을 지연시키고 있는 상황에서, 중간평가 문제가 다시 현안으로 떠올랐다. 나는 대통령의 신임을 연계한 중간평가는 반드시 실시해야 한다는 확고한 방침을 밝혔으나, 노태우는 평민당 및 신민주공화당과 물밑 거래를 계속, 이 문제를 야권 분열의 수단으로 활용해 나갔다.

1989년 2월, '일본기자클럽'에서 기자회견을 갖고 있다. 내 왼쪽이 김수한 의원.

일본에서 돌아온 나는 1989년 2월 11일 청와대에서 노태우와 단독 회동했다. 이 자리에서는 5공청산과 관련한 국회특위 활동 종결방안, 특검제 채택, 노태우에 대한 중간평가, 지자제 실시방안, 남북관계 및 북방정책 추진문제 등 시국현안에 대해 논의됐다. 나는 노태우의 안이한 시국관을 지적하면서 5공청산에 대한 확고한 의지를 촉구했으나 노태우는 이를 거부했고, 중간평가에 대해서도 불투명한 태도를 취했다.

노태우는 나와 만난 뒤 얼마 안 돼 중간평가 실시를 준비하겠다는 제스처를 취했다. 신임과 연계하지 않은 중간평가 국민투표를 실시하되, 이를 통해 5공청산 정국을 정면 돌파하겠다는 것이었다. 중간평가의 시기나 방법, 내용 등을 분명히 밝히지 않은 가운데 야당과 정치적 절충을 통해서 처리해 나가겠다는 태도였다. 이는 '선(先) 5공청산과 신임연계 중간평가'라는 야3당의 기본합의를 흔들어 놓기 위한 술책이었다.

　나는 노태우가 5공청산 없이 중간평가를 강행하겠다면 당연히 적극적인 불신임운동을 펼치겠다는 입장을 밝히고, 노태우와의 정치협상을 거절했다. 이에 반해 김대중은 조기 중간평가에는 반대하면서도, 정치적 절충을 위해 청와대 영수회담을 할 용의가 있다는 태도를 취했다.

김대중·김종필의 말 뒤집기

　중간평가에 대한 야권의 입장 차이를 조율하기 위해 나와 김대중, 김종필은 1989년 3월 4일 3자회담을 갖고 야3당이 공동보조를 취해 나간다는 입장을 재확인했다.

> 중간평가는 노태우 대통령이 약속한 대로 신임 국민투표 형식으로 이루어져야 한다. 그러나 그 시기는 5공청산 및 민주화 실천 등 국민이 평가할 만한 실적을 올린 이후여야 한다. 그런 실적 없이 중간평가를 강행할 경우 야3당은 노정권 퇴진을 위해 적극 투쟁할 것이다.

　이 날의 회담은 1월 24일 회담의 연장선상에 있었다. 1월의 야3당 총재회담 이후 흔들리는 것처럼 보이던 야권공조를 재확인한 셈이었다.
　그러나 사태는 뜻밖의 방향으로 전개됐다. 3월 10일, 노태우와 김대중 간의 청와대 영수회담은 중간평가 유보의 분수령이 됐다. 이 회담에서 김대중은 중간평가를 신임과 연계하지 않기로 노태우와 합의해 버린 것이다.

노태우는 이보다 3일 앞서 김종필과도 만나 비슷한 교감을 나누었다. 참으로 어처구니없는 일이었다. 노태우로서는 스스로의 대선(大選) 공약을 이행하지 않는 부정직하고 불성실한 태도를 드러낸 것이었다. 김대중·김종필의 경우, 새해 들어서만 세 사람이 두 차례나 모여 합의하고 또 국민 앞에 발표한 원칙을 뒤집어엎었다. 그것도 3월 4일의 야3당 총재회담으로부터 1주일이 채 지나지 않아서였다.

중간평가 문제에 대한 합의를 전후해서 정가(政街)에는 민정당과 평민당이 연립정부를 구성하는 정치설계를 협의하고 있다는 말까지 나돌았다. 나는 이 구상이 비현실적이고 과장된 소문이라고 일축했다. 그러나 김대중은 이런 소문을 뒷받침하는 말을 여러 차례 하기도 했다. "내각제개헌을 할 수도 있다," "지방자치제 선거에 연합공천을 고려해 볼 수도 있다," "연합공천에 앞서 사안에 따라 연대하고 정책연합도 할 수 있다"는 등의 말이 그것이다.

'1노3김' 이 '1김3노' 로

노태우가 스스로 대(對)국민 공약을 파기해 버린 데다, 김대중·김종필 역시 국민에 대한 공약과 다름없는 야당총재 회담의 합의를 저버리고 노태우와 타협해 버린 상황에서, 나는 보다 강경한 투쟁노선을 선택할 수밖에 없게 되었다. 나는 국민에게 직접 호소하는 길을 찾아 장외(場外)투쟁에 들어갔다.

1989년 3월 13일, 강원도 태백시(太白市) 중앙로광장에서 열린 국정보고대회에서 나는 노(盧)정권 퇴진운동을 선언했다. 노태우정권

1989년 3월, 중간평가 연기방침을 강력 규탄하는 연설을 하고 있다.

출범 이후 민주당의 첫 장외투쟁이었다. 이 날 태백시는 철시(撤市)하다시피 했다. 대회에 참석한 수많은 인파는 국민들의 노(盧)정권에 대한 배신감을 단적으로 말해 주었다.

　광주와 삼청(三淸)교육장에서 수많은 사람을 죽게 하고 재벌을 협박해 부정축재한 이같은 정권은 세계 역사상 유례가 없습니다. 노태우정권은 전두환정권과 뿌리가 하나여서 5공청산과 광주민주화운동의 진상을 규명할 능력도, 의지도 없습니다. 노태우 대통령은 지난 1년간 5공청산 약속을 지키지 않았으므로 중간평가를 통해 퇴진시켜야 합니다.

　그러나 중간평가를 피해 나가기로 방침을 정한 노태우는 나의 공세를 외면하고 김대중과의 협상을 계속했다. 노태우는 김대중과의 밀약을 통해 3월 20일 아침 중간평가 유보를 선언했다.

통일민주당은 21일 마포 가든호텔에서 긴급 의원총회를 소집, 3·20 중간평가 유보담화를 대(對)국민 기만행위라고 규정한 뒤 노태우정권 타도를 선언하고 나섰다. 민정당과 평민당 양당을 불신하게 된 나는 당시의 정국상황을 '1노(盧)3김(金)'이 아닌 '1김(金)3노(盧)'라고 표현했다.

'방북 러시' 자제해야

중간평가 연기 이후 노태우의 정국운영 기조는 강경 드라이브로 전환했다. 그런 와중에 재야의 문익환(文益煥) 목사가 북경을 경유해서 평양에 도착, 3월 27일 김일성과 회담한 사실이 알려졌다. 나는 3월 30일 기자회견을 갖고 문(文)목사가 북한지역을 방문하면서 정부와 사전협의를 하지 않은 것은 국가에 대한 국민 된 도리가 아니라고 지적하고, 응분의 책임을 져야 한다고 강조했다.

나는 1988년에 밝혔던 "김일성 면담을 위한 방북(訪北) 용의"를 철회했다. 당시의 혼란스러운 상황에서는 나의 북한 방문이 통일과 한반도의 평화에 도움이 되지 않는다고 생각했거니와, 방북 러시에 대한 경각심을 일깨우려는 생각도 있었다.

나는 정부의 북방에 대한 밀실외교는 지양되어야 한다고 주장했다. 아울러 문목사사건을 계기로 합리적인 재야세력에까지 옥석(玉石)을 가리지 않고 철퇴를 가하려는 공안정국의 시동에 대해서 경고했다.

다음은 3월 30일 기자들과 가진 일문일답 내용이다.

- 지난 2월 방일(訪日) 때 통일을 위해 도움이 된다면 김일성과

만날 용의가 있다고 했는데, 그 입장은 지금도 유효한가?

"통일을 위해 언젠가 북한을 방문, 그쪽 지도자와 허심탄회한 논의를 하겠다는 기본자세에는 변함이 없다. 그러나 지금처럼 혼란스럽고 어려운 상황에서는 일절 고려치 않고 있다."

- 문목사가 응분의 책임을 져야 한다고 말했는데, 그 책임은 처벌을 의미하는 것인가?

"국민들이 너무나도 잘 알 것이다."

- 문목사 입북(入北)을 계기로 학생·작가 등이 북의 '상대'들과 만나 대화를 나누자는 논의가 활발한데, 이에 대한 견해는 무엇인가?

"통일을 위한 남북교류는 필요하다. 그러나 이때의 교류도 상호 호혜적 교류가 되어야 할 것이다. 남에서 북으로 사람들이 가지만, 북에서 남으로 오는 것을 봤는가. 남에서 10명이 북으로 가면 북에서도 10명이 오는 등 남북이 자유스럽게 오가야 한다."

- 문목사의 입북을 재야측은 환영하고 있다. 문목사의 입북을 반대하는 입장을 천명한 민주당은 앞으로 재야와의 관계설정을 어떻게 할 것인가?

"내가 알기로는 재야도 분명히 문목사의 입북을 반대했다고 들었다. 우리는 앞으로 민주주의를 위해서라면 평화적이고 합리적인 진보세력과는 협조·연대할 수 있지만, 그렇지 않은 일은 연대·협조를 안 할 것이다."

- 이 사건을 계기로 현정권의 정보능력 부족이 문제되고 있다. 민주당은 이에 책임을 물어 내각에 대한 인책공세를 펼 것인가?

"노정권은 정보수집과 행정력이 실종된 정권이다. 아무 것도 몰랐다고 보는 견해가 팽배한 것도 정권에 대한 불신을 나타내는 것이다. 국민이 원하는 대로 5공청산과 민주화를 추진해야 한다."

- 현상황을 불안하게 느끼고 있는 국민이 많다. 대북(對北)문제를 포함, 정국안정을 위한 대안을 갖고 있나?

"국민들이 불안해하는 이 시점에서 책임 있는 공당(公黨)으로서 대북문제에 대한 입장을 오늘 표명했다. 정국안정 대안과 구상도 있으나 성역 없는 5공청산, 광주문제 해결 등의 정부방침을 보고 대응책을 제시하겠다."

감상적 통일운동 경계

언론들은 나의 이러한 입장을 '보수노선 확인'이라고 썼지만 그것은 일면적인 해석에 불과했다. 당시 나는 한 번도 '민주화'라는 화두(話頭)에서 벗어나 본 적이 없다. 나는 노태우가 5공청산 등 민주화 조치를 지연하기 위한 정략 차원에서 북방·대북외교를 활용하려는 데 반대했던 것과 마찬가지로, 문익환 목사 등 일부 재야나 학생들의 감상적인 통일운동에 대해서도 경계했다.

문익환 목사와 나는 오래 전부터 교분이 있었다. 그런 문목사에게 나는 "민주화가 되면 남북문제 역시 획기적인 진전이 있을 것"이라는 말을 자주 했다. 당시 대학가를 중심으로 봇물처럼 터져 나오던 북한과의 직접교류 움직임은 민주화를 위협하는 요소들이 상존하고 있는 상황에서 민주화를 위한 국민적 역량을 한 곳으로 모으는 데 혼란을 일으킬 수 있다고 나는 생각했다.

나는 1988년 6월의 국회 대표연설에서 북방외교에 관심을 표명한 이래 두 차례의 일본 방문을 통해 새로운 야당총재의 외교적 역할을 정립해 나갔다. 이런 노력이 차츰 성과를 거두면서 나에게 새로운 기회가 다가왔다. 소련 방문이었다. 소련은 미·소 양대국이

지배하는 전후(戰後) 세계의 한 축(軸)으로서 공산주의 종주국이라는 강력한 위상을 가진 국가였으며, 우리 국민에게는 1945년 해방 이래 6·25를 거치면서 북한의 강력한 후견인이자 공포의 대상으로까지 인식되고 있었다. 1985년 3월 서기장에 취임한 고르바초프가 개혁과 개방정책을 추진하고 있었으나, 아직 우리에게는 철(鐵)의 장막에 싸인 미지(未知)의 세계였다.

2. 소련에 첫발 딛다

이그나텐코와 두 차례 인터뷰

1988년 8월 일본 방문시 소련의 〈노보예브레미야〉 동경특파원과 인터뷰를 했다는 것은 앞에서 말한 바 있다. 그런데 서울올림픽이 열리고 있던 9월에 뜻밖의 손님이 나를 찾아왔다. 이그나텐코(Ignatenko)였다. 〈노보예브레미야〉의 책임자였던 그는 88서울올림픽 러시아 기자단의 단장 자격으로 방한했다.

이그나텐코로부터 인터뷰 요청을 받은 나는 6·3빌딩에서 그를 만났다. 우리는 저녁을 함께 했는데, 그는 서울의 야경이 퍽 아름답다고 했다. 전쟁으로 폐허가 된 나라라는 막연한 추측을 하고 있었을 그의 눈에 한국은 전혀 다른 모습으로 비쳤던 것이다.

그후 나는 이그나텐코와 한 차례 더 인터뷰를 가졌다. 그는 내게 "총재님은 한국 정치인으로서는 사상 처음 소련에 소개됩니다. 김일성 특집에 이어 총재님을 소개하는 특집기사가 나갑니다"라고 했다. 그의 말대로 9월 30일자 잡지에 사진을 곁들여서 나의 인터뷰 기사가 실렸다.

이그나텐코는 키가 훤칠했고 젊고 유능했으며 유머감각이 뛰어

88서울올림픽 기간 중 소련 기자단 단장으로 방한한 '노보예브레미야' 사장 이그나텐코와 두 차례 인터뷰를 가졌다. 사진은 대통령 퇴임 후 상도동 나의 집을 방문한 이그나텐코 부부와 함께 한 모습이다.

났다. 이 인터뷰를 계기로 나는 이그나텐코와 깊은 친분관계를 갖게 되었다. 그의 부인과도 알게 되었는데, 지적이고 아름다운 여성이었다. 이그나텐코 부부와 우리 부부도 수 차례 만났으며 서로의 집을 방문하기도 했다. 내가 대통령을 퇴임한 후에도 상도동 나의 집에서 부부가 같이 만나 저녁을 함께 하기도 했다.

이메모, 소련방문 초청

이그나텐코는 고르바초프의 개혁과 개방정책의 입안에도 깊숙이 관계한 실력자이고 측근이었다. 그는 나에게 고르바초프가 머지않아 극동지역을 방문, 소련의 중대한 개방정책을 발표할 것이라고 귀띔해 주었다. 우리 정부조차 소련에 대한 정보가 캄캄하던 때였다. 소련의 주요 인사가 한국 야당의 총재인 나에게 소련공산당 서기장의 중요 일정을 미리 알려 준 것에 나는 놀라워했다. 1988년 9월 16일, 고르바초프는 과연 아시아·태평양지역의 안보증진을 위한 7개항의 「시베리아 선언」을 발표했다. 이그나텐코의 말은 사실이었다.

얼마 후 이그나텐코가 나를 다시 방문했다. 그는 내게 소련공산당 중앙위원회 산하의 이메모(IMEMO : 소련 과학아카데미 소속 세계경제 및 국제관계연구소) 소장인 프리마코프의 방소(訪蘇) 초청장을 받지 않았느냐고 물었다. 분명히 자기가 초청장을 확인했다는 것이었다. 이그나텐코는 "프리마코프의 초청은 큰 의미가 있다. 그는 고르바초프의 오른팔이며, 소련의 떠오르는 별이다"고 말해 주었다.

이그나텐코가 돌아간 직후 프리마코프의 초청장이 팩스로 도착했다. 소련측은 두 개의 일정을 제시했고, 나는 그 중에서 1989년 6월 방문을 선택했다. 이로써 나는 한국 정치인으로서 최초로 소련을 방문하게 되었다. 나에 대한 초청은 전적으로 소련측의 자의에 의한 판단에 따른 것이었고, 이 과정에서 특히 이그나텐코의 역할이 컸다고 생각한다.

달나라에 가는 기분

1989년 2월 초, 나는 소련측의 초청 사실을 언론에 발표했다. 여·야 정당들이 앞다투어 북방외교를 추진하고 있던 상황이었다. 정부가 나의 방소(訪蘇)를 적극적으로 환영하지는 않았지만, 나는 언론에 발표한 직후인 2월 11일, 청와대 영수회담에서 소련측의 초청 경위를 노태우에게 알려 주었다.

나를 초청한 IMEMO는 고르바초프의 대외정책을 결정짓는 데 있어 핵심적인 기관이었다. IMEMO의 소장인 프리마코프는 고르바초프의 외교특보로서 측근 중의 측근이었다. 소련측이 나를 초청대상으로 선택한 것은 우리나라의 유력한 차기 대안의 정치인으로 나를 평가했기 때문인 것 같다.

1989년 6월 1일, 나는 한국 정치인으로서는 사상 최초로 소련 방문길에 올랐다. 일행은 김상현 부총재를 비롯, 정재문(鄭在文)·황병태(黃秉泰)·박관용(朴寬用)·서청원(徐淸源)·김광일·이인제(李仁濟)·이행구·이원종(李源宗)·김기수(金基洙) 등 14명과 기자단 등 모두 30여명이었다. 이처럼 대규모 방문단을 구성한 것은 당시 소련 방문을 원하는 사람들이 많았고, 나로서도 그런 기회에 많은 사람이 함께 가는 것이 그들이나 나라를 위해서도 도움이 된다고 생각, 소련측에 특별요청을 해서 규모를 늘린 것이었다.

흔히 20세기 최대의 뉴스로 1969년 인간의 달 착륙을 꼽는 사람이 많다. 1989년 당시 한국 정치인의 소련 방문은 인간이 달나라에 가는 것과 같이 충격적인 일이었다. 철의 장막에 가려진 공산주의 종주국을 찾아간다는 생각에 우리 일행은 모두 흥분과 감격, 걱정과 설레임을 맛보았다. 나로서도 방소(訪蘇)를 앞두고 출발 전날부터 잠을 이루지 못했다. 일본을 거쳐 6월 2일 모스크바에 도착할 때까지 나는 소련 방문을 성공적으로 마치기 위해 자료를 보거나 기도하는 것으로 시간을 보냈다. 소련에 도착했을 때 공항에는 IMEMO의 키슬로프 부소장이 나와 있었고, 나는 간간이 비가 뿌리는 가운데 숙소인 영빈관으로 향했다.

소련을 방문해 프리마코프 최고인민회의 의장을 반갑게 만나고 있다.

프리마코프와 새벽까지 담소

그 날 밤 11시쯤 초청자인 프리마코프가 영빈관을 찾아왔다. 프리마코프는 매우 활달하고 다감했으며 머리가 좋은 사람 같았다. 부드러운 소련 말이 인상적이었다. 처음 만난 데다가 이틀간 잠을 못 이뤘던 터라 포도주를 하자고 했더니, 그는 뜻밖에도 보드카를 마시자고 했다. "앞으로 큰일을 하실 분이 포도주로 되겠습니까" 하는 것이었다. 나도 흔쾌히 "좋습니다"하고 화답했다. 커다란 보드카 병이 들어왔고, 우리는 술잔을 부딪치며 건배를 했다.

나는 따스하고 인정미가 느껴지는 프리마코프와 새벽까지 술잔을 기울이며 한·소관계, 국제관계 등에 대해 많은 이야기를 나누었다. 유학구씨가 통역을 해주었다. 그 날 프리마코프는 나에게 자신이 다음날 최고인민회의 의장이 될 것이라고 말했다. 고르바초프와 자신만이 아는 비밀이라고 했다. 공산주의 체제에서는 인사문제가 극비에 속하니, 발표될 때까지는 비밀을 지켜 달라고도 했다.

귀국할 때까지 다시 만나기 어렵겠다고 내가 서운해했더니, 그는 반드시 다시 만나겠다고 말했다. 물론 프리마코프는 약속을 지켰다. 다음날 라디오를 통해 흘러나오는 고르바초프의 육성을 듣고, 나는 프리마코프의 최고인민회의 의장 취임을 확인할 수 있었다.

그 시절 내가 만났던 소련의 많은 지도자들처럼 프리마코프는 자신감이 가득 찬 모습이었다. 프리마코프와는 그 날 이후 깊은 친분관계를 맺게 되었다. 언젠가 그가 부인과 사별한 것을 알고 재혼(再婚)을 서둘러야 되지 않느냐고 물었을 때, 그는 "나는 국가를 위해 전력을 다해 일하고 있기 때문에 지금 그런 문제는 생각할 여력이 없습니다"라고 말하기도 했다. 조국에 대한 애정과 사명감이 물씬 풍기는 인상적인 말이었다. 프리마코프는 그후 총리를 지냈으며, 2천년 소련 대통령선거를 앞두고 가장 유력한 후보자로 주목받는 인물이 되었다.

바빴던 방소 일정

소련 체재 도중 나의 일정은 숨쉴 틈도 없이 바쁘게 짜여 있었다. 나는 6월 3일 오후 레닌그라드를 방문했다. 이 날 저녁에는 레닌그라드 콘서트홀에서 모던발레를 관람했는데, 공연이 끝나고 밖으로 나오니 밤이 깊었는데도 해가 지지 않고 있었다. 말로만 듣던 백야(白夜)였다. 나는 프리발티스카야 호텔의 내부가 2층으로 된 넓은 객실에 묵었다. 지금은 페테르부르크라는 제정(帝政)시대의 이름으로 환원된 레닌그라드는 서구풍의 현대적인 도시라는 인상을 받았다.

4일 아침 발틱해(海)가 바라보이는 해변에서 조깅을 한 뒤, 제정 러시아 몰락의 역사적 상징인 동궁(冬宮)을 관람했다. 유람선을 타고 들어간 동궁에서 나는 개방의 길로 들어선 소련의 변화를 느낄 수 있었다. 박물관으로 개조된 동궁(冬宮)에는 하루 약 1만여명의 관람객이 다녀간다고 했는데, 대부분이 서유럽에서 온 사람들이었다. 유럽인 관광객들은 우리 일행이 신기한 듯, 어디에서 왔는지를 자꾸 물어 왔다. 인파 속에서 수행하던 기자 3명이 길을 잃는 해프닝도 있었다. 걱정을 했는데 다행히 몇 시간 후에 숙소로 돌아왔다.

5일에는 소련 상공회의소를 방문해서 말케비치 회장과 양국의 경제교류에 관해 의견을 교환했고, 이어서 IMEMO 관계자들과 한국의 동북아정책에 대해 토론을 가졌다.

6일에는 소련공산당 중앙위의 요청으로 예정에 없던 오찬을 하게 되었다. 공산당 중앙위 관계자들과의 오찬이 끝난 뒤에는 공산당 중앙위원회 사무실을 방문, 브루탠츠 국제부 수석부부장과 양국간 정치·경제교류의 증진문제를 협의했다. 이어서 모스크바 시청으로 발레리 사이킨 시장을 예방했고, 세계 최초의 여성 우주비행사 테레시코바가 회장직을 맡고 있는 소련 국제친선협회에 들르기도 했다.

7일 오전 IMEMO에서 내·외신 기자회견을 가졌으며, 오후에는 그라모프 체육부장관을 방문했다. 저녁에는 IMEMO 관계자들과 교민대표 등 2백여명을 초청해 만찬을 했다.

소련의 개혁은 정치분야의 경우와는 달리 경제분야에서는 아직 급격한 변화를 겪지 않고 있는 듯했다. 한 번은 내가 가 보고 싶다고 해서 모스크바 교외의 한 농장을 찾아갔다가 놀라운 광경을 보

1989년 6월, 이메모(IMEMO)를 방문하여 '민주당 · IMEMO 공동성명'에 서명한 후 악수를 나누고 있다. 내 뒤로 김광일, 서청원, 오른쪽 끝에 황병태의 얼굴이 보인다.

았다. 농부가 씨앗을 파종한 뒤 흙을 덮지 않은 채 퇴근해 버려 대부분의 씨앗이 새들의 먹이가 되었고, 다음날 다시 씨를 뿌렸다. 개인소유의 관념이 없는 공산주의의 폐해였다. 이대로 가다가는 소련이 망하겠다는 생각이 들었다.

한 · 소관계 정상화의 돌파구

내가 소련을 방문한 것은 우리 정치외교사에 하나의 이정표가 되었다. 당시까지 한국과 소련의 교류는 사실상 전인미답(前人未踏)의 상태였다. 그런데 나의 방문으로 본격적인 정치적 교류가 시작된 것이다. 6월 9일 나와 마르티노프 IMEMO 소장대행이 서명한 통일민주당 · IMEMO간의 공동성명은 지금까지 한 · 소관계가 비정상적이었다는 점을 명백히 하고, "김총재의 소련 방문이 양국간 국교 정상화를 위한 최초의 돌파구를 열었다는 데 이해를 함께 했다"고 강조했다.

프리마코프를 뒤이은 마르티노프 소장 직무대행은 서독과 소련 간에 정식국교가 수립되기 이전인 60년대에 사민당(社民黨)의 브란트 당수와 IMEMO의 교류를 상기시키면서, 나의 소련 방문의 의미를 강조했다. 실제로 나의 소련 방문은 1990년 3월 두번째 방문으로 이어졌고, 1990년 말 한·소수교로 결실을 맺게 된다. 소련측은 내가 제의한 사할린 거주 한인의 영주귀국 요청 등에 대해서도 호의적인 관심을 표시했다.

모스크바에서 허담과 회담

소련 방문기간을 통해 빼놓을 수 없는 일 하나가 있다. 6월 6일 저녁 9시 30분부터 자정 무렵까지 가진 나와 북한 조평통(祖平統) 위원장 허담(許錟) 간의 회담이다. 김일성의 사촌매부인 허담은 당시 대남정책 총책임자로서, 남북간에 진행되고 있던 각종 채널의 남북대화를 총괄하고 있었다.

모스크바에 도착한 지 얼마 되지 않아, 우리 일행의 안내를 맡았던 IMEMO의 키리젠코 행정실장이 나에게 지나가는 말투로 "북한에서 누가 만나러 오겠다는데 만나 주시겠습니까?" 하는 것이었다. 그래서 누가 오느냐고 물었더니, 이름을 대 주면서 북한 정보기관의 책임자라고 했다. 나는 내가 무엇 때문에 정보 책임자를 만나느냐고 한마디로 거절했다.

하루 이틀쯤 후에 키리젠코 실장이 나에게 다시 "북한에서 허담 서기 정도가 오면 만나시겠습니까" 하면서, 허담의 내력을 간단히

코페르니쿠스적 전환 ••• 187

설명하는 것이었다. 허담이 북측의 대남관계 책임자임을 알고 있던 나는 그냥 "허담이라면 만나지요"라고 대답했다. 그런데 다음날 저녁쯤 이번에는 허담이 김일성의 전용기를 타고 모스크바에 왔다는 것이다. 나는 깜짝 놀랐다. 키리젠코가 지나가는 말처럼 얘기했기 때문에 큰 비중을 두고 생각하지 않았었다. 1989년 봄, 소련과 북한의 사이는 이처럼 가까웠다.

처음에 허담측은 나에게 북한 대사관에서 만나자고 제의했는데, 나는 "말도 안 된다"고 딱 잘라 거절을 했다. 그러자 제3의 장소, 즉 북한 대사관과 내 숙소인 영빈관의 중간지점에서 만나자는 것이었다. 나는 그것도 거절했다. "지금 내 집이 이곳 영빈관이니 나를 만나러 온 손님이라면 내게 와야 할 것"이라고 말해 주었다. 나는 6일의 일정이 끝난 밤 9시에 허담 일행과 영빈관의 내 숙소 위층에서 대좌했다.

우리측에서는 김상현(金相賢) 부총재와 황병태·박관용 의원 등이 배석했고, 북측에서는 전금철(全琴哲)과 안병수(安炳洙)가 배석했다. 김기수 비서와 서청원(徐淸源), 이인제(李仁濟) 등 수행한 국회의원들은 기자단을 따돌리기 위해 기자들과 함께 서커스단 구경을 가기도 했다.

두 시간이 넘는 남북대화가 이루어졌다. 처음에는 냉수(冷水)만 놓고 얘기했는데, 2시간쯤 지나 내가 포도주를 따라 주었다.

허담은 외무장관 20여년 경력에 각종 세계회의 참석 등으로 상당히 세련된 인물이었다. '김영삼 총재 선생님'이라고 호칭하며 되도록 내 비위를 거스르지 않도록 말을 조심했다. 내가 한번 반론을 제기하면 시비를 걸지 않았다. 미군철수, 국가보안법 철폐를 주장하기에 단호하게 안 된다고 했더니, 다시 반론을 제기하지 않았다.

평양행 단호 거절

　허담의 이야기의 초점은 김일성을 만나러 자신이 타고 온 김일성 전용기 편으로 당장 평양에 같이 가자는 것이었다. "김일성 주석께서 총재 선생님 만나기를 학수고대하고 있습니다. 두 분이 만나시면 참으로 엄청난 일이 될 것입니다. 주석님이 전용기를 보내 주셨습니다" 하는 것이었다. "안 된다. 남북의 지도자가 만나는 것은 중요한 일이지만 그런 방법으로는 안 된다. 더구나 나는 지금 당장 모스크바에서 평양에 갈 생각이 전혀 없다"고 단호히 거절했다. 그는 매우 아쉬워하며 여러 차례 설득하려 들었다.
　다음은 내가 미국에서 기자들에게 밝힌 허담과의 대화요지다.

　나　평양에서 모스크바까지 나를 만나러 오셨으니, 먼저 말씀하십시오.
　허담　예, 공동 관심사인 통일문제지요. 우리가 김총재님을 초청한 바도 있고, 또한 김일성 주석께서 모스크바 가서 김총재님을 뵙고 인사 전하고, 평양 초청문제가 아직 유효함을 말씀드리고 모시는 문제를 토의하고, 통일문제를 논의해 보라는 말씀이 계셔서 왔습니다.
　조국이 분단된 지 40년이 지났습니다. 새로운 세대로 세월이 넘어가고 있는데, 통일을 더 이상 지연시킬 수 있겠습니까. 언어 풍습도 달라지고 친척도 몰라보게 되었으니, 우리 세대에서 통일을 이룩해야 합니다. 내외 사정으로 보나 국내 사정으로 보아도 통일을 이룩할 때가 되었다고 생각됩니다. 남쪽은 몇 년 전만 하더라도 통일에 대해 말만 해도 잡혀갔으나, 이제 자유롭게 말할 수 있고 모든 주장을 하고 있지 않습니까.

북한은 말할 필요도 없습니다. 국제정세도 화해와 완화의 추세로 가고 있어 좋은 분위기가 조성되고 있는데, 우리만 격폐된 채 있어서야 되겠습니까.

일부에서는 통일을 원치 않고 있지요. 미국과 일본은 두 개의 한국을 고착시키고 그들의 목적을 달성시키려 하고 있습니다. 우리는 외세의존 말고 우리끼리 협상합시다. 우리는 7·4공동성명의 자주·평화·민족대단결의 좋은 원칙을 가지고 있습니다. 사상과 제도를 초월하여 이 원칙에 따라 통일해야 하며, 방식은 연방제가 좋습니다. 남에서도 연방제 방식이 좋다는 사람 많지 않습니까. 서로 납득할 수 있는 방법을 토의해 나갑시다.

우선 분위기조성이 필요한데, 즉 전쟁위험을 제거해야 합니다. 정전상태를 평화상태로 만들기 위해 미국과 평화협정을 맺어야 하고, 북·남(北南)이 불가침선언을 해야 합니다. 그래서 고위 정치군사회담을 제안했지요. 그러나 남한에서 연례행사처럼 팀스피리트를 실시하고 있습니다. 화해·대화하자면서 군사연습하면 대화가 되겠습니까. 문(文)목사사건도 그렇습니다. 다른 문제 아닌 통일문제 토의하자고 제2의 김구(金九) 선생처럼 평양 왔는데, 간첩임무 띤 것도 아닌데 체포했습니다. 이래서 대화가 되겠습니까.

대화를 하려면 대민족회담(大民族會談), 즉 정당·사회단체 연대회의가 좋습니다만, 여건이 성숙되지 않았다 해서 김일성 주석께서 북·남 지도자급 인사들과 개별적으로 와서 접촉하자고 했습니다. 김총재께서 통일안이 있을 것이고, 와서 마주앉아 납득할 수 있는 출로(出路)를 찾자고 김일성 주석께서 말씀이 있었습니다.

또 김총재께서도 평양을 방문하겠다고 여러 차례 말씀이 계셨다고 알고 있습니다. 평양 오실 것을 바라고 있습니다. 용단을 내려 오십시오. 환영하겠습니다.

1989년 6월, 소련 방문 중 모스크바 나의 숙소로 찾아온 북한의 허담 서기와 악수하고 있다.

정상회담 조속히 성사돼야

나 말씀 잘 들었습니다. 우리 민족이라면 어느 누구 한 사람 통일을 바라지 않는 사람이 있겠습니까. 통일은 우리 세대가 이룩해서 후손에게 남겨야 할 중요한 과제입니다. 다만 현재로는 각각 방법의 차이가 있고, 이것을 서로가 잘 절충하고 모색해 가야 합니다. 그 동안 여러 차례 접촉이 있었지만 별 진전이 없는 것은 유감이지만, 통일문제는 대단히 어려운 문제이기 때문에 인내를 가지고 해 나가야 합니다.

나는 평소 남북문제는 서로의 대화가 제일 중요하다고 생각하고 있습니다. 대화를 인내를 가지고 해야지, 너무 서둘거나 조급히 생각하면 오히려 잘못될 수도 있습니다.

현재 여러 부문의 회담이 중단되고 있습니다만, 이것은 잘못된 것으로 곧 재개되어야 합니다. 국회회담 같은 것은 중요합니다. 우리 국회에는 4개 정당이 있고, 각기 국민을 대표하고 여론을 수렴·반영하고 있습니다. 이런 국민대표기구의 회담을 왜 중단시키고 있습니까. 얼마 전에 조속히 재개하자고 편지 보낸 바도 있습니다만, 국회회담을 빨리 다시 열어야 합니다. 거기서 모든 이야기를 합시다.

통일의 문제는 원칙도 중요하지만 그 추진과정이 중요합니다. 그리고 제일 효과적인 접촉과 대화는 양쪽의 정상들이 만나는 일입니다. 직접 만나서 민족의 장래를 의논해야 합니다. 이보다 더 실질적인 회담이 또 어디 있겠습니까. 정상회담이 조속히 성사되어야 합니다.

나의 평양 방문에 대해서는 지난 1979년에 통일을 위해서 김일성 주석을 만나 보겠다고 말한 적이 있고, 그후에도 얘기한 적이 있습니다. 지금도 이 생각에는 변함이 없습니다. 통일을 위해서는 어디든지 갈 것이며, 언젠가는 평양에 갈 희망하고 있습니다. 그러나 중요한 것은 분위기와 시기입니다. 그것은 내가 판단할 문제이며 또 많은 생각을 하고 있습니다. 지금은 때가 아니라고 판단하고 있습니다.

그리고 중요한 것은 남북이 서로 상대방을 폭력으로 타도하거나 전복하려는 생각은 절대 버려야 합니다. 어떤 경우에도 이는 불가능하다는 것을 알아야 합니다. 우리는 어디까지나 평화적인 방법으로 대화를 통해서 통일을 향해 가야지, 폭력이나 혁명을 통해서는 절대로 안 됩니다. 나는 늘 이같은 주장을 해 왔습니다.

대화를 통해 문제를 하나하나 해결해 나가야 하기 때문에, 국회회담·경제회담·적십자회담·스포츠회담을 빨리 열어 대화해 나갈 것을 이 기회에 촉구합니다. 이렇게 대화의 모습을 양쪽 국민에게 보입시다.

진실된 자세로 대화하자

허담 대화하자는 말씀 하셨는데, 우리도 그렇게 생각하고 있고, 상대방을 타도·전복시키는 것은 불가능하다고 알고 있습니다. 1970년부터 대화해 보았는데, 군사정치적 문제로 분위기 조성이 안 됩니다. 서로 총을 맞대고 대결 분위기가 계속되는 속에서 대화의 성과가 있겠습니까. 그래서 기본적으로 군사문제를 풀자는 것입니다. 팀스피리트도 중단하고 군사력도 감축해야 합니다.

세계적으로도 추세가 외국군이 모두 철수하고 있습니다. 아프가니스탄·앙골라 등 모두가 철수하고, 소·미(蘇美)간에 중거리 핵미사일도 폐기하기로 하고 있지 않습니까. 미군만 남쪽에서 버티고 있고 핵무기도 가지고 있어 대화가 안 되고 있습니다. 정상회담하자는 것을 반대하지 않습니다. 김일성 주석께서도 하자고 했습니다. 그러나 문목사사건이라든지, 대화는 공산주의자와 하는 것인데, 연공(連共)·용공(容共)하면 처벌하고 있으니, 이런 것들이 장애가 되고 있습니다.

나 외군(外軍) 말씀을 하시는데, 이 세상에 어느 국민이 자기 나라에 외국군대가 주둔하는 것을 좋아하겠습니까. 미국군의 주둔은 전쟁 억제를 위한 목적이고 방어를 위한 것입니다. 때문에 무엇보다 남·북간에 서로 평화에 대한 신뢰가 먼저 생겨야 합니다.

우리의 주변정세도 많이 변하고 있고, 내가 소련을 방문한 것도 큰 변화를 의미하고 있습니다. 북(北)을 고립시키거나 제외시킬 수도 없고, 북한동포도 잘살기를 원합니다. 서로 분단의 고통을 극복하기 위해 대화를 통해 화해하고 신뢰를 빨리 찾읍시다.

문목사사건도 그렇습니다. 북이 남한을 잘못 판단하고 있습니다. 남쪽 국민의 사상을 변화시키거나 공산화시킨다는 것은 불가능하다는 것을 알아야 합니다. 우리 국민들은 문목사가 왜 공개적으로 정부와 이야기 한마디 없었는지 이해하지 못하고 있습니다. 통일문제는 떳떳하게 행동해야 합니다.

서로 내정에 관한 문제는 간섭하지 말고, 재차 강조합니다만, 진실된 자세로 대화를 추진해 나갑시다.

남북학생 천명씩 교환하자

허담 대화합시다. 고향방문단 교류도 이번에 제의했습니다. 김총재께서도 평양방문 관계 용단을 내리십시오. 평양 오셔서 김일성 주석을 뵙고 의논하시면 모든 것이 잘 이루어질 것입니다. 국회회담은 잘되어 가다가 팀스피리트 군사훈련, 문목사사건 등으로 중단되었습니다. 그러나 회담, 앞으로 하겠습니다. 김총재님, 노대통령의 통일에 대한 생각은 어떻습니까.

나 노대통령도 통일에 대해 많은 생각을 하고 있다고 생각합니다.

허담 문목사 처벌하니 우리 인민에게 할 말이 없습니다. 무슨 죄를 지은 것도 아닌데……. 다른 문제 하나 더 제의하겠습니다. 창구 단일화 문제입니다. 외국도 그렇지만 남쪽에도 여·야가 있고 각기 다른 목소리가 있습니다. 야당은 자기 목소리를 가지는 게 상례인데, 통일문제는 창구를 일원화해서 협소화시키는 감이 있는데, 이해할 수 없습니다. 대학생 국토행진 하겠다는데 정부 승인 없어 못했고, 13차 청년체전 참석도 정부가 간섭해서 안 되고 있는데, 인민은 인민 주장이, 야당은 야당 주장이 있어야 하는 것 아닙니까.

나 통일논의는 다양해야 합니다. 각자 자기들의 주장을 할 수 있어야지요. 우리 민주당도 통일문제 주장이 있고 많은 국민의 지지를 받고 있습니다. 그러나 북과의 대화의 창구는 단일화되어야 합니다.

1989년 6월, 소련을 방문하여 타슈겐트의 한인들을 만나는 모습.

허담 학생들 북한에 오겠다는데, 도와 주지 왜 반대하십니까.

나 좋습니다. 학생교류 좋다고 생각합니다. 우리 학생 1천명 보낼 테니, 북쪽 학생 1천명 보내십시오. 상호 교류, 얼마나 좋습니까. 이렇게 해야지 일방적으로 학생들을 오라고 하는 것은 혼란을 조성하는 것으로밖에 볼 수 없고, 이는 통일에 아무런 도움이 안 됩니다.

단독면담 제의 거절

나중에 허담이 옆에 배석한 수행원에게 "동무, 준비해 온 것을 꺼내 읽어 보시오"하고 지시했다. 수행원은 가방에서 문서를 꺼내 읽기 시작했다. 이른바 「남조선의 김영삼 총재 선생과 북조선 허담 서기 간의 공동합의문」이었다.

〈공동합의문의 요지〉

6월 6일, 모스크바에서 김영삼 총재와 허담 서기의 상봉이 있었다. 허담 서기는 김총재에게 평양 방문을 제의했고, 김총재는 조속한 시일 안에 방문하겠다고 약속했다. 통일을 위해 많은 의견을 교환했으며, 이해를 높이는 데 큰 도움이 되었다. 김총재는 만족을 표시했다.

"우호적으로 얘기하고 합의했다" 운운하기에 내가 "무엇을 합의 했냐"면서 문서를 집어넣으라고 했다. 사실 합의를 본 것은 아무 것도 없었다.

「공동합의문」을 거절당한 뒤 마지막으로 허담은 이 만남이 대단히 중요하다면서, "김영삼 총재 선생님이 발표하자면 하고 비밀로 하자면 영원히 비밀로 하겠습니다"하고 말했다. 나는 "공산주의에는 비밀이 있겠지만 민주주의 체제에서는 비밀이 있을 수 없다. 다만 나는 소련이나 미국에서는 발표하지 않고 서울에 가서 발표하겠다"고 말했다. 허담은 내가 서울에서 발표하는 것을 보고 평양에서도 발표하겠다고 했다. 회담 사실의 발표만이 이 날의 유일한 합의라면 합의였다.

끝까지 평행선을 이룬 이 날 회담은 이렇게 끝났다. 그런데 내가 일어서자 허담은 "김총재 선생과 우리 두 사람만 따로 2, 3분간 이야기 좀 했으면 합니다"라며 단독면담을 제의했다. 그러나 나는 충분히 할 얘기를 다 했으니 따로 은밀히 만날 필요가 없다고 딱 잘라 거절했다. 나를 평양으로 데려가려고 평양에서 모스크바까지 날아온 허담은 실망하는 기색이 역력했다. 허담은 "남과 북이 어렵게 만났는데, 이렇게 헤어져야 합니까"하고 아쉬움을 표했다. 소련의 그로미코 등과 더불어 일세를 풍미한 외상(外相)답게 그는 집요한 사람이었다.

비록 허담이 요구한 '합의'는 이루어지지 않았지만, 이 날 회담에서 내가 북한측에 남한의 입장을 분명히 알릴 수 있었던 것은 큰 성과였다.

수행기자들, 오보 타전

허담과의 회담 사실과 내용은 귀국 후 발표키로 나와 허담 사이에 약속되었으나, 기자들이 미리 취재하는 통에 6월 10일부터 시작된 미국방문 도중 회담사실을 공개하지 않을 수 없었다. 나는 뉴욕에서 하룻밤을 자고 워싱턴에 들를 예정이었다. 뉴욕에서 키신저 전(前)국무장관과 아침 약속이 있었는데, 소련을 잘 알고 있는 그가 나에게 소련에서는 어떻게 지냈는지 물어 보았지만 허담(許錟) 건에 대해서는 일체 언급하지 않았다.

정작 아침식사 후 공항으로 떠나려고 하는데 일이 터졌다. 수행기자들은 소련주재 북한대사가 나에게 다녀갔다고 서울로 타전(打電)했다. 물론 오보(誤報)였다. 나는 수행한 국회의원들에게 절대 비밀에 부치라고 엄명해 두었지만, 기자들은 국회의원들의 입에서 나오는 이야기의 토막들을 모아 오보를 타전한 것이다.

나는 더 이상 비밀에만 부칠 수 없게 되었다. 허담에게는 서울에서 발표하겠다고 약속했기 때문에, 북측이 '약속 위반'으로 트집을 잡고 나올 것이 우려되었다. 북측에서는 내가 미국측과 상의해서 발표한 것처럼 오해할 수도 있는 노릇이었다. 13일 워싱턴에 도착한 직후 나는 수행기자들에게 면담 사실을 발표했다. "허담 서기에게 미안하지만 기자들이 알게 돼서 내가 예정에 없이 미리 발표하는 것"이라고 양해의 말을 덧붙였다.

한·소간 통로 뚫기

나와 허담의 회담은 남북은 물론 국제적으로도 충격적인 사건이었다. 외신들의 성화에 못 이겨 다음날 나는 미국, 일본, 유럽 등 외국 기자들을 상대로 다시 회견을 했다. 나는 기자회견을 통해 이번 회담은 북한측에서 제의했고, 소련측이 중재했다고 밝혔다.

1989년 6월 2일부터 10일까지 9일간에 걸친 나의 소련 방문은 당시 누구도 할 수 없었던 공산권 국가와의 교류의 시작이자, 수십년간 막혀 있던 한·소간의 통로를 뚫는 작업이었다. 미국에서도 나의 소련 방

1989년 6월, 미국 내셔널 프레스클럽에서 기조연설을 하는 모습.

문과 허담 면담에 대해 관심이 대단했다.

　나는 6월 16일 댄 퀘일 미국 부통령과 회담을 가졌다. 퀘일 부통령은 나의 소련 방문을 '깜짝 놀랄 만한 일'이라고 평가하고, 한반도는 물론 동북아 안보에도 도움이 될 것이라며 환영의 뜻을 표했다. 또한 나와 허담의 만남에도 큰 관심을 표시했다.

　나는 미국 방문기간 중 리차드 솔로몬 미 국무부 동아·태 차관보 등 미국의 주요인사들을 만났는데, 이들은 모두 나의 소련 방문을 높이 평가하면서, 특히 소련측이 내게 보여 준 환대에 관심을 보였다. 솔로몬 차관보는 "미국은 한국의 북방정책에 반대하지 않을 뿐만 아니라 성공을 위해 협조하겠다"고 말했다.

　6월 19일, 미국을 거쳐 귀국한 나는 김포공항에서 이런 말을 했다.

　　지구를 한 바퀴 돌아보고, 나의 조국이 얼마나 소중한지를 깨
　　닫게 되었습니다. 우리도 눈을 밖으로 돌려 변화하는 시대를 직
　　시해야 합니다.

소련이 변하고 있다

　소련 방문은 나의 세계 인식과 정국 대처에 일대 전환점이 되었다. 소련은 우리에게 북한정권의 강력한 후원자로서 철의 장막에 가려져 있었다. 그런 소련이 엄청난 변화를 겪고 있었다. 글라스노스트(개방)와 페레스트로이카(개혁)라는 큰 물결을 현장에서 직접 목격한 나는 엄청난 충격을 받았다.

　"소련이 변하고 있다." 물론 소련은 여전히 공산주의 종주국이었으며, 공산주의를 금방 포기할 것이라고는 생각할 수 없던 때였

1989년 6월, 방소결과 기자회견.

다. 그러나 소련은 무서운 변화의 용트림을 하고 있었다. 소련이 한국의 야당 지도자를 초청한 사실 자체가 역사적인 변화였지만, 소련 방문 중에도 변화의 기운은 곳곳에서 느낄 수 있었다.

고르바초프는 당시 세계 최고의 인기인이었으며, 내가 만난 다수의 소련 지도자들은 소련의 변화에 대해 자신감에 차 있었다. 내가 방문하기 전인 3월 26일, 소련에서는 국가 최고권력기관인 인민대표회의 대의원선거에 사상 처음으로 복수 후보가 출마해 자유경쟁을 벌였다.

고르바초프는 1989년 2월 소련군을 아프간에서 철수시킨 데 이어, 5월 16일에는 중국의 등소평(鄧小平)과 회담해 30년간의 대립을 청산하고 '중·소 신시대'를 열었다. 그는 또 국제사회에 적극 참여하기 위해 전세계의 주요 정상들을 방문하고 있었다. 장막 뒤에 가려져 있던 소련이 국제사회에 처음 개방되던 시기였다.

세계의 양대 축 중에서 하나의 축이 움직인다는 것은 보통 일이 아니었다. 더욱이 한반도는 과거 수십년간 미·소 양국의 첨예한 대결 현장이기도 했다. 나는 초강대국인 소련조차 이처럼 개혁과 개방으로 나가고 있는데, 우리나라는 지금 어떤 상황에 놓여 있는가에 생각이 미쳤다. 우리가 우물 안 개구리처럼 행동한다면 세계사의 큰 흐름에서 얼마나 낙후될 것인가를 생각하면서, 나는 시대의 변화를 폭넓게 껴안으려 노력했다.

3. 5공청산과 신사고

방소 후 노태우와 회동

　1988년 가을 이후 노태우의 국정장악 능력은 현격히 저하되어 사회적 혼란으로 쿠데타를 우려하는 지경에까지 이르렀음은 앞서도 살펴본 바 있다. 1989년 봄까지 나는 노태우가 5공청산을 지연시키고 중간평가를 외면하는 데 분노했고, 장외투쟁에 나서기도 했다. 그러나 소련에서 돌아오면서 나는 노태우에 대한 나의 비판을 잠깐 접어 두기로 했다. 민주화는 어찌 보면 노태우를 일방적으로 몰아붙여서만 되는 일이 아니었다.
　소련 및 미국 방문을 마치고 19일 귀국한 나는 21일 청와대에서 노태우와 오찬을 겸한 회동을 가졌다. 이 회담에서는 나의 소련 및 미국 방문 결과를 토대로 한 초당적 외교의 추진문제, 통일정책, 5공청산 문제와 경제난 타개책 등 국내 정치현안에 관해 폭넓게 협의했다.
　4시간에 걸친 청와대 회동에서 나는 방소(訪蘇) 결과, 특히 프리마코프 및 허담 서기와의 회담내용을 설명하는 데 상당한 시간을 할애했다. 노태우도 내 말에 귀를 기울이고 줄곧 수첩에 받아 적는 등 깊은 관심을 보였다. 노태우로서도 소련에 대한 이야기는 처음 듣는 것과 마찬가지였다. 두 사람은 국익을 위한 초당적 외교활동의 필요성에 대해 공감했다.

정국 현안에 대해 나는 노태우에게 나의 입장을 분명히 말해 주었다. 나는 5공청산과 핵심 6인 처리문제는 야3당 총재회담에서의 합의사항이 곧 민주당 당론(黨論)이라는 점을 상기시키면서, 대통령과 당사자들의 결단이 필요하다고 강조했다. 중간평가와 관련해 "국민에 대한 약속은 지켜져야 한다"는 내 주장에 대해, 노태우는 상당히 긴 답변을 하면서 "지금도 중간평가를 받고 있다"는 애매한 말을 하기도 했다.

아마도 노태우와 회담한 6월 21일이 아니었던가 생각된다. 그 날 한국정치의 지형을 바꾸는 한 가지 논의가 태동했다. 회담 중 노태우는 나에게 원만한 정국운영을 위해 협조해 줄 것을 부탁했다. 당시의 혼란한 시국에 대처하기 위해 정책연합을 하면 어떻겠느냐는 것이었다.

나는 딱 잘라 거절했다. 나는 노태우에게 4·19 직후 민주당 신·구파의 대결 양상을 설명해 준 뒤, "하려면 합당을 해야지 정책연합은 또 다른 정국불안 요소가 될 것"이라고 그에게 말해 주었다. '합당'이라는 내 말에 그는 전혀 상상하지 못했다는 듯 당황한 표정이었다. "아니, 김총재님. 그렇게 할 수 있습니까?" 하기에, 나는 "정책연합은 안 되고, 하려면 통합을 해야 된다"고 다시 말했다.

물론 이때 내가 정말로 민정당과 합당을 하려고 생각한 것은 아니었다. 단지 정책연합은 잘못이라는 점을 지적한 것이었다. 5공을 청산하기 전에 노태우와 손을 잡는다는 것은 나에게도 상상할 수 없는 일이었다.

그러나 이때의 내 말은 경험이 없던 노태우에게 큰 자극이 되었음에 틀림없다. 노태우는 그 이후 나에게 민정당과의 협력을 계속 제의해 왔다. 그러나 나는 "민정당이 원하는 것이 무엇이든, 5공청산을 못할 경우 한 발짝도 전진하지 못할 것"이라고 거듭 밝혔다.

공안정국과 국민불안

나의 소련 방문을 전후해 이른바 '밀입북'(密入北)으로 인한 공안정국이 조성되고 있었다. 4월의 문익환 목사 밀입북사건에 이어, 6월 27일 서경원 의원 밀입북사건이 터지는 통에 김대중의 평민당은 위기를 맞았다. 김대중은 두 달 후인 8월 25일 서경원이 북한에서 받아 온 공작금 5만불 중 1만불을 받은 혐의 등으로 외국환관리법과 국가보안법 위반으로 기소되었다. 6월 30일에는 여대생 임수경(林秀卿)의 밀입북사건까지 터져 정치권은 꽁꽁 얼어붙었다.

전대협(全大協) 소속의 대학생들은 7월 1일부터 평양에서 열리는 이른바 세계청년학생축전 참가를 위한 대대적인 결의대회를 가지려 했다. 거듭되는 학생시위 속에 부산에서는 시위 진압과정에서 경찰관 7명이 불에 타 숨지는 '5·3동의대사태'가 발생하기도 했다. 국민들은 충격과 함께 불안감을 떨쳐 버리지 못했다.

한쪽에서는 노사분규가 끊임없이 터져 나왔다. 최대 그룹인 현대와 대우의 주요 사업장에서 대형 분규가 지속되었다. 5월 28일 전교조가 전격 결성되어 문교당국과 맞섰고, 문교부는 7월 26일 1,516명의 교사를 직위해제했다.

6공 경제는 곤두박질을 치고 있었다. 1989년의 수출은 88년보다 겨우 2.1% 늘어난 623억달러에 그침으로써 최저의 수출신장을 기록했다.

 시위와 농성, 단식, 최루탄 등 여름에 접어들면서 사회 전체가 방향을 잃고 혼란의 늪에 빠져 버린 듯한 모습이었다. 어디에서도 민주화를 위한 인내심은 찾아볼 수 없었다. 우리 사회가 어디로 갈 것인지, 국민들의 불안과 우려는 깊어만 갔다. 때아닌 북한(北韓) 러시로 민주화라는 시대적 과제마저 실종될 것 같았다. 참으로 위기국면이요 혼란한 상황이었다.

개혁과 청산을 통한 안정을

 나는 더 이상 관망만 할 수가 없었다. 그리하여 8월 1일 방소(訪蘇) 후 거의 40여 일 동안의 침묵을 깨고 당사에서 기자회견을 가졌다. 나는 우선 '방북(訪北) 러시'와 그에 따른 공안당국과 평민당 간의 대결, 전교조(全敎組)와 당국의 대치 등 공안정국(公安政局) 및 시국현안에 대한 입장을 분명히 했다.

 기자회견 첫머리에서 나는 "우리 당의 이념적 색채를 분명히 하고자 한다"고 밝힌 뒤, 서경원·문익환·임수경·문규현 등의 방북에 대해 "소영웅주의적 행동은 결코 통일에 도움이 되지 않을 뿐 아니라, 북한만 이롭게 하므로 단호히 배격한다"고 분명히 했다. "특히 서의원이 현역의원으로 밀입북, 김일성 등과 만나 그들이 제공하는 자금을 받은 점은 어떤 이유로도 용납될 수 없다"고 지적하고, "마땅히 진상이 규명되고 국민과 국가에 응분의 책임을 져야 한다"고 했다.

 김대중에게 발부된 구인장(拘引狀) 문제에 대해 나는 "불행한 사태에 대해 유감으로 생각하나, 서의원사건의 진상은 철저히 규명돼야 한다," "평민당과 수사당국이 대화로 해결하길 바란다"고 말해, 공안정국 이후 계속돼 온 평민당의 장외투쟁에 동참할 뜻이 없음을 분명히 했다.

나는 또 "북한은 남한 내부를 분열시켜 통일문제에 어떤 이득을 얻어내려고 해서는 안 되며, 다양한 의견이 있다는 것이 마치 국론분열인 듯 오판(誤判)해서도 안 될 것"이라고 경고하고, "북한당국이 남북문제를 공작 차원에서 다루려고 하는 한, 대화분위기는 조성될 수 없다"고 말했다.

동시에 나는 공안정국 조성을 통해 5공청산 문제에서 빠져 나가려는 노태우의 정국운영에 대해서도 분명한 입장을 밝혔다. 나는 노태우가 '개혁과 청산을 통한 안정'을 회피하고 공안정국을 최대한 활용하려는 음모에 대해 경계했다. 그리하여 5공청산 및 악법개폐문제에 대해서 나는 전두환·최규하의 국회증언, 핵심인물 처리를 촉구하면서, 야3당 총재의 합의사항은 존중되어야 한다는 원칙을 재확인했다.

아울러 나는 5공·광주특위에 불참하고 임시국회 소집을 기피하는 민정당(民正黨)의 태도를 정치력의 포기로 강력하게 비난하고, 조속한 정치 재개의 필요성을 강조했다. 또 정치 재개를 위해 국회소집, 여야 중진회담 재개, 3당 영수회담의 수순을 제시했다.

3당 공조체제 복원에 주력

한편으로 나는 공안정국의 암운(暗雲)을 떨치고 정국이 5공청산의 본 궤도로 제 자리를 잡게 하기 위해 야당의 정치력을 모으는 일에 다시 착수했다. 1월과 3월 회담에서 거듭된 야당총재간의 합의를 자신의 편의대로 저버린 사람들이었지만, 노태우의 탈선(脫線)을 원위치로 돌리기 위해서는 야당의 정치력 발휘가 무엇보다 중요한 시점이었다. 나는 8월 하순 국내 언론과 연쇄회견을 갖고, 야당

1989년 9월, 고향을 방문하여 주민들의 환영을 받고 있다.

의 공조를 회복하기 위해 야3당의 총재회담을 추진할 뜻을 밝혔다. 또 당시 제기되고 있던 내각제개헌론이나 정계개편론은 여당이 5공청산을 호도하기 위한 술책에 불과하다고 비판했고, 8월 19일 영등포 을 보궐선거 이후 대두되고 있는 야당통합론에 대해서도 똑같은 의미에서 반대한다고 밝혔다. 나는 지난 1년 반 동안 지속돼 온 4당체제가 정국 혼란의 원인이 되고 있음을 지적하면서도, 5공청산이 제대로 이루어지기 전에 정계개편을 논의하는 것은 옳지 않다는 입장이었다.

8월 26일, 5공청산이 주요 과제가 될 가을 국회에 대비해 나는 당직개편을 단행했다. 이 날 기자간담회에서도 나는 야당공조의 복원과 대화정국으로의 국면전환 필요성을 강조했다. 기자들은 이 날 8월 25일의 김대중의 제의에 대한 내 생각을 물어 왔다. 8월 25일의 제의란 여름 내내 민정당과 공안정국 속에서 장외 대결로 일관해 왔던 김대중이 민주당과의 2야(野) 총재회담을 제의한 것을 말한다. 김대중은 공안정국에 몰리자 나와의 협력체제가 절실했던 것이다. 반면 김종필의 신민주공화당이 미덥지 않다면서, 그를 배제한 양당(兩黨)만의 회담을 제의한 것이다.

그러나 대화해 보지도 않고 누구를 배제한다는 것은 배타적인 발상이었다. 현실적으로도 2야(野) 공조만으로는 노태우의 공안정국을 5공청산 국면으로 바꾸어 놓을 수 없었다. 당시 야당은 민주·평민·공화 3당이 모두 합쳐야 국회의석 과반수를 넘어 '여소야대'의 힘을 발휘할 수 있었다. 나는 김대중의 제의를 "긍정적으로 받아들이지만 더욱 중요한 것은 야3당 총재가 만나는 것"이며, "3당 공조체제의 복원 없이 5공청산·악법개폐 등은 제대로 추진할 수 없다"고 밝혀 두었다. 평민당과의 통합 전망을 묻는 질문에 나는 한마디로 "그 사람들이 우리 당에서 탈당한 것 아니냐"고 대답했다.

1989년 9월 4일, 나는 부산 하이야트호텔에서 기자회견을 갖고 9월 정기국회에 임하는 자세를 분명히 했다. 나는 정기국회에서 처리해야 할 6개 과제를 밝히는 가운데, 특히 "이번 국회에서 전(全)·최(崔)씨의 국회증언 등 5공청산이 이뤄지지 않을 때 노태우 대통령을 탄핵소추하겠다"는 강력한 의지를 표시하고, 노태우의 결단을 촉구했다. 정기국회가 공안정국으로 실종됐던 정치력을 완전히 회복시켜 5공청산과 민주개혁을 실천함으로써, 국민에게 꿈과 희망을 주어야 한다는 것이 나의 입장이었다.

1989년 10월 2일 오전, 나와 신민주공화당 총재 김종필은 안양 컨트리클럽에서 골프회동을 가졌다. 나는 이보다 한 달 앞선 9월 1일, 1979년 국회의원직 제명 이후 그만두었던 골프를 10년 만에 재개했다. 단순히 골프를 즐기려는 것이 아니라 정치 복원의 수단이 될 수 있다면 이를 활용할 생각이었다. 이 날 나는 김종필과 10시간가량 시간을 보내면서 정국에 대한 의견을 교환했다. 김종필은 야3당 공조체제 복원에 대한 나의 주장에 대해 수긍하는 태도를 보였고, 이를 통해 연내 5공청산을 매듭지어야 한다는 데도 긍정적이었다. 골프회동이 끝난 뒤 발표한 합의문에는 "두 사람은 새로운 정치 스타일의 골프회동을 앞으로도 계속 갖기로 했다"는 내용이 포함됐다.

90년대의 정치는 달라져야

1989년 10월 12일, 나는 국회 본회의 대표연설을 통해 노태우의 결단을 거듭 촉구했다. "이번 정기국회가 끝나는 금년 말 안으로 5공청산과 광주(光州)문제를 매듭짓고, 내년부터는 미래의 문제를 다룰 것"을 제의한 것이다. "90년대의 정치는 달라져야 한다"는 기조 아래 '새 민주정치 시대'를 열자고 제의한 40분간의 이 연설은, 당시 우리나라가 처한 현실에 대한 나의 생각과 심경을 잘 담고 있다. 다음은 연설문 전문이다.

> 친애하는 국민 여러분, 그리고 존경하는 의장, 그리고 우리 국회의원 동료 여러분, 또한 국무총리를 비롯한 국무위원 여러분!
> 오늘 제13대국회에 들어와 두번째로 맞이하는 정기국회에서 또다시 우리 통일민주당을 대표하여 연설을 하게 되는 저의 심정은 한없이 무겁고 또한 착잡합니다.
> 저는 책임 있는 야당을 이끌어 가고 있는 정치인의 한 사람으로서 준엄한 자기 비판과 함께 깊이 자성(自省)하는 심정으로 이 자리에 섰습니다.
> 또한 지난번 두 차례에 걸친 대표연설 때와 마찬가지로, 오늘 이 자리에서도 똑같이 과거의 청산과 민주개혁을 되풀이해서 주장하지 않으면 안 되는 우리 정치현실을 안타깝게 생각합니다.
> 우리는 지난 1년 반 동안 무엇을 했으며 또 어떻게 지내 왔는지, 다 같이 가슴에 손을 얹고 깊이 자성해 봅시다.

바야흐로 세계사의 중심무대가 아시아·태평양지역으로 다가오고 있는 이때에, 찬란한 새 시대의 주역으로 등장해야 할 우리 민족은 갈등과 대립으로 얼룩진 국내문제에 매달려 안타까운 나날을 허송하고 있습니다.

우리 사회의 자랑인 참신한 기풍과 활력을 잃어 가고 있는 가운데, 경제는 가라앉고 사회도덕은 땅에 떨어졌으며, 정치는 실종상태에 빠져 있습니다.

서울올림픽을 치른 후 우리를 경이의 눈으로 바라보던 세계 여론도 이제는 서서히 달라지고 있습니다.

이 얼마나 통분할 일입니까?

국제정세의 흐름은 해빙과 화해의 시대로 가고 있는데, 남북한은 오히려 문을 굳게 닫고 있으며, 국내적으로는 지역간·빈부간·노사간에 끊임없는 분규가 계속되고 있습니다.

시국관련 구속자 수는 5공화국 때보다 오히려 두 배나 더 늘어나고 있는 실정입니다.

지금 우리 사회는 모든 분야에 걸쳐 화해와 단합보다는 갈등과 분열이 팽배하고 있습니다.

저는 우리 사회가 안고 있는 갈등과 진통의 근본 원인은 무엇보다도 노태우정권의 비민주적 속성과 정치력의 부족에서 비롯되었음을 지적하지 않을 수 없습니다.

특히 노정권이 구시대의 비리를 과감히 청산하고 민주개혁을 힘차게 실천해 나가지 못하는 데서 오늘의 모든 진통이 연유한다고 봅니다.

저는 오늘의 시대정신을 한마디로 말한다면 대내적으로는 민주화를, 대외적으로는 자주화를 추진하는 것이며, 이를 기반으로 민족통일을 지향하는 일이라고 믿고 있습니다.

과거문제 매듭짓고 '미래' 다루자

국민 여러분, 그리고 의원동지 여러분!

저는 기회 있을 때마다 민주화의 새 시대를 열어 나가기 위해서는 무엇보다도 5공청산과 광주문제의 해결이 선행되어야 한다는 점을 강조해 왔습니다.

5공청산은 단순히 지난날의 비리를 척결하는 데 그치는 것이 아니라, 사회정의와 민족정기를 바로 세워 후세에게 뼈아픈 교훈을 남기는 데 참뜻이 있는 것입니다.

우리는 서울올림픽을 그처럼 훌륭하게 치러 놓고도 그 효과를 극대화시키지 못하고, 고작 1년 전의 일이 마치 먼 옛날 일처럼 느껴지도록 만들어 버리고 말았습니다.

왜 이렇게 되었습니까? 그 원인은 어디에 있습니까?

그것은 한마디로 5공청산과 광주문제 해결이 조속하고도 철저하게 완결되지 못했기 때문입니다.

현정권은 시간을 벌면서 5공청산을 기피하려 하고 있으나, 결코 그같은 미봉책으로는 문제가 해결될 수 없습니다.

5공청산 없이는 오늘날 우리 사회가 안고 있는 심각한 갈등과 불안요인의 뿌리가 뽑히지 않으며, 따라서 진정한 안정도 기대할 수 없다는 사실을 알아야 할 것입니다.

이제 결단의 시기가 다가오고 있습니다.

저는 이번 정기국회가 끝나는 금년 말 안으로 5공청산과 광주문제를 매듭짓고, 내년부터는 미래의 문제를 다루기 위해 역사의 페이지를 넘길 것을 제의합니다.

더 이상 과거의 일에 매달려 앞으로 나아가지 못한다면, 우리

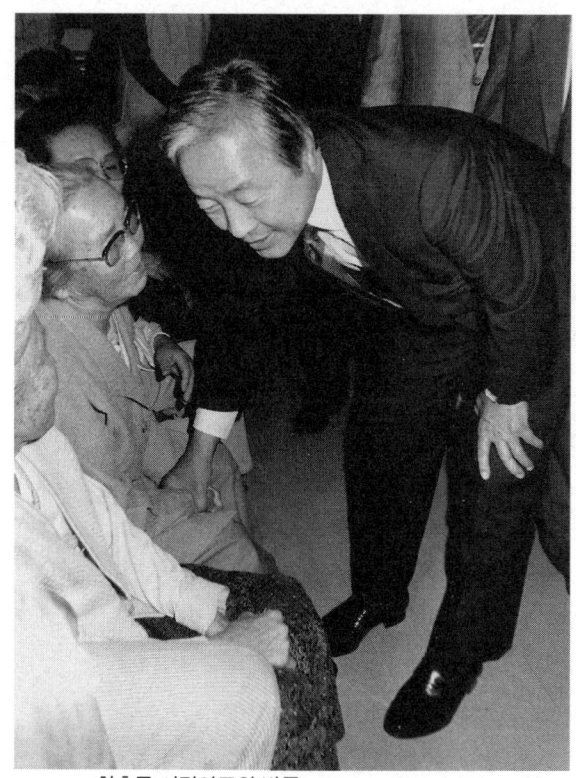
천호동 시립양로원 방문.

는 세계사의 진운을 따라가지 못하고 낙오자가 될 것입니다.

그런 점에서 다시 한 번, 아니 마지막으로 노대통령의 결단을 촉구하는 바입니다.

만일 금년 안으로 5공 청산이 이루어지지 않을 경우 우리 당과 저는 중대한 결심을 하게 될 것이며, 현정권은 정통성과 도덕성에 대한 강한 도전을 받게 될 것임을 경고하는 바입니다.

사실 5공청산과 광주 문제의 해결방안은 국민적 합의의 바탕 위에서 확고하게 마련되어 있습니다.

이미 세 야당총재들이 합의하여 제시한 해결방안은 최소한의 요구로 반드시 실현되어야 합니다.

두 전직 대통령이 국회에 나와 지난날의 일에 관해 국민과 역사 앞에 증언을 하지 못할 이유가 어디에 있습니까?

하루속히 국회에서 공개증언을 함으로써 진실을 명백히 밝히고 과오를 솔직하게 시인해야 합니다.

또한 과거의 잘못에 책임이 있는 5공 핵심인사들은 마땅히 공직에서 물러나야 합니다.

광주문제 역시 희생자의 명예가 회복되고 충분히 보상되는 선에서 해결되어야 합니다.

현정권은 이제 청산과 개혁을 통한 진정한 민주화를 이룩하느냐, 아니면 5공청산을 기피하고 정당하지 못한 기득권을 지키기에 급급하다가 국민에게 거부되는 정권으로 전락할 것인가를 선택해야 하는 기로에 서 있다는 사실을 명심해야만 할 것입니다.

'새 민주정치 시대' 개막하자

친애하는 국민 여러분, 그리고 또한 우리 동료의원 여러분!

저는 이 자리에서 새 민주정치 시대의 문을 열 것을 제창합니다.

새 민주정치란 구시대의 비리를 과감히 청산하고, 정치·사회·경제 모든 면에서 힘찬 민주개혁을 실현하는 큰 정치를 해나가자는 것입니다.

내년부터 전개될 90년대는 금세기를 마감하는 마지막 10년이자, 대망의 2천년대를 준비하는 시기이기도 합니다.

우리는 90년대를 대비하기 위해 구정치의 낡은 유산을 모두 청산해야만 합니다.

남루한 옷을 벗어 던지고 새 옷으로 갈아입어야 합니다.

5공비리와 광주문제, 그리고 구시대를 얼룩지게 했던 비민주적 악법과 낡은 관행들은 금년 안으로 모두 말끔하게 바꾸어 놓아야 합니다.

우리 사회 한쪽에서는 과소비와 퇴폐풍조가 고개를 들고 있는데, 다른 한쪽에서는 무력감에 빠진 사람들이 일할 의욕조차 잃어 가고 있습니다.

아울러 폭력을 통한 과격한 방법으로 자신들의 요구를 관철시키려는 태도도 시정되어야 합니다.

폭력은 민주주의의 적이며, 폭력으로는 어떠한 문제도 해결할 수 없다는 점을 우리 모두가 명심해야만 합니다.

그리고 몇 사람이 비밀리에 북한을 다녀온 일로 온 나라가 시끄럽게 되었던 이른바 공안정국도 이제 조용히 마무리되어야 합니다. 공안당국은 본연의 임무에 충실해야 하고, 공권력은 어느 경우에도 적법하게 행사되어야 하며, 공안사건이 정치적으로 이용되어서는 안 된다는 점을 강조하고자 합니다.

국회의원·목사·신부·학생들이 잇따라 비밀리에 북한을 다녀온 사건은 우리 국민에게 큰 충격을 준 것은 사실이나, 저는 이 사건이 어디까지나 사건 자체로서 조용하고 적절하게 다루어졌어야 했다고 생각합니다.

부산 동의대(東義大) 사태와 관련하여 어린 학생들에게 사형을 비롯하여 중형을 구형한 것은, 그 이유가 어디에 있든 간에 결코 있을 수 없는 일이며, 국정조사권을 발동해서라도 여러 가지 의혹을 밝히고 진실을 이 세상에 밝혀야 한다고 생각합니다.

그리고 공안통치의 와중에서 발생했던 갖가지 인권유린 사태도 철저히 밝혀져야 하며, 부당하게 구속된 양심수는 석방되어야 합니다.

'새 민주정치 시대'에는 무엇보다도 국민에게 희망을 주는 시책이 중점적으로 시행되어야 합니다.

그리고 우리 정치의 질적인 발전과 국민의 정치참여를 확대하기 위해, 내년부터는 지방자치제가 전면적으로 실시되어야 합니다.

지방자치제는 국민의 민주적 훈련과 정당정치의 발전을 위해서도 필수적인 제도인 만큼, 지역감정 해소와 지역간의 균형발전을 기할 수 있는 선거제도가 마련되어야 합니다.

지난날의 권위주의체제의 옷을 벗고 새 민주정치 시대의 문을 열자면 구체제를 지탱해 온 각종 반민주 악법이 개폐되어야 합니다.

특히 국가보안법과 안기부법은 이 시대에 맞게 하루빨리 고쳐져야 합니다.

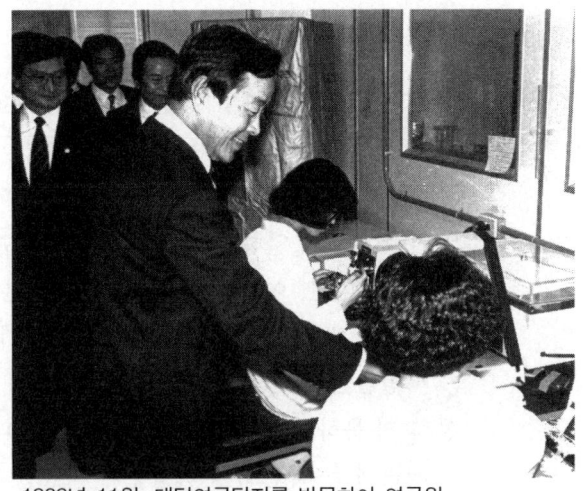
1989년 11월, 대덕연구단지를 방문하여 연구원들을 격려하는 모습.

경제개혁 시급

국민 여러분! 그리고 친애하는 의원동지 여러분!

5공청산, 민주화 작업과 함께 우리가 시급히 해결해야 할 과제 중의 하나가 경제개혁입니다.

우리 경제는 그 동안 성장 일변도의 정책만을 추구해 온 결과, 분배의 극심한 불균형이 초래되었으며, 이로 인해 경제의 지속적 성장마저 어려운 상태에 처해 있습니다.

저는 우리 경제의 구조적 문제는 바로 부의 불균형에서 기인한다고 진단합니다. 이 문제는 단순히 경제문제에 그치는 것이 아니라, 계층간의 엄청난 갈등을 야기시킴으로써 정치·사회적 불안정으로 이어지고 있다는 것을 명심해야만 합니다.

이제 정부는 공정분배를 위한 중장기 정책을 제시하고 이를 강력히 실천해야만 합니다.

이러한 분배정책을 실천함에 있어 기득권세력은 이를 이해하고 대폭 양보하는 자세를 가져야만 하며, 바로 이러할 때 소외된 서민층은 절망감에서 벗어나 앞날에 대한 희망을 갖게 될 것입니다.

우리가 가난 속에서 허덕이던 60년대와 70년대만 하더라도 온 국민이 열심히 일하면 내 집 마련을 할 수 있다는 기대를 가질 수 있었습니다만, 이제는 아무리 열심히 일해도 내 집 마련은 불가능하다는 체념과 절망에 빠져 버렸습니다.

서민들은 가난을 서러워한다기보다는 땀 흘려 일한 만큼 대가를 받지 못하는 것을 억울해하는 것입니다.

저는 모든 국민이 주거생활에 필요한 최소한의 토지를 소유할 권리가 있으며, 토지는 재산증식의 대상으로 이용돼서는 안 된다고 생각합니다. 아울러 토지에서 발생하는 모든 불로소득은 사회에 환원시켜야 한다고 굳게 믿습니다.

이번에 정부·여당이 토지공개념 법안(土地公槪念法案)과 관련하여 정부 원안보다 대폭 후퇴한 방안을 결정한 데 대하여 개탄을 금치 못하며, 이는 강력한 개혁을 바라는 국민의 여망에 배치되는 처사라고 하지 아니할 수 없습니다.

이 시점에서 토지에 관한 경제정의의 실현이 국민적 합의로 도출된 만큼, 택지소유 상한제(宅地所有上限制)와 개발이익 환수제(開發利益還收制) 등 토지공개념 관련입법이 필요하며, 우리 당은 이번 회기 내에 반드시 이를 관철시키도록 최선의 노력을 다할 것입니다.

아울러 금융실명제(金融實名制)도 조속히 실시하여 개혁의 실효성을 뒷받침해야 할 것입니다.

이러한 중차대한 의미를 갖는 토지공개념 제도를 반대하고 있는 재벌은 은행돈을 특혜로 융자받아, 그 돈으로 부동산투기와 주식투자 등 비생산적 분야에까지도 손을 뻗치고 있습니다.

정부는 재벌기업 위주의 정책에서 탈피하여 중소기업을 육성하기 위한 구체적인 방안을 마련해야 할 것입니다.

이러한 왜곡된 상황 속에서, 우리 노동자와 농어민, 그리고 도시 서민들은 자신들의 생존권을 제대로 확보하지 못하고 있습니다.

정부는 그 동안 성장의 그늘에서 희생되어 온 노동자와 농어민에 대한 보호와 지원을 확대해야 합니다.

지금 우리 농촌은 분별없는 농산물수입 확대와 생산비도 제대로 건질 수 없는 낮은 농산물가격으로 인하여 그 기반이 흔들리고 있습니다.

또한 날로 늘어나는 부채로 인해 우리 농민들은 영농의욕을 상실한 채, 정든 삶의 터전을 떠나고 있는 것이 오늘의 농촌 현실입니다.

이번 추곡수매가는 이러한 농촌 현실을 감안하여 생산비와 적정이윤이 보장될 수 있는 수준에서 결정되어야 하며, 우리 당은 이를 위해 최선의 노력을 다할 것입니다.

또한 수입개방에 따른 피해보상 대책과 농산물가격 안정대책이 마련되어야 하며, 농가부채 경감법안이 조속히 통과되어야만 합니다.

그리고 날로 어려워지고 있는 우리 농촌을 살리기 위한 근본 대책이 시급히 강구되어야 할 것입니다.

노동자에 대한 적정임금 보장과 노사 공존관계의 수립도 시급한 문제입니다.

노사개혁 · 사회개혁 필요

우리 사회는 지난 87년 이후 유례를 찾아볼 수 없는 격렬한 노사분규를 경험했습니다.

　이러한 심각한 노사분규의 양상은 노·사 당사자간의 이해관계뿐 아니라 국민경제에도 막대한 손실을 가져왔으며, 중요한 사회불안의 요인으로 등장하고 있습니다.

　이는 노동자의 정당한 주장을 일방적으로 억압해 온 과거의 잘못된 노동정책의 결과이며, 동시에 새로운 발전을 위한 과도기적 진통이라고 생각합니다.

　정부는 노사문제를 치안 유지적 차원에서 공권력을 투입하는 등 물리적 수단을 동원하여 해결하고자 하는 권위주의적인 접근방법을 시급히 버리고, 노사간의 합의를 바탕으로 해결을 유도해 나갈 것을 강력히 요구합니다.

　기업가들은 노동자들을 대등한 상대자로 인정하고 대화와 타협을 통해 노사분규를 해결해야 하며, 노동자들도 어디까지나 평화적 방법으로 자신들의 요구를 주장해야 할 것입니다.

　바로 이러할 때 산업평화가 이룩되어 노동자는 권익을 보장받을 수 있을 것이며, 기업가는 투자의욕을 갖고 기업을 성장시킬 수 있을 것입니다.

　우리 당은 노동관계법을 민주적으로 개정함으로써 이러한 산업평화를 앞당기는 데 노력할 것입니다.

　이번에 정부가 제출한 내년도 예산안을 보면, 올해보다 무려 19.7%나 증가한 팽창예산으로 물가상승을 부채질하고, 국민의 조세부담을 가중시킬 가능성이 많다는 점을 지적하지 않을 수 없습니다.

　우리 당은 환심을 사기 위한 공약사업비는 불요불급한 경비를 대폭 삭감하고, 제가 지금까지 언급한 문제들에 역점이 두어질 수 있는 예산이 편성될 수 있도록 최선의 노력을 다할 것입니다.

국민 여러분, 그리고 국회의원 동지 여러분!

지금 우리 사회는 모든 부문에 있어 고통과 병폐를 안고 있어 전반적인 사회개혁이 필요합니다.

지금 온 국민은 조직폭력, 부녀자 납치, 인신매매, 떼강도, 마약사범의 만연 등으로 극도의 불안 속에서 생활하고 있으며, 이러한 범죄들이 줄어들기는커녕 더욱 기승을 부리고 있습니다.

이러한 민생치안 부재의 근본 원인은 경찰이 정권유지를 위한 도구로 전락됨으로써 시국 치안에만 치중하게 된 때문이라고 저는 믿습니다.

따라서 경찰이 국민의 생명과 재산을 지키는 본연의 임무에 충실할 수 있도록 경찰 중립화를 하루속히 실현하여, 민생치안에 만전을 기해야 할 것입니다.

교육 · 여성 · 환경문제

우리의 교육은 나라를 짊어질 내일의 인재들을 훌륭하게 키워내기보다는, 입시위주의 교육풍토와 교육현장의 비민주성 등으로 인해 올바른 인간교육을 실현하지 못하고 있습니다.

저는 기본적으로 교원노조는 우리 교육계의 구조적 문제들을 해결하고, 교사들이 교육주체의 일원으로서 그 사명을 다하고자 하는 개혁의지에서 비롯된 것이라 생각합니다. 그러나 그 추진과정에서 과연 국민적 지지를 받을 수 있게 행동했는지 돌이켜 볼 필요가 있다고 봅니다.

교원노조 사태가 악화된 데는 전교조(全教組)측이 필요한 입법이 마련되기도 전에 집단적 행동을 취한 데에도 문제가 있지만, 더 큰 책임은 대화와 타협보다는 물리적 저지와 강경 일변도로

어린이들과 함께.

대응하여 온 정부당국에 있다는 점도 아울러 지적하는 바입니다.

이 문제를 해결하기 위해서는 우리 당이 주장해 온 바와 같이 교원들의 단결권과 단체교섭권을 보장하는 교육 관계법을 조속히 통과시키고, 교직을 박탈당한 교사들을 복직시키는 데 노력을 기울여야 할 것이라고 생각합니다.

전반적인 사회개혁과 더불어 여성에게도 사회활동의 영역이 넓혀져야 합니다.

지금까지 여성은 사회적 차별을 받아 왔으며, 이를 시정하는 법률개정 작업이 이루어져야 합니다. 그리고 여성들도 자신의 의지에 따라 사회에 참여할 수 있는 기회가 보장되어야 할 것입니다.

이러한 개혁조치와 아울러 우리 국민 모두의 삶의 질을 높이고, 인간 존엄의 가치를 실현하기 위한 대책들이 마련되어야 할 것입니다.

무엇보다도 쾌적하게 생활해 나갈 수 있는 환경을 조성해 나가는 노력도 꾸준히 기울여야 할 것입니다.

앞으로는 국민에게 깨끗한 물과 공기를 제공하는 국가가 선진국으로 평가받게 될 것입니다.

정부는 국민이 깨끗하고 편안하게 살 수 있는 환경을 보장하는 정책을 펼쳐야 할 것입니다.

이제 21세기는 환경정책이 민족의 생존뿐 아니라 인류의 생존에도 가장 중요한 몫을 담당하는 시대가 될 것입니다.

국민외교의 길 넓힐 터

이제 눈을 밖으로 돌려 남북관계의 현황과 우리 외교의 현주소를 살펴보고자 합니다.

저는 지난 봄 대표연설에서 북방외교를 위해 야당으로서 일역을 담당하겠다고 밝힌 바 있습니다.

그후 우리 당과 저는 나름대로 국민외교의 길을 개척하려고 노력해 온 결과, 금년 6월에는 소련을 방문하여 북방외교의 실질적인 성과를 거두고 돌아왔습니다.

저는 소련 방문 중에 공산당 중앙위원회와 소련 정부, 그리고 각계의 지도자들과 만나 한·소관계 개선 가능성을 깊이 있게 타진했으며, 그 결과 2차대전 후 44년 동안이나 발길이 끊겼던 사할린동포의 귀환과 모국 방문의 길을 열었습니다.

또 지난 2월 일본 사회당의 도이 위원장의 초청으로 일본을 방문하여 양당간의 교류에 합의하였습니다. 일본 사회당이 북한만을 인정하는 자세에서 탈피하여 현실적으로 한국의 존재를 인정하는 방향으로 가고 있고, 도이 위원장이 저의 초청을 받아들여 한국을 방문하기로 한 것은 한반도의 평화정착을 위해 대단히 큰 의미가 있다고 생각합니다.

또한 폴란드의 자유노조 지도자이며 노벨평화상 수상자인 바웬사도 저의 초청을 받아들여, 가까운 장래에 우리나라를 방문하기로 되어 있습니다.

이같은 외교적 성과는 우리 국력이 커졌기 때문이며, 그 공을 전적으로 국민 여러분께 돌리고자 합니다.

저는 북방외교란 결국 사회주의국가와의 평화를 도모하고, 통일에 유리한 국제환경을 조성하면서, 민족자존의 뜻을 세우는 데 궁극적인 목적이 있다고 봅니다.

이를 위해서 저는 세계 어디라도 갈 것이며, 누구와도 만나 한반도의 평화와 통일문제를 허심탄회하게 논의할 용의가 있다는 것을 말씀드립니다.

북방외교 이상으로 중요한 것이 미국, 일본, 서유럽 등 전통적인 우방과의 선린우호 관계를 다지는 일이라고 생각합니다.

제가 소련 방문 직후에 미국을 방문하여, 한·미 두 나라가 대등한 동반자적 관계로 새롭게 발전해야 한다고 강조한 것도 바로 그 때문이었습니다.

저는 미국 방문 중에 주한미군 문제와 관련하여, 한반도에 전쟁 재발의 위험이 제거되고 평화구조가 정착될 때까지는 미군 주둔이 필요하다는 입장을 분명히 했던 것입니다.

외국 군대가 자국 땅에 무한정 주둔하기를 바라는 국민이 세계 어디에 있겠습니까?

저 역시 미군이 언젠가는 이 땅을 떠나야 한다고 믿고 있는 사람이지만, 그들이 떠나도 좋은 조건과 제도적 장치를 먼저 마련하는 일이 시급하다고 봅니다.

남북대화 확대해 나가야

지금까지 저는 국내정치의 민주화와 외교의 자주화에 관해 말씀드렸습니다. 그러나 이같은 과제들은 결국 우리 민족의 염원인

민족통일로 가기 위한 과정인 것입니다.

　지난번 정부가 발표한 새 통일방안은 북한을 민족공동체의 성원으로 인정한 것으로, 진일보한 것으로 평가합니다.

　지금까지 부분적이고 단속적으로 이루어지고 있는 남북대화를 정치, 군사, 경제, 문화, 인도주의 문제 등 전면적인 분야로 지속적으로 확대시켜야 할 것입니다.

　이러한 관점에서 남북한간의 다양한 교류와 함께 민족 동질성의 회복을 위한 실질적인 조치가 강구되어야 할 것입니다.

　저는 지난 6월 모스크바에서 만난 북한 조국평화통일위원회 허담 위원장과의 회담에서, 한국에서 일고 있는 다양한 통일논의를 혼란으로 착각하여 우리 내부를 교란시키려 해서는 안 된다는 점을 분명히 했습니다.

　또한 그 자리에서 저는 한반도의 평화와 통일을 위해 이 시점에서 가장 중요한 것은 남북한간의 신뢰 회복을 바탕으로 한 대화라는 점을 강조하였으며, 남북대화의 진전을 위해 북한측도 보다 진지하고 개방적인 자세를 보여 줄 것을 촉구하였습니다.

　그런 점에서 두 사람의 회담은 대단히 유익하고 의미 있는 회담이었다고 생각합니다.

　저는 최근 소련·중국·폴란드·헝가리 등 사회주의국가에서 일어나고 있는 변화를 주의 깊게 지켜보면서, 북한도 언젠가는 이러한 변화를 수용하지 않을 수 없으리라고 믿고 있습니다.

　특히 헝가리 공산당이 스스로 종말을 선언하고 새로운 민주사회주의 정당으로 변모한 것은, 이제 더 이상 공산주의체제로는 발전과 번영을 기할 수 없다는 사실을 단적으로 입증해 주는 역사적 의미를 갖는 혁명적 사실이라고 생각합니다.

　우리는 과감한 민주개혁을 통해 우리의 자유민주주의 체제를 더욱 강화시켜 나가면서, 북한에 대해 꾸준한 개방과 교류를 촉구해 나가야 할 것입니다.

청산과 개혁이냐, 대립과 갈등이냐

국민 여러분, 그리고 의원동지 여러분! 우리와 자리를 함께 하고 계신 국무총리 및 국무위원 여러분!

우리가 지난날에 겪었던 시련과 실패를 되풀이하지 않고 민족정기를 바로 세우기 위해서는 오늘 이 시점에서 무엇을 해야 할 것인가를 다시 한번 깊이 생각해 봅시다.

지금 우리는 청산과 개혁을 통한 전진을 이룰 것인가, 아니면 대립과 갈등으로 인한 후퇴를 할 것인가를 판가름하는 기로에 서 있다고 생각합니다.

우리는 지금부터라도 심기일전의 자세로 힘차게 다시 일어나, 자유민주주의에 대한 확고한 신념을 갖는 건강한 민주시민 계층을 양성하여, 90년대의 새 민주정치 시대를 열어 나가야 합니다.

그러기 위해서 이 시점에서 무엇보다도 중요한 것이 5공청산과 광주문제의 해결이라는 점을 다시 한번 강조하는 바입니다.

이러한 바탕 위에서 정치 · 경제 · 사회의 민주개혁을 통해 90년대는 안정과 평화, 그리고 번영을 이룩하는 희망찬 시대가 되도록 해야 할 것입니다.

우리 정치인 모두는 사리사욕과 당리당략을 버리고 국민에게 꿈과 희망을 심어 주기 위해 헌신 · 봉사해야 한다고 생각합니다.

저는 지금부터 모든 일을 새롭게 시작해도 늦지 않았다고 믿습니다.

마지막으로 국민 여러분의 동참과 성원을 호소해 마지않습니다.

브란트, '한국이 먼저 통일될 것'

10월 19일, 내가 제안했던 야3당 총재회담이 열렸다. 회담에서는 연내에 전두환·최규하의 증언과 핵심인사의 처리, 5공청산과 예산심의 연계, 5공청산이 되지 않을 경우 노(盧)정권 퇴진투쟁의 전개에 합의했다. 5공청산과 예산안의 연계는 나의 제안이었다. "국민 여망을 저버리는 정권이 국민의 혈세(血稅)인 예산을 집행할 수 없다"는 논리였다. 이것은 당시 국회 내에서 노태우에게 가할 수 있는 최대의 압력수단이었다.

이 날의 3당 총재회담 개최는 8월 말 이후 기울인 나의 '정치 복원' 노력이 결실을 거둔 것이었으며, 노태우를 '공안정국'에서 다시 '5공청산'으로 끌어 오기 위해 불가결한 수순이었다.

10월 31일, 나는 관악컨트리클럽으로 김종필을 초청해 10월 2일의 초청에 답례했다.

1989년의 세계는 변화와 개혁·개방의 물결이 격랑(激浪)을 일으켰다. 비록 중국(中國)에서는 6월 4일 발생한 천안문(天安門)사건으로 국제사회의 변화에 일단 문을 닫아걸었지만, 변화의 물결은 세계를 휩쓸었다. 고르바초프는 분주하게 세계를 순방했다. 고르바초프는 12월 1일 로마교황 요한 바오로 2세와 회담, 공산주의 종주국과 가톨릭교회의 역사적인 화해를 이끌어 낸 뒤, 다음날에는 지중해의 작은 섬 몰타로 날아가 조지 부시 미국 대통령과 만났다. 역사적인 몰타회담이었다. 이 회담에서 미·소 정상은 2차대전 후 세계를 양대 진영으로 갈라 왔던 냉전의 종식을 선언했다.

민주화의 대변혁은 차례로 동유럽 국가들에 불어닥쳤다. 헝가

1989년 10월, 소련 이메모(IMEMO) 대표단이 방한하였다. 사진은 IMEMO 대표단으로부터 선물받은 민속의상을 입고 활짝 웃는 모습.

리·폴란드를 시작으로 이른바 '인간의 얼굴을 한 사회주의'의 물결이 동독·체코·불가리아·루마니아까지 번져 나갔다. 1989년은 분명 20세기의 세계사를 진동시킨 일대 전환점이었다.

그러던 차에 10월 23일 IMEMO의 마르티노프 신임 소장이 소련 IMEMO 대표단을 이끌고 방한(訪韓)했다. 나의 소련 방문에 대한 답방(答訪)이었다. 한·소(韓蘇)관계는 이제 획기적인 발전의 길로 접어들게 되었다. 나는 1990년 새해에 두 번째 소련 방문초청을 받았다.

10월 말에는 빌리 브란트 전(前) 서독 총리가 방한(訪韓)했다. 전두환정권 시절인 1986년 나는 브란트 총리와 만난 인연이 있었다. 나는 10월 27일 신라호텔에서 그와의 조찬 자리를 마련했다. 이 자리에서 나는 브란트 전총리의 동방정책이 동·서간 긴장완화와 동구권의 엄청난 변화를 가져온 요인의 하나인 점을 들면서, 그의 업적을 높이 평가했다.

브란트 전총리는 자신이 1960년대 말 야당의 당수로서 IMEMO 초청으로 소련을 방문함으로써 양국관계 정상화의 계기가 되었던 점을 상기하면서, 나의 6월 소련 방문을 높이 평가했다. 브란트의 방한 기간 중 나는 그를 두 번 만나 아침과 저녁을 함께 했다. 우리는 많은 대화를 나누었다. 특히 같은 분단국가인 한국과 독일의 처지를 비교하면서 한반도 통일에 대한 전망을 했다. 당시 그는 나에게 매우 인상적인 말을 남겼다.

"꿈속에서도 통일이 되기를 바라고 또 노력하고 있지만, 독일 보다도 한국이 먼저 통일될 것 같습니다."

브란트는 독일의 통일에 대해서는 미국과 소련·영국·프랑스·이탈리아 등 주변국이 전부 반대하기 때문에, 어려운 점이 많고 시간도 많이 걸릴 것이라고 했다. 그는 독일에 비해 한국이 아무래도 먼저 통일될 것 같다고 전망했다.

베를린장벽 붕괴

그런데 놀랍게도 브란트 전총리가 돌아간 지 열흘도 못 되어 독일 분단의 상징이던 베를린장벽이 무너졌다. 11월 9일 밤, 동독 당국은 베를린장벽을 포함한 동·서독 국경 개방조치를 발표했던 것이다. 나중에 TV를 통해 브란트 전총리가 동독지역에서 대중연설을 하고 있는 모습을 나는 볼 수 있었다. 적대와 대립만이 횡행하던 냉전시대에 동방정책을 통해 동서 해빙(解氷)의 물꼬를 텄던 브란트였다. 그의 혜안(慧眼)과 통찰력으로도 1989년의 격변하는 시대 조류를 예측하지는 못했던 것 같다.

지도자는 미래를 내다볼 수 있어야 하며, 국민에게 꿈과 희망을 선사해야 한다. 미래를 읽는다는 것은 단순히 점술가적 예측이 아니며, 새로운 시대의 징표를 예감하고 국민에게 나아갈 방향을 제시하는 용기와 결단에 달려 있는 것이다. 비록 독일 통일의 그 날을 짚지는 못했지만, 브란트는 역사를 바꾼 위대한 지도자임에 틀림없다. 1990년 10월 3일 독일은 공식적으로 통일을 선포하였다.

베를린장벽의 붕괴는 소련 방문에 이어 나에게 또 하나의 충격으로 다가왔다. 우리에게도 통일의 날이 성큼 닥쳐온다면, 우리는 과연 지금의 상태로 통일을 맞이할 수 있을 것인가.

그러나 노태우는 여전히 5공청산이란 쳇바퀴 속에서 머뭇거리고 있었다. 나는 11월 중순 충청·호남지역을 순회하면서 노태우의 결단을 거듭 촉구했다. 야3당 합의는 물러설 수 없는 요구였다. 5공청산 문제는 이제 전두환·최규하의 공개증언과 5공 핵심인사의 공직사퇴로 좁혀졌고, 청산이 이루어지지 않는다면 노태우정부는 거센 국민적 저항을 받게 될 것이었다.

나는 노태우가 5공청산을 수용한다면 더 이상의 새로운 요구는 하지 않을 것이라고 여유를 주었다. 김대중이 "전두환(全斗煥)의 증언은 녹화로 해도 좋다"는 등 야3당 합의에서 일탈하는 듯한 움직임도 있었지만, 나는 계속 밀고 나갔다.

여·야는 중진회담을 통해 절충을 시도했지만 가닥을 잡지 못했다. 결국 영수회담에서 최종 결단을 내려야 했다. 나는 12월 13일 야3당 총재회담을 통해 야3당의 합의를 다시 한번 확인함으로써 12

월 15일의 여야 영수회담에 대비했다.

7시간의 마라톤회담

1989년이 2주일밖에 남지 않은 12월 15일 저녁, 나는 청와대에서 노태우와 김대중·김종필과 함께 여야 영수회담을 가졌다. 새벽 2시 무렵까지 장장 7시간 동안이나 계속된 이 날의 마라톤회담에서 여·야 총재들은 진통 끝에 연내 5공청산을 위한 11개항에 합의했다. 12·15합의에 따라 광주문제 해결의 걸림돌이던 정호용이 의원직을 사퇴했으며, 12월 31일에는 백담사에 가 있던 전두환을 국회로 불러 청문회에서 증언을 듣기로 했다. 노태우정권이 출범한 이래 계속 정국의 불씨가 되어 왔던 5공청산 문제가 최종 합의된 것이었다. 보다 철저한 청산을 바라는 국민의 요구도 많았으나, 더 이상 과거에 매달려 있기에는 우리의 갈 길이 너무 바빴다.

5공청산 합의까지의 시간은 정말 힘겨운 세월이었다. 1987년 대선(大選)에서 문민정부가 들어섰다면 보다 빨리, 보다 철저히 해결되었을 문제들을, 2년 가까운 세월을 멀리 돌아 겨우 해결의 길을 찾은 것이다. 국민들은 야당의 분열에 대한 실망과 기본적으로 군사정권이 연장되었다는 불만을 떨쳐 버리지 못했고, 여기에 더해 노태우정부의 역사의식 부재와 정치력 빈곤으로 인해 사회는 계층 갈등과 혼란의 무질서 속으로 빠져 들고 있었다. 불필요한 고통이 국민들에게 전가되었다.

4당체제는 이른바 '여소야대'라는 이름으로 불리었으나, 소수정권인 노태우가 야권분열을 부추겨 민주화 요구를 피해 가려는 정략을 선택케 하는 토양이 되었다. 나는 4당체제에 안주하려는 다른 야당들을 '야당공조'의 틀 속에 끌어들이기 위해 노심초사했고, 1989년 12월에야 5공청산의 한 매듭을 지었다. 5공청산은 나와 야당, 국민이 이루어 낸 미흡한 성과였지만, 너무나 많은 힘을 소모한 뒤 얻은 결실이기도 했다.

청와대 영수회담 직후 언론들은 5공청산과 관련, 나의 소감과 향후의 정국구상에 관심을 기울였다. 다음은 12월 17일자 인터뷰를 재구성한 것이다.

- 회담 소감은?

"나의 오랜 정치생활 동안 이번처럼 많은 고뇌와 번민을 해 본 일이 없다. 모든 것이 만족스럽지는 않지만, 이 시점에서 합의청산이 되지 않았을 경우의 파국을 생각했다. 여러 가지로 마음이 무거웠지만 합의를 할 수밖에 없었다. 큰 차원에서 국민을 위해, 국가를 위해 옳았다고 본다."

- 민주당이 주장해 온 전두환 증언의 생중계는 수용되지 않았는데, 전씨가 증언하면 내용을 문제 삼지 않겠는지요?

"증언이 진실을 얘기하는 선(線)에서 이뤄져야 한다는 차원에서 합의를 해준 것이다. 여·야가 80년대를 마무리짓겠다고 합의한 만큼 전두환도 진심으로 국민에게 사과하고 모든 것을 솔직하게 증언해야 한다. 전두환의 증언은 정치보복 차원에서 이루어지는 것이 아니다. 다시는 인권이 탄압되고 언론자유가 말살되고 수많은 사람들이 살해와 행방불명, 그리고 고문·도청 등으로 박해받던 5공시절로 돌아가서는 안 된다는 국민 화합적 차원에서 제기된 것이다."

- 전씨가 증언 후 연희동에 돌아와 산다면?

"연희동 집은 국가에 내놓겠다고 약속하지 않았나. 그 말을 취소하고 돌아와 산다면 설득력이 있겠는가. 서울의 다른 데서 사는 것은 문제가 안 된다."

- 재야에서는 5공청산이 미흡하다고 비난했는데.

"나도 전두환에게 엄청난 박해를 받은 사람이다. 그러나 이젠 청산하고 넘어가야 한다. 국민 대다수의 의견도, 시대의 흐름도 연내에 청산되어야 한다는 것이었다. 1990년부터는 비민주적 제도와 법률을 개선하는 등 민주화를 정착시키도록 최선을 다하겠다."

- 향후 정국 구상은?

"일단 노태우의 합의이행 여부를 주시하겠다. 90년대는 화합과 공존의 방향으로 나아가야 한다. 현재의 4당체제가 90년대의 급속한 변화를 수용할 수 있는 체제인가에 대해선 회의적이다. 이번 청와대회담에서 그 한계를 절감했다. 이대로는 안 된다."

4당체제 한계 절감

1989년 12월 23일 마포 신민당사 총재실에서 나는 송년 인터뷰를 가졌다. 이 날 나는 1980년대를 되돌아보면서, 우리 모두가 참으로 많은 수난을 겪었던 전두환의 쿠데타 이후 고통의 9년을 회고했다. 특히 1987년 말 대통령선거를 앞두고 야당후보 단일화에 실패한 사실은 개인적으로도 괴로웠던 일이지만, '국민의 한(恨), 역사의 한(恨)'이라고 되뇌었다.

- 청와대 총재회담이 끝난 직후 "괴롭다"고 말했는데.

"정치에서 중요한 것은 큰 매듭을 짓는 일입니다. 100% 만족을 줄 수는 없지요. 내가 합의해 주지 않았을 경우 사회불안, 경제난국이 가중돼 결국 파국이 옵니다. 국민 다수의 이익을 생각해서 결정했어요. 대국적인 견지에서 합의를 한 것이 옳은 판단이었다고 생각합니다. 이틀 전 3김 총재회담에서 합의 본 사항을 청와대회담에서 내가 주장했을 때 어떤 사람은 일곱 시간 동안 단 한마디도 얘기를 안 해요, 누구라고 얘기는 안 하겠지만. 이것이 괴로운 문제이고 고통스럽다는 말입니다."

— 청와대회담에서 '대타협'은 이루어졌지만 전두환씨 증언, 정호용씨 문제가 엉켜 후속조치가 진통을 겪고 있습니다만······.

"노대통령은 영수회담 합의사항을 빨리 실행에 옮겨야 합니다. 야당총재하고 합의하고 국민들에게 약속했으면 지켜야지요. 반드시 5공청산은 연내에 매듭지어야 합니다."

— 국회 증언을 완강히 거부하고 있는 최규하씨에 대해서도, 여권은 야당이 합의해 준다면 서면증언을 추진해 보겠다는 의사를 가지고 있던데요.

"최규하씨 자신도 반드시 국회에 나와 증언을 해야 할 사람입니다. 자기가 한 일, 어떻게 했는가를 생각해 봐야 합니다. 잡아올 수도 없으니 끝내 안 나오면 고발하는 수밖에 없어요. 서면증언은 안 돼요."

— 4당구조가 형성된 지 1년 반이 흘렀습니다. 김대중 평민당 총재는 4당체제를 긍정적으로 평가하고 있는데······.

"4당체제가 생긴 것부터가 잘못된 것입니다. 출발 자체가 잘못됐어요. 전에도 4당체제로는 안 되겠다고 얘기했지만, 이번에 영수회담을 해 보고 난 뒤 도저히 안 되겠다고 판단했습니다. 이 구조는 정국을 안정되게 끌고 갈 수 있는 구조가 아닙니다. 국민을 안심시키는 것이 아니라 불확실한 상황으로 끌고 가고 있어요."

— 12·15청와대회담 이후 내년에는 정계개편에 대한 결단을 내

1989년 12월, 송년회에서 노래를 열창하는 모습.

리겠다고 했는데, '복안'은?

"현재 신중히 검토하고 있어요. 그러나 당장 말할 수는 없습니다. 하여튼 금년 말까지 5공청산을 끝내고, 나도 생각하는 것이 있어요."

- 김종필 공화당 총재와의 '우정과 소신'은 내년에도 계속되는 겁니까?

"물론 유지해 나갈 겁니다."

- 5공청산이 종결된 이후에도 야3당 공조체제를 유지할 생각인지요?

"청와대회담 이틀 전 야3당 총재회담에서 합의 본 것도 안 지킨 사람이 있는데 무슨 3야(野) 공조예요……. 다만 무슨 일이든 국민에게 보탬이 되는 차원에서 판단하겠습니다."

신사고

- 내년에는 기존 정당, 특히 야당에 어떤 변화가 있을까요?

"90년대에는 새 출발 해야 합니다. '민주 대(對) 반민주'로만 보는 것은 옳지 않습니다. 민주화로 가고 있는 만큼 그런 사고에서 벗어나야 합니다."

- 최근 정치 지도자들의 내각제와 대통령중심제에 대한 입장 표명이 잇달아 나오고 있습니다만…….

"두 가지 제도가 나름대로 장·단점을 가지고 있다고 생각합니다. 그러나 대통령직선제가 부활된 지 불과 2년밖에 안 됐어요. 우리 국민의 90% 정도가 대통령중심제를 지지하고 있다고 봐요. '노정권은 힘이 없다'고 얘기하고 있지만, 내각책임제도 우리 현실로 봐 무력한 정부가 될 우려가 있어요. 국민들에게 익숙하지도 않고……. 남북관계, 국정운영의 효율성 등을 감안할 때 책임지고 나라를 끌고 갈 수 있는 대통령중심제가 바람직하다고 생각합니다. 지금 내각제니 어쩌니 해서 시선을 딴 데로 돌리는 것은 옳지 않습니다."

- 다음 대권경쟁에도 나서게 되는 겁니까?

"그런 생각은 하고 있지 않아요. 그것을 위해 내가 하고 있는 일도 없구요. 민주주의를 위한 최선의 방안이 무엇인가를 찾아 적극적으로 노력할 뿐입니다."

- 지난 1987년의 대선과 13대총선 등 양대 선거로 지역감정의 골이 더 넓고 깊게 패였다는 우려의 소리가 높고, 또 정치 지도자에 대한 비난도…….

"참으로 어렵고도 중요한 문제입니다. 금방 해소되는 것도 아니고, 말만 가지고 되는 문제도 아니어서 걱정하고 있습니다. 시간을 가지고 꾸준히 노력해 나가야……."

- 최근 야권을 통합하자는 소리가 많은데요.

"금년 말까지는 5공청산에 총력을 다하고, 정계재편이나 야권 통합 얘기는 하지 말자는 것이 묵시적인 우리 당의 당론입니다. 내년에 가서 얘기합시다."

- 북방외교는 계속 추진해 나갈 생각인지요?

"어제 일본 사회당이 우리 당과 합동회의를 했습니다만, 지난 6월 나의 방소와 소련과학아카데미 대표단의 방한 등 우리 당의 북방외교가 극동지역의 평화정착에 크게 기여했다고 자부합니다. 내년 3월 중순 내가 다시 소련을 방문하는 등 더욱 적극적으로 야당외교를 강화해 나갈 생각입니다."

- 새해 정국 전망은……?

"국민에게 희망을 주는 정치, 안정과 꿈을 주는 정치, '새 민주정치 시대'를 열어야 하겠습니다."

4. 구국의 결단, 3당통합

'큰 정치' 해야 할 때

1989년 12월 31일 전두환의 국회 증언이 이루어졌다. 5공청산의 최대 걸림돌이 제거된 셈이었다. 전두환의 증언은 미흡하고 불성실해 국민의 분노를 샀으나, 과거의 문제에 언제까지고 계속 발목 잡혀 있을 수는 없는 일이었다.

소련 방문 후, 나는 노태우와의 회동에서 정국안정을 위해서는 "정책연합이 아니라 합당을 해야 한다"고 말해 준 적이 있다. 그러나 5공청산이 이루어지기 전까지는 정계개편을 생각할 수 없었다. 내각제론이나 각종 정계개편설은 노태우가 민주화를 피해 가기 위한 수단으로 악용될 뿐이었다. 노태우는 그 뒤 내게 몇 차례 연정(聯政) 논의를 제안해 왔지만, 나는 "두고 보자"며 답변을 미루어 왔다.

여야 합의에 의해 5공청산이 일단락된 시점에서 나는 모든 것을 원점에서 다시 생각하기 시작했다. 40년 가까운 나의 정치인생에서 가장 고통스러웠던 결단의 시간이 내 앞에 다가왔다. 나는 미래를 내다보는 대(大)정계개편을 구상했다. 물론 정계개편을 하자면 현실적인 상대는 민정당이었다. 민주당과 민정당이 합쳐야 원내 과반수 의석이 되므로 정국안정을 실질적으로 이룰 수 있었다. 1987년도의 야당분열로 인한 군정연장을 다시는 되풀이하지 않기 위해서도 뭔가 비상한 정치적 결단이 필요했다. 나는 노태우와 만나 허심탄회하게 내 입장을 밝힐 생각이었다.

해가 바뀌어 1990년이 시작되었다. 1월 1일 단배식을 마치고 거제도의 어머니 산소를 다녀온 나는 5일 시무식 인사말에서 4당체제의 문제점에 관해 언급했다.

> 현재의 4당체제는 국민에게 불안만 가중시키고 나라의 장래를 불확실하게 하고 있다. 국가와 민족을 위해 반드시 현체제를 고쳐야 한다.…… 지자제 선거 이전에 현재의 4당구조를 바꾸는 것이 시급한 과제이다.

아울러 나는 야권통합 차원이 아니라 보다 폭넓은 통합작업을 추진할 것임을 밝혔다.

> 당을 깨고 나간 사람들과의 이합집산이어서는 안 된다. 잔꾀가 아니라 큰 정치를 해야 한다. 작은 바둑이 아니라 큰 바둑을 두는 정치를 해야 한다.

민정당 간판 내려야 한다

시무식 다음날인 1월 6일, 나는 김종필과 뉴코리아 컨트리클럽에서 3시간 40여분 동안 골프회동을 가진 후 1시간여 동안 회담, 7개항으로 된 합의문을 발표했다. 세간에서는 공화당과의 통합을 추진하고 있을 것이라는 관측들이 구구했다. 그러나 김종필과는 전두환의 국회 증언에 대한 유감 표명과 함께, 1990년의 시국 전반에 대한 간단한 의견교환이 있었을 뿐이었다.

1월 9일 하오 서울 수유리 아카데미하우스에서 열린 해외동포 초청 세미나 종료식에서, 나는 "민주당은 앞으로 양심적인 보수세력 및 합리적 진보세력, 즉 극좌와 극우를 배제한 온건 중도세력을 망라해 3년 뒤 문민정치를 확립하는 계기로 삼겠다"고 밝혔다.

1월 12일, 나는 노태우와 만났다. 이 날 회담에서는 남북문제와 북방외교에 대한 초당적 대처, 5공청산 및 광주문제에 대한 후속조치 등이 논의되었다. 가장 중요했던 논의는 역시 정계개편 문제였다. 노태우는 이 날 나에게 원만한 정국운영에 협조해 줄 것을 부탁하면서 예의 정책연합을 다시 제의해 왔다. 나는 그 동안 심사숙고해 온 결정을 솔직하게 이야기해 주었다.

"내가 전에도 말한 바 있지만 민주당정권 시절 신·구파의 연정(聯政)이 실패로 돌아간 것은, 그것이 우리 풍토에 맞지 않는 편법이고 임시 봉합책이었기 때문이다. 5공청산이 종결된 지금 국민의 불안을 없애려면 민정당의 간판을 내리고 전혀 새로운 신당(新黨)으로 합당을 하는 방법뿐이다.

지난 2년간의 4당체제는 철저히 지역성에 기초한 구조이기 때문에, 국민에게 정치불안과 불확실성을 안겨 주고 있다. 소련과 동구권 등 세계의 대변화 추세는 북한에도 큰 영향을 줄 것이 분명하다. 그러므로 구국적 차원에서 정계개편을 생각해야 할 때라고 확신한다. 이는 단순히 던진 말이 아니라 몇 달을 두고 생각해

온 얘기이다. 다시 강조하지만 구국적 차원에서 심사숙고한 구상
이며, 이러한 구상이 역사의 큰 흐름에 부응하는 것으로 생각한다."

그러고 난 뒤, 나는 노태우에게 최종 결심이 서면 연락해 달라고
말하고 청와대를 나왔다.

오랜 번민 끝 '구국의 결단'

4당체제의 틀을 깨는 정계개편을 구상하기까지 나는 오랫동안
생각에 생각을 거듭해 왔다. 정계개편의 단초(端初)는 1988년 말 야
당인 민주당사가 노동자들에게 점거되는 미증유의 사태를 맞으면
서 시작되었다. 사회 전반의 무정부적 상태가 지속되는 것을 지켜
보면서 나는 쿠데타의 재발을 심각하게 우려하게 되었다. 나는
1989년 소련 방문과 베를린장벽의 붕괴를 통해 전세계가 대격변의
시대를 맞고 있는 현장을 목도하면서, 이 시대의 정치 지도자로서
과거의 낡은 발상에서 벗어나야 한다는 인식의 전환을 했다.

국민들은 모두 민주화된 새로운 시대의 개막을 갈망하고 있었다.
그러나 여·야 모두 새로운 시대와 국민의 요구에 부응하지 못하고
있었다. 우리 사회는 여전히 불신과 소모, 혼란과 무질서에서 한 발
자국도 빠져 나오지 못하고 있었다. 쿠데타로 인한 헌정중단 사태
는 생각만 해도 끔찍한 일이었다. 내가 야당 지도자로 남는 것은 현
상에 안주하는 것이었다. 그것은 차라리 손쉬운 선택이었다. 그러
면 누가 국가적 위기를 극복할 수 있겠는가.

설령 쿠데타의 위험한 고비를 넘기고 1992년 예정대로 대통령선
거가 치러진다 하더라도, 야당은 또다시 분열될 것이 불을 보듯 분

나는 오랜 번민 끝에 3당통합이라는 구국의 결단을 내렸다.

명했고, 지역감정은 더욱 악화될 것이었다. 그렇게 되면 또다시 군부세력이 집권, 군정종식의 시대적 요청은 외면될 것이다. 세계는 냉전시대를 마감하고 있는데, 우리는 냉전시대의 청산은커녕 30여년 계속된 군부통치의 망령을 버리지 못한 채, 역사의 후퇴와 지체 속에 머물러 있어야 하는 것이다.

그러나 막상 민정당과의 통합을 결심하는 것은 너무나 어려운 일이었다. 1954년 20대의 초선 국회의원으로서 이승만박사의 3선개헌에 반대하여 야당의 길로 들어선 지 35년이 넘는 세월 동안, 나는 단 한 번도 쿠데타로 집권한 독재자들과 싸우는 현장에서 벗어나 본 일이 없었다. 나는 숱한 고난과 역경을 딛고 왔으며, 어떠한 협박과 회유 앞에서도 굴복한 일이 없었다. 나는 조국의 민주주의를 짓밟은 쿠데타를 혐오했고 독재자들을 증오했다. 일평생 결단의 나날을 살아온 나였지만 그때만큼 고통과 번민 속에 빠진 적은 없었다. 그 누구와도 상의할 수 없는 어려운 상황이었다. 몇 날 며칠을 고민한 끝에 민정당과 통합할 것을 결심했지만, 새벽에 눈을 뜨면 다시 마음이 바뀌기를 거듭했다.

'민주주의를 최고의 가치로 삼고 살아온 내가 어떻게 하루아침에 쿠데타를 한 세력과 손을 잡을 수 있을 것인가.'

평생을 통해 민주주의를 위해 싸워 온 나는, 쿠데타정권의 재등장을 막고 이 땅에 영원한 문민정부를 세우기 위해, 제3의 길을 찾아 나서기로 했다. 그것만이 우리 국민을 '현재와 미래의 민주주의'로 이끌어 줄 수 있는 유일한 길이라고 결론을 내렸다.

'비록 그 길이 험난한 가시밭길일지라도 나는 정의의 길을 갈 것이다.'

나는 결단했고 실행에 옮겼다. 며칠 후 노태우로부터 연락이 왔다. 만나자는 것이었다. 나는 노태우가 합당을 결심했다고 판단했다.

3당통합 선언

1990년 1월 22일, 그 날은 월요일이었다. 서울은 온 천지가 눈으로 뒤덮여 있었다. 눈 쌓인 거리를 헤치며 나는 청와대로 향했다. 아침 10시부터 나는 노태우·김종필과 함께 청와대에서 9시간에 걸친 마라톤 회담을 갖고 3당의 통합을 선언했다. 회담의 분위기는 좋았다. 세 사람은 이 날 「민족·민주세력의 통합을 통한 새 역사 창조」를 발표했다.

국민의 선택에 따라 출범한 이 공화국의 국정 책임을 지고 있는 민주정의당 총재 노태우와, 오랜 세월 이 땅의 민주주의를 위해 몸 바쳐 온 통일민주당의 김영삼 총재, 그리고 국태민안의 신념을 꿋꿋이 실천해 온 신민주공화당의 김종필 총재, 우리 세 사람은 민주·번영·통일을 이룰 새로운 역사의 장을 열기 위해 오늘 국민 여러분 앞에 섰습니다.

21세기를 눈앞에 두고 1990년을 맞는 우리는 나라의 장래를 결정할 중대한 기로(岐路)에 섰습니다. 오늘의 국가적 상황은 지난 40여년 헌정사의 파란을 넘어 연 민주주의와 지난 30년간 온 국민이 피땀 흘려 이룩한 우리 경제의 바탕 위에서 번영된 선진국가로 나아가느냐, 아니면 불안한 후퇴의 길로 떨어지느냐의 갈림길이라 하겠습니다.……

이제 우리는 당파적 이해로 분열·대결하는 정치에 종지부를 찍기로 했습니다. 지난날의 배타적 아집과 독선, 투쟁과 반목의 구시대 정치를 활활 타는 용광로 속에 불사르기로 했습니다.……

합의사항 5개항

다음은 이 날 발표된 합의사항 5개항이다.

1. 민정·민주·공화당은 민주발전과 국민 대화합, 민족통합이라는 시대적 과제 앞에 오로지 역사와 국민 앞에 봉사한다는 일념으로 아무 조건 없이 정당법 규정에 따라 새로운 정당으로 통합한다. 새 정당의 명칭은 가칭 민주자유당으로 한다. 전당대회시까지는 3당 총재가 공동대표가 된다.

2. 새 정당은 모든 온건·중도 민주세력이 다 같이 참여하는 국민정당으로서 자주·자존의 바탕 위에서 조국의 평화적 통일

을 주도하고, 자유민주주의와 자유시장경제의 이념을 기저(基底)로 하여 실질적인 복지와 정의를 실현하며, 민족문화를 창달하는 것을 기본정책으로 삼는다. 이와 함께 우리나라의 발전을 이룩하는 데 가장 적합한 정치체제와 정치문화를 창출한다.

3. 합당의 절차와 방법은 국민적 여망을 바탕으로 당원의 총의를 최대한 존중하여 추진한다. 합당등록 절차는 2월 말 이내에 완료하고, 새로운 정당의 전당대회는 금년 5월 말까지 개최하는 것으로 하되, 늦어도 정당법에 의해 합당 등록일로부터 6개월 이내에 개최한다.

4. 구체적인 합당절차와 이에 따른 제반 사항을 효율적으로 추진하기 위하여 3당 각 5인으로 통합추진위원회를 구성하고, 합당을 위한 모든 실무적인 사무를 담당한다.

5. 민족·민주역량의 총단합을 위하여 우리와 뜻을 같이하는 모든 정당과 단체, 개인에게 문호를 활짝 열고 동참을 호소한다. 그러나 새로운 정당에 참여하지 않는 어떠한 정당·정파나 단체와도 의회민주주의를 신봉하는 한, 대화와 타협으로 정치발전을 위해 긴밀히 협조한다.

3당합당 선언이 있자 당리당략만이 활개 치던 4당구조에 눈살을 찌푸렸던 국민들은 합당을 환영했다. 각종 여론조사에서도 3당합당에 찬성한다는 견해가 다수를 차지했다. 실제로 여·야가 3당합당을 쟁점으로 삼아 일전(一戰)을 벌였던 1991년 6월 20일의 지방의회 선거에서 내가 이끈 민자당(民自黨)이 압승을 거둠으로써, 3당합당을 바라보는 국민들의 시각이 어떤 것인가를 확인할 수 있었다.

1월 22일 오후 7시 30분쯤 당사에 돌아온 나는 기자들에게 회담 결과를 설명했다. 나는 먼저 "공동발표문은 세 사람이 준비해 간

것을 오랫동안 면밀히 검토, 지혜를 모아 최종 결정한 것"이라고 말하고 일문일답을 나눴다.

- 내각책임제에 합의했는지?

"얘기가 나왔으나 내가 앞으로 얼마든지 논의할 수 있으므로 깊이 얘기하지 말자고 해서 중요하게 논의되지는 않았다."

- 발표문에 나와 있지 않은 합의사항은?

"혁신정당의 출현을 돕기로 했다. 국가경영에 대해서는 앞으로 세 사람이 공동 책임지기로 했고, 20~30대 신진인사의 육성에 힘쓰기로 했다. 신당 명칭은 내가 제의한 것을 두 분이 검토·채택케 된 것이다."

- 신당(新黨)의 활동방향은?

"많은 부분에서 과거 여당과는 다른 많은 새로운 일을 하게 될 것이다. 특히 소외계층에 특별한 관심을 갖고 최대한 노력키로 했다. 짧은 시간에 모든 것을 다 말할 수는 없으나 앞으로 국민화합과 화해조치들을 강구해 나갈 것이다."

- 이 시간 이후 실질적인 집권여당이라고 불러도 되나?

"국가경영에 실질적으로 참여하는 것이다."

- 신당의 지도체제는?

"논의하지 않았다."

- 각 당 당원들의 진로는? 민주당 중 희생자는 없게 되나?

"민주당에 불이익이 되는 일은 없을 것이다. 한 당이 되는 것이니까, 모든 것을 초월해 국가이익이 어디에 있느냐 하는 차원에서 처리해 나갈 것이다."

대결의 시대 청산할 때

- 그 동안 정통야당의 적자(嫡子)임을 자임해 왔는데, 지금의 소감은?

"유신과 5공 치하에서 국민들이 많은 고난을 당했지만, 나도 엄청난 고통을 당했다. 그 동안 나는 반(反)독재투쟁으로 일관해 왔다. 그러나 이제 큰 의미에서 남북관계의 어려움, 4당체제에 따른 정치불신을 극복하고 국민에게 용기와 희망을 심어 주는 정치를 펼쳐야 한다고 생각했다. 정치인은 국가와 민족이 요구할 때는 중요한 결단을 해야 하는 것이다."

이 날 밤 내가 상도동에 돌아왔을 때도 기자들이 따라왔다.

- 언제부터 신당(新黨) 구상을 하게 됐나?

"지난해는 5공청산이 끝날 때까지 정계개편 문제를 자세히 얘기하지 말자고 했으나, 새해 들어 큰 변화가 생겨 구체화한 것이다. 그간 독재타도를 위해 싸워 왔으나, 80년대를 넘기고 90년대를 맞이하면서 여·야(與野)를 초월하여 혁명적 변화를 기할 수밖에 없게 됐다. 지금부터는 대결의 시대를 청산하고 민주화를 완결하는 시대로 가야 한다. 이제는 여당도 과거와는 완전히 달라져야 한다."

- 청와대회담이 성사된 경위는?

"지난번 회담 때 내 구상에 대해 결심이 서면 연락해 달라고 했다. 노대통령이 나름대로 결심이 섰기 때문에 나를 만나자고 한 것이다. 내가 신당을 구상한 것은 앞으로 북한의 변화와 남북교류, 통일에 대비하기 위해서다. 북한이 언젠가는 남북한 총선거를 하자고 들고 나올 수도 있지 않은가."
 - 앞으로의 전망은?
"노대통령이 일단 나의 구상을 받아들인 것으로 보나, 앞으로 신당의 모습이 구체화되기까지는 상당한 시간이 필요할 것으로 본다."

뼈를 깎는 아픔으로

나는 1월 31일 마포당사에서 민주당 해체 고별 기자회견을 갖고 3당통합의 배경을 다시 한번 밝혔다. 나는 "역경과 탄압 속에서 창당한 민주당을 해체하는 뼈를 깎는 아픔을 겪었다"고 피력했다.
회견 요지는 아래와 같다.

민주·민정·공화 3당의 합당선언은 종래의 통념과 일반적 상식을 뛰어넘는 놀라운 변혁이었기에, 국내외적으로 큰 충격을 주었던 게 사실이다. 더욱이 집권당이 스스로 간판을 내리고, 그 동안 반독재 민주화투쟁으로 일관해 온 민주당이 그 투쟁의 대상이었던 민정·공화 양당과 합당키로 했다는 데 놀라움이 컸으리라고 믿는다.
민주당과 내가 걸어온 험난한 정치역정은 군사통치의 종식과 문민정부의 수립을 통한 민주화의 완결에 그 궁극적인 목적이 있었던 것이다. 아직도 독재의 잔재가 남아 있는 상태에서 우리는 통합신당의 큰 용광로 안에서 그 찌꺼기를 활활 불태워 버릴 것이다.
나는 분명코 90년대에는 남북관계에 큰 변화가 오리라고 믿는다. 우리는 이 기간 동안에 동족상잔의 전쟁과 끝없는 대결과 중

1990년 1월 31일, 마포당사에서 기자회견을 갖는 모습.

오로 점철되어 온 오욕(汚辱)의 역사를 청산하고 민족의 화해와 통일을 추구하면서, 아시아·태평양시대의 주역이자 세계사의 진운에 웅비할 채비를 갖추어야 한다.

우리 정치도 이제는 국민의 정치의식 성숙과 경제규모의 팽창, 민주화와 산업사회의 고도화에 따른 다양한 이해관계를 효율적으로 대변할 수 있어야 하며, 급변하는 국제정세와 이에 따른 북한의 변화 등에 적극적·능동적으로 대처해 나갈 수 있어야 한다.

지금이야말로 우리 국민 모두, 그리고 정치인 모두가 역사와 국민 앞에 보다 정직하고 성실한 자세로 어떻게 하는 것이 진정으로 국가와 민족을 위하는 길인가를 고뇌하고, 모든 국민과 정치인들이 구태의연한 낡은 사고방식에서 벗어나 신사고(新思考)에 의한 새로운 정신혁명을 이루어 내야 한다.

민주자유당(民主自由黨)은 '새로운 민주복지사회 건설'을 목표로 민주화·개방화·국제화시대에 걸맞는 국민정당, 민족의 대동단결과 통일을 이끄는 통일정당을 지향하며, 지역주의를 타파하고 젊고 유능한 정치적 인재를 발굴·지원하여 정치적 세대교체의 기반을 조성하는 데 그 밑받침이 될 것이다.

민주자유당은 또한 더 이상 수용하기 어려운 낡은 냉전논리와 그 사고를 타파하는 데 앞장설 것이며, 과격한 민중혁명 논리에 내포되어 있는 위험요소를 극복하는 민주 중도통합 노선을 견지할 것이다.

나는 후일의 역사가 지금의 정계재편은 시의적절한 것이었으며 또한 역사발전에 커다란 기여를 했다는 평가를 내릴 것으로 확신하며, 또 그런 평가가 있게 하기 위하여 나의 모든 노력과 정성을 다 바칠 것이다.

정도로 밀고 나갔다

이어서 기자들과의 일문일답이 있었다.

- 민정·공화당과 합당을 결심하게 된 시점은 언제인가?
"김종필 총재와는 골프모임을 했지만, 정계개편을 논의한 적은 없다. 노대통령과는 이 문제에 대해 깊이 논의해 왔다. 합당의 전제조건으로 80년대 안에 5공청산을 끝낼 것과, 민정당이 완전히 간판을 내릴 것을 요구했다. 노대통령도 나의 요구를 놓고 고민이 있었을 것이다. 민주당과 민정당이 반드시 1 대 1로 통합해야 한다고 주장했다."

나는 공화당의 김종필과 합당을 논의한 적은 없었다. 노태우도 나에게 공화당의 참여를 이야기한 적은 없었다. 그런데 회담을 며칠 앞두고 노태우로부터 연락이 왔다. 김종필도 참여하면 어떻겠느냐는 것이었다. 나는 좋다고 답변했다. 어차피 민정당과 통합을 하는데, 공화당이 끼어 3당이 합당해도 무방하다는 생각이 들었다. 나중에 생각해 보니 노태우는 나와 합당논의를 하면서 김종필과도 별도로 논의를 한 것 같다. 그리고 난 뒤 나에게 양해를 구한 것이었다.

- 신당이 구상하고 있는 권력구조는?

"대통령직선제를 실시한 지 2년밖에 안 되는 시점에서 내각제나 대통령직선제를 거론하는 것은 바람직하지 않다. 그러나 통합된 뒤 이런 문제도 논의될 수 있을 것이다."

- 집권당과의 합당에 고민은 없었나?

"근 40년간 일관되게 야당을 해 왔다. 생명의 위협도 받았고 많은 고통을 당했다. 그러나 이제 시대는 엄청나게 바뀌었다. 민주 대 반민주 식의 이분법적 사고로는 세계사의 변화에 발을 맞출 수가 없다. 지구적 시대의 민주주의를 정립하기 위해서는 뼈를 깎는 아픔을 이겨 내야 한다고 생각했다.

나는 민주당의 동지들에게 "나라가 이 지경까지 됐는데, 야당으로서 그대로 보고만 있을 수 없다. 정치인은 책임을 져야 한다. 역사가 평가할 것이다"고 말했다. 나는 내 판단을 믿었기 때문에 정도(正道)로 밀고 나갔다.

브란트의 연정이 모델

3당통합에 대해서는 외신(外信)들도 상당한 관심을 가졌다. 나는 1월 31일 일본의 〈마이니치(每日)신문〉, 2월 6일 〈요미우리(讀賣)신문〉과 잇달아 회견을 가졌다.

〈요미우리〉와의 회견에서 나는 3당통합은 1955년 일본의 '보수대합동'에 의한 자민당(自民黨)을 모델로 삼은 것이 아니라, "1966년 빌리 브란트 당수 휘하의 서독의 사민당(社民黨)을 참고로 한 결단이었다"고 밝혔다. 빌리 브란트는 "당시 사민당 내의 반대를 무릅쓰고 집권당인 기독교민주당과 대연정(大聯政)을 구성, 정권에 참여한 후 1969년에는 자민당(自民黨)과의 연정으로 정권을 잡아 서독의 정치·경제발전에 기여했다"고 지적했다.

6일에는 기자들과 송별 오찬간담회를 갖고, 3당통합을 1966년 서독 사민당과 기민당의 대연정(大聯政)에 비유했다.

> 1966년 서독 사민당(社民黨)의 브란트 당수가 기민당(基民黨)과 대연정(大聯政)을 제의했을 때, 당내 반발이 심했고 여론도 복잡해져 주요 학생조직 등 5분의 1 이상의 세력이 떨어져 나갔다. 그러나 그는 야당도 국가경영을 알아야 한다며 이를 강행했다. 브란트씨는 당시 기민당 총재와는 나치시절에 정반대의 위치에 있었기 때문에 화해할 수 없는 상황이었지만, 연정(聯政)이 아니고는 나라를 구할 수 없었다고 판단, 결심을 했던 것이다. 그후 사민당이 책임을 지고 나라를 끌어 가게 돼 동방(東方)정책을 추진했고, 오늘날 동독(東獨)의 변화도 거기에서 시작됐다고 할 수

있다. 그러나 우리 정치는 2공화국 때 민주당 구파가 5부장관을 파견해 연정(聯政)을 시도한 적이 있으나, 결국 당리당략(黨利黨略)으로 철수해 내각이 붕괴됐었다. 우리 정치는 연정에 익숙하지 않기 때문에 통합을 하게 된 것이었다.

3당통합 후 첫 국회연설

2월 26일 개최된 임시국회에서 나는 민주자유당의 최고위원으로서 교섭단체 대표연설을 했다. 이 연설은 3당통합 후 첫 국회연설이었다. 나는 국민이 지켜 본 이 날의 연설을 통해 민주자유당 출범의 의미를 천명하고, 민주화를 완결시키기 위한 대장정(大長征)이 시작되었음을 강조했다.

다음은 이 날 연설의 앞부분이다.

…… 세계는 지금 엄청난 변화와 자기 개혁의 소용돌이 속에 놓여 있습니다. 그것은 소련과 동구권에서 보듯이 단순한 외형적 변화가 아니라, 민주와 자유를 향한 질적인 변화입니다.

이제 세계는 새로워지고 있습니다. 새로운 시대

1990년 2월 15일, 민주자유당 현판식 모습.

는 새로운 사고를 요구하고, 또 새로운 세계를 창조해 내고 있습니다. 새로운 세계의 물결은 개혁과 개방과 화해의 방향으로 나아가고 있으며, 그것은 한반도의 반쪽인 북한 사회에도 그 영향을 미칠 것입니다.

이러한 세계사의 조류는 우리로 하여금 달라질 것을 요구하고 있습니다. 이제까지의 낡은 정치적 발상과 그 틀로부터 벗어날 것을 요구하고 있는 것입니다.……

저는 나라의 현실이 여러 가지로 취약성을 드러내며 표류하고 있는 상황 속에서 기존 정당구조로는 도저히 당면한 문제를 풀어갈 수 없다는 우려를 금할 수 없었습니다.

그리고 우리에게 최우선적으로 요구되는 초미의 과제는 정국의 안정이라고 생각했습니다. 정치가 안정되어야 경제·사회가 제 자리를 찾을 수 있을 것이며, 개혁과 혁신도 가능한 것이라고 판단했습니다.

그러기 위해서는 무엇보다도 우리 사회의 다수를 이루면서도 제각기 흩어져 힘을 분산시키고 있는 온건·중도 민주세력의 대결집이 시급하다고 생각했습니다.

분열의 정치, 국민에게 희망을 주지 못하는 정치야말로 하루속히 벗어나야 할 정치행태요, 변화되어야 할 정치구조입니다. 지역분열에 따른 갈등, 민주와 반민주라는 도식에서 비롯되는 정치적 갈등을 과감히 바꾸지 않는다면 경제·사회적 불안은 더욱 가속화되어 불행한 사태가 야기될 것이라는 깊은 우려를 금치 못했습니다.

더 이상 늦기 전에 그러한 갈등과 대립의 악순환을 뛰어넘어 화해와 단합, 안정과 번영, 나아가 통일을 위한 역사발전의 계기를 마련해야 하며, 지금이야말로 바로 그러한 용단을 내려야 할 시기라고 판단했습니다.

장벽을 허물자

저는 이같은 상황에서 정쟁과 대결의 정치를 극복하고 대화의 정치, 동반의 정치를 위한 결단을 내리게 되었던 것입니다.

이것은 이제까지의 정치구도를 단순히 변화시키는 것이 아니라, 지난날의 어둡고 파행적이었던 정치질서를 발전적으로 극복하고 청산하는 역사적 과업인 것입니다.

이는 한국정치의 질적인 변화를 의미하는 일대 혁신인 것입니다. 또한 진정으로 거듭 태어나기 위해 겪어야 하는 껍질이 깨지는 아픔이었던 것입니다.

우리는 이렇게 변화하는 세계에 능동적으로 대응하고, 민주화의 완결과 국민화합, 그리고 민족통일을 추진할 수 있는 기틀을 마련해 냈습니다.

이번 민주자유당 창당에 대한 평가는, 가까이는 92년의 선거를 통해 나타날 것이요, 길게는 후일의 역사가 평가할 것입니다.

앞으로 저는 국민과 역사로부터 올바른 평가를 받기 위해 저의 모든 정성을 다 바쳐 노력할 것입니다.

저는 베를린장벽이 무너지던 날 밤잠을 설치며 우리나라의 장래를 깊이 생각했습니다. 우리는 왜 독일처럼 되지 못했는가, 우리를 가로막고 있는 장벽은 무엇인가를 생각했습니다.

저는 남·북한간에 가로놓인 장벽을 허물기에 앞서서 우리가 반드시 해야 할 일이 있다고 믿었습니다. 그것은 다름 아닌 우리가 삶을 누리고 있는 이 나라를 튼튼하고 건강한 민주국가로 만들어 내는 일입니다.

서독이 동독을 자신 있게 포용할 수 있는 힘이 어디서 나왔다고 봅니까? 그것은 서독이 누리는 자유와 민주주의와 경제의 힘이 동독의 그것보다 우월하다는 자신감에 바탕한 것이라고 나는 확실하게 믿습니다.
　우리가 민주화를 성취시켜 온 국민이 진정으로 지키고 가꾸고 싶은 나라를 만들어 놓을 때 통일의 길을 앞당길 수 있다고 저는 믿습니다.
　국민 개개인의 자유와 인권이 보장되고 모두가 목숨을 바쳐 이 나라를 수호하고자 하는 결의를 갖게 될 때, 통일을 향한 우리의 힘은 북(北)을 향해 넘쳐흐를 것입니다.……

5. 한·소수교의 신기원 열다

두번째 방소

3월 19일 나는 두번째 소련 방문을 위해 출국했다. 경유지인 일본에서 가이후(海部俊樹) 총리와 도이(土井多賀子) 사회당 위원장을 만난 뒤, 3월 20일부터 27일까지 7박 8일간 소련에 머물렀다.

공식 대표단은 김수한(金守漢), 박희태(朴熺太), 박종률(朴鍾律), 김용채(金鎔采), 정재문(鄭在文), 강삼재(姜三載), 문정수(文正秀), 황병태(黃秉泰), 김우석(金佑錫), 지연태(池蓮泰), 오경의(吳景義), 김홍만(金洪萬), 이행구(李幸九), 신경식(辛卿植), 박철언(朴哲彦)과 재계(財界)의 김상하(金相廈), 구평회(具平會) 등이었다.

3월 20일, 모스크바 세레미치예보 국제공항에 내린 나는 도착성명을 통해, "이번 두번째 방소(訪蘇)는 국정을 담당하는 집권당의 최고위원으로서 방문하는 것인 만큼, 보다 현실적이고 구체적인 한·소(韓蘇)관계 협의가 이뤄지고 가시적인 결과를 거둘 수 있기를 기대한다"고 말했다.

3월 21일 오전, 나는 당시 소련의 사실상 제2인자였던 소련공산당 국제담당 정치국원 야코블레프와 만났다. 모스크바 중심가에 있는 소련공산당 중앙당사에서 가진 양측 대표단간의 1시간 35분에 걸친 합동회의에 이어 두 사람은 40여분에 걸쳐 단독회담을 가졌다. 나는 이 자리에서 머지 않은 장래에 노(盧)·고르바초프 양국 대통령간에 정상회담을 가질 것과 함께 조속한 한·소수교를 제의했다. 양국간의 경제협력도 주요한 논의 주제였다.

고르바초프와 회담

그 날 오후 영빈관인 옥차부르스카야에서 소련 정부 기관지 〈이스베스차〉와 회견을 하고 있던 나는 갑작스럽게 "급히 크렘린궁에 들어와 달라"는 전갈을 받았다. 누구를 만날 것인지 예상하기 어려웠지만, 아마도 최고인민회의 의장이던 프리마코프일 것으로 생각했다. 일단 사진기자를 두 사람 대동했다. 내가 차를 타려는데, 이그나텐코가 다가와서는 엄지손가락을 자꾸 치켜들었다. 그때는 그게 무슨 뜻인지 알 수 없었다.

크렘린측에서는 경호원과 승용차를 보냈다. 경호차량이 일반차량의 통행을 차단해 2분 만에 크렘린에 도착했다. 대통령궁(大統領宮) 입구에 경호실장이 대기하고 있었으며, 그의 안내를 받았다. 복도에는 경호원으로 보이는 사람들이 1미터 간격으로 도열해 있었다. 3개의 방을 지나 정각 5시 25분에 어떤 방으로 들어갔더니 프리마코프 의장이 있었다. 기자들은 들어가지 못했다. 그 방은 고르바초프의 집무실인 듯했다.

프리마코프와 내가 담소를 하고 있는데 고르바초프가 나타났다. 그는 내가 방문하기 1주일쯤 전인 3월 15일 소련 초대 대통령에 막 취임한 상태였다. 그는 잘생겼고 당당하고 자신감에 차 있었다.

1990년 3월 29일, 나는 크렘린궁에서 고르바초프 소련 대통령과 역사적인 회담을 가졌다. 사진은 나의 대통령 재임시절에 청와대를 방문한 고르바초프와 그의 부인 라이사 여사.

    간단한 인사를 나눈 뒤 나는 고르바초프에게 "한반도는 물론 아시아의 평화와 세계평화를 위해서는 한반도의 안정이 대단히 중요합니다. 이는 소련에도 이익이 됩니다. 한국과 소련 간의 국교 정상화가 이뤄지면 세계평화에 기여하게 될 것입니다"라고 한·소수교의 필요성을 제기했다. 고르바초프는 "나도 한반도의 평화가 중요하다고 생각합니다. 양국관계의 전진을 위해서 한 발짝 한 발짝씩 나아갑시다"하고 나의 얘기에 공감을 표시했다.
    한·소수교를 언급하는 것 자체가 파격적인 시절이었다. 소련이 북한에 대포나 소총 등 일반 무기에서 전투기에 이르는 군사장비를 원조하고 있던 때였다. 짧은 만남이었지만 나는 고르바초프에게 분명히 나의 뜻을 전달했고, 그의 태도에서 확신을 얻을 수 있었다.

나와 고르바초프의 만남은 한·소 외교관계의 급진전을 가져왔을 뿐 아니라, 소련 최고지도자가 최초로 한국의 정치 지도자와 만난 역사적 사건이었다. 나는 이때의 만남 이후로 고르바초프와도 깊은 교분을 갖게 되었다. 나는 대통령 재임 중 서울을 방문한 고르바초프 부부를 만나 많은 이야기를 나누기도 했다.

이스베스차와 인터뷰

방문 4일째인 23일, 나는 오후 4시(현지 시각) 모스크바대학 대강당에서 모스크바대학 교수 및 학생 등이 참석한 가운데 '21세기를 향한 새로운 한·소(韓蘇)관계'라는 제목으로 40분간 연설했다. 상당히 큰 강당이 입추의 여지 없이 가득 찼다. 이 날 나의 연설 중 "페레스트로이카의 완벽한 성공이 한반도의 평화와 통일뿐 아니라 세계평화와 인류의 번영에 기여할 것을 확신한다"는 부분과, "조속히 한·소간 국교관계가 수립돼야 한다"는 대목 등에서 나는 큰 박수를 받았다.

모스크바대학은 미테랑, 레이건, 네루, 브란트 등 세계의 유명한 정치 지도자들이 연설한 대학이다. 이 유서 깊은 대강당에서 한국인으로서는 처음으로 강연하게 된 나는 대단히 감격스러웠다.

소련 정부 기관지인 〈이스베스차〉지(紙)는 24일자에 나와의 인터뷰를 크게 보도했다. 〈이스베스차〉는 나의 정치이력을 소개한 뒤 "김최고위원은 지금까지 소련을 방문한 한국인 가운데 가장 중요한 인물"이라면서, "한국 관측통들에 의하면 오는 92년 대통령선거에서 그가 승리할 가능성이 상당히 높다"고 평가했다. 이 날 〈이

1990년 3월 24일, 모스크바 올림픽 축구경기장을 방문하여 나를 환영해 주는 관중들에게 손을 들어 답례하고 있다.

스베스차〉의 보도는 한·소수교 문제에 관한 소련측의 긍정적 태도를 강하게 부각시켰다.

나는 3월 24일 오후 천장을 돔식(式)으로 설계한 거대한 규모의 축구경기장을 방문했다. 이 모스크바 실내축구장에서는 소련의 스파르타크 팀과 영국의 타밀 팀의 경기가 진행되고 있었다. 5만여명이 넘는 관중이 경기를 관람하고 있었다.

경기 도중 장내 아나운서가 나를 비롯한 한국의 방문단이 경기를 관람하고 있다는 사실을 방송해 주었다. 내가 소개되자 관중들은 전부 일어서서 박수를 치고 손을 흔들며 환영해 주었다.

정작 놀라운 것은 경기가 시작된 이후 관중들의 모습이었다. 공산주의사회의 엄격한 통제적 분위기만을 생각했던 나에게, 커다란 행진곡이 흘러나오는 가운데 5만여명의 관중이 열광적인 함성을 지르는 모습은 매우 인상적인 것이었다.

나는 또 25일 하오 모스크바 시내에 있는 트리니티 성당을 방문해 예배를 보았다. 하루에 수만명이 드나드는 교회라고 했다. 나는 또 수천만 신도를 가진 러시아정교회(正敎會)의 알렉시스 총주교와 점심을 같이 하기도 했다.

냉전(冷戰)이 계속된 과거 수십년 동안 소련의 시각은 "한국은 미(美) 제국주의의 앞잡이고, 북한은 소련의 친구"였다. 나의 방소는 그런 시각의 전면적인 부정을 뜻하는 것이었고, 새로운 시작을 알리는 신호였다. 사실 소련 최고지도자가 한국의 정치인을 만나고 또 소련공산당과 관영언론이 직접 나를 소련 대중에게 호의적으로 소개한다는 사실 자체가 역사적 사건이었다.

이렇게 나는 1990년 봄 페레스트로이카와 글라스노스트의 현장인 소련을 다시 방문해서 그 지도자들을 만났으며, 다시금 나의 신사고(新思考)에 대한 확신을 다지게 되었다.

김포공항 귀국회견

소련 방문을 마치고 귀국길에 오른 나는 3월 28일 동경행 비행기 안에서 수행하던 기자들에게 고르바초프와의 만남을 처음 공개했고, 29일 오후 김포공항에 도착해서도 기자들과 인터뷰를 가졌다. 나는 기자들과의 인터뷰를 통해 한·소수교가 가까워지고 있다고 강조했다.

- 고르바초프와 만난 경위는?
"모스크바를 떠날 때까지는 소련측과 비밀로 하기로 약속했다. 고르바초프 대통령을 지난 21일 오후 5시 25분에 만났다. 그를 만날 수 있을지는 나 자신도 알지 못했다. 대통령 취임 직후라서 고르바초프로서는 가장 바쁜 때였다. 그런데 〈이스베스챠〉지(紙)와 회견을 하고 있는데, 갑자기 5시 25분까

1990년 3월, 비행기 안에서 기자들에게 소련방문 결과를 설명하는 모습.

지 크렘린궁에 들어와 달라는 연락을 받았다. 그때가 5시 20분경이었다. 크렘린궁에 도착해서 프리마코프와 얘기를 나누던 중 고르바초프 대통령이 나타났다. 고르바초프는 프리마코프를 가리키며 '프리마코프 의장은 나와 가장 친한 친구인데, 앞으로 더 중요한 자리를 맡게 될 것'이라고 말했다.

나는 고르바초프의 대통령 당선을 진심으로 축하한다고 했고, 그도 나의 방문을 진심으로 환영한다고 했다. 나는 그에게 한반도의 평화와 세계평화를 위해 당신이 추진하고 있는 페레스트로이카가 반드시 성공하기를 바란다고 말했다."

- 고르바초프도 연내수교 원칙에 동감했나?

"내가 빠른 시일 내에 국교 정상화를 하자고 한 것은 사실이다. 고르바초프 대통령은 '우리에게 수교에 대한 장애는 없다. 양쪽이 다 같이 생동력 있게 추진하자'고 말했다. 소련측과 나눈 구체적인 협의내용은 노대통령을 만나 협의하겠다."

- 고르바초프의 첫 인상은?

"나보다 키가 큰 줄 알았는데 비슷했다. 건장해 보였고 당당했다. 용기와 자신감을 가지고 있는 지도자로 보였다."

- 고르바초프의 첫 인사는?

"'수고합니다. 환영합니다. 나의 친구인 프리마코프로부터 모두 보고받고 있습니다'였다."

한국 외교의 전환점

나의 7박 8일간에 걸친 소련 방문은, 한마디로 냉전체제 속에 45년간이나 동결되었던 한국과 소련 간의 직접대화 통로를 마련했다는 점, 그리고 가까운 장래에 국교수립 전망을 밝게 해줌으로써 한반도의 평화와 안정 확보에 커다란 진전을 이루었다는 점에서 큰 의의가 있는 것이었다.

특히 21일 이루어진 고르바초프 대통령과의 전격적인 회동은 그 같은 전망을 더욱 확실하게 해주었다. 이 날 고르바초프와의 회동은 양국간의 국교수립, 즉 '제도화된 한반도의 안정'을 모색할 수 있게 됐다는 측면에서 볼 때 상징적인 '사건'이었다. 그 동안 우리는 한반도의 전쟁억지를 통한 안정확보를 최우선의 국가정책으로 설정, 한반도 주변 4강(强)으로부터의 안전보장을 위해 교차승인, 유엔가입 등을 추진해 왔다. 그러던 차에 북방 2강(强) 중 제1강이라고 할 수 있는 소련과 폭넓은 정치적·외교적 관계를 수립할 계기를 잡았다는 것은, 우리 외교의 커다란 전환점이라 할 수 있었다.

나와 고르바초프의 회담 이후인 1990년 6월 4일 노태우와 고르바초프는 샌프란시스코에서 역사적인 한·소(韓蘇) 정상회담을 갖게 된다. 이에 앞서 6월 1일, 나는 노태우의 연내 모스크바 방문 및 고르바초프의 방한, 그리고 연내에 한·소 국교가 정상화될 것이라고 공개했다. 이는 3월의 소련 방문에서 얻어진 성과였다.

마침내 1990년 9월 30일 한국과 소련의 역사적인 국교수립이 이루어졌다. 1990년 한·소관계의 개선은 한국 외교의 지평을 활짝 열어 젖힌 것은 물론, 동북아 질서에도 획기적인 변화를 초래한 사건으로 기록되었다. 나의 두 차례에 걸친 방소가 이처럼 양국관계 급진전의 물꼬 트기였음을 나는 지금도 보람과 자랑으로 여긴다.

6. 공작정치 질타

안기부의 공작정치

민주자유당은 신사고(新思考)에 기반해서 출범했다. 그러나 민주자유당은 이제 막 첫발을 떼었을 뿐이었다. 아직 새로운 역사적 정치실험에 대한 이해가 부족한 사람들도 많았다. 통합 전당대회를 치르기도 전에 나를 구태의연한 정치공작의 대상으로 삼으려는 시도가 진행되고 있었다. 이때부터 1992년 대통령선거를 마치기까지 나를 제거하기 위한 음모와 공작이 계속되었다.

4월 3일, 충북의 진천(鎭川)·음성(陰城)과 대구(大邱) 서갑(西甲) 두 곳에서 보궐선거가 실시되었다. 진천·음성에서는 민자당의 민태구(閔泰求) 후보가 무명의 허탁(許琢) 민주당 후보에게 참패했으며, 대구 서갑에서는 민주자유당의 문희갑(文憙甲) 후보가 가까스로 당선되었다.

보궐선거 3일 후인 6일 아침 고위 당직자회의에서 나는 보궐선거 패배가 교만 때문이라고 질타했다. 그러나 초점(焦點)은 공작정치에 있었다.

……	보선에 패배하게 된 여러 요인 중 공천 실패가 가장 큰 패인(敗因)이다. 폭행 관련자를 즉각 구속해야 한다. 개표과정에서 1백 표 바꿔치기 부정사건이 있었는데 이는 공작(工作)정치다. 고의가 아니라고 하지만 믿을 수 없다. 선거부정을 저지르고도 견뎌 낸 정권이 없다는 사실을 명심해야 한다. 국민이 부정이라고 한 부분은 철저히 시정하라. 우리 당에 수구적 요소가 아직 많다. 내 입으로 다 말하지 않겠다. 이번을 청산의 계기로 삼자. 공작정치를 획책하는 사람이 아직도 당에 있다. 역대 정권이 공작정치로 망했다는 사실을 명심하라.

몸집이 커진 만큼 민자당은 겸손해야 했다. 그러나 노태우는 금융실명제를 유보하는 등 민주화와 개혁조치를 후퇴시키고 있었다. 무엇보다 중요한 것은 과거와 같은 공작정치가 되살아나고 있다는 것이었다. 안기부가 개입된 공작정치는 보궐선거에만 국한된 것은 아니었다.

이 날 고위 당직자회의 직후 나는 3당통합 후 첫 기자간담회를 자청, 그 동안 느낀 바를 밝혔다.

……	국민에게 희망과 용기를 주고 새로운 정치기풍을 만들기 위해 그 어려운 결심(3당통합)을 했다. 그런데도 민자당 내 일부에서는 구태의연하게 수구를 시도하고, 교만해져서 국민 위에 군림하고 국민을 무시하려 하고 있다. 공작정치를 하면 모두가 불행해지며, 정부 결정을 당이 그대로 수용하는 과거의 타성에서 벗어나 당·정협의를 정착시켜야 한다. 어느 누구든 공작정치 차원에서 국민을 대하면 안 된다. 공작정치를 했던 정치인은 불행

하게 됐다. 민자당이 몸집이 커지니 아무 것이나 다 하려 든다. 당내 기강을 바로잡기 위해 중대 각오를 하겠다.

노태우에 대한 선전포고였다.

당무 거부하고 부산행

4월 7일 오전 노태우 주재로 청와대에서 열린 당직자회의에 나는 참석하지 않았다. 노태우는 8일 저녁 노재봉(盧在鳳) 비서실장을 보내 자신과 직접 만나자고 전해 왔으나, 나는 "부산에 다녀온 후 당내 여러 사람들과 의견교환을 해 본 뒤 만나는 게 좋겠다"며 노태우와의 면담을 거부했다.

나는 김우석(金佑錫) 비서실장을 통해 성명을 발표했다.

11일 부산에서 지구당 개편대회를 마친 뒤 노대통령과 만날 예정이다. 이 자리에서는 개혁을 통한 안정이란 구국적 차원의 3당통합 정신을 구체적으로 구현하는 방안을 비롯, 보궐선거 후 당의 자기반성과 당풍쇄신 방안을 허심탄회하게 논의할 것이다.…… (나의) 당직자회의 불참이 당권경쟁 등과 관련된 내분으로 비치고 있는 데 대해 당혹과 함께 유감으로 생각한다.

9일에도 나는 당사에 나가지 않았다. 다음날 나는 지역구인 부산 서구 지구당 개편대회 참석차 부산으로 내려갔다.

노태우의 한 측근은 10일 나를 겨냥해, "내가 3당통합 과정이나 방소기간 중에 있었던 일에 대해 진실을 얘기하고 반격을 가할 경

1990년 4월 10일, 나를 따라 부산에 내려온 민주계 의원들이 한 자리에 모여 대응방안을 협의하고 있다. 강삼재, 최형우, 박관용, 문정수, 서청원 등의 모습이 보인다.

우, 김최고위원의 정치생명은 하루아침에 끝날 것"이라고 극언(極言)을 했다. 어이없고도 방자한 태도였다. 나는 이 발언이 바로 노태우의 생각이라고 판단했다.

4월 11일, 나는 부산 코모도호텔에서 기자회견을 통해 노태우를 직접 겨냥했다.

> 그 동안 내가 근절을 주장해 온 공작정치가 내 자신에게 행해지고 있다. 나는 어떠한 공작·정보정치도 용납하지 않을 것이며 뿌리를 뽑겠다.

이해를 돕기 위해 이 날 있었던 기자들과의 일문일답을 보자.

- 모(某) 장관의 발언에 대해서는?
"일고(一考)의 가치도 없는 얘기라 답변하지 않겠다. 국민을 잠시는 속일 수 있을지는 모르지만, 영원히 속이지는 못한다. …… 당풍쇄신은 반드시 이룩해야 할 것이다."

- 공작정치와 관련해서 일각에선 김최고위원을 내사(內査)하고, 접촉 인물들에 대한 정보를 입수하려는 움직임이 있다고 하는데, 사실 여부를 밝혀 달라.

"참 부끄러운 얘기다. 과거 독재정권이 하던 버릇들을 다시 하는데, 반드시 뿌리를 뽑겠다."

- 당풍쇄신 방법과 공작정치 부분을 더욱 구체적으로 말해 달라.

"공작정치에 대해서는 얘기하지 않는 것이 좋겠다. 먼저 말한 대로 뿌리는 뽑고 만다. 결코 용납하지 않는다. 당의 기강이 엉망이다. 당에 위·아래가 없다. 어른을 존중할 줄 모르는 사람도 있다. 앞에 갈 사람도 있고 뒤에 가는 사람도 있어야 한다. 당에는 질서가 있어야 한다."

노태우와 담판

나는 일체 외부와의 연락을 끊었다. 언론에서는 내게 가해지고 있는 공작정치의 내용에 관심을 기울이기 시작했다.

노태우는 김종필에게 중재를 청했다. 나는 12일 워커힐호텔에서 김종필을 만났다. 김종필은 나를 설득하려 했으나, 나는 김종필에게 노태우가 보안사령관 시절에 하던 공작정치를 지금도 하고 있다고 비난했다. 2, 3일 뒤 김종필이 다시 상도동으로 찾아왔다. 나는 마지못해 청와대에서의 회동을 약속했다.

1990년 4월 17일 낮, 청와대 본관 별실에서 나는 노태우, 김종필, 박태준과 오찬회동을 가졌다. 점심과 저녁을 넘기며 6시간 이상 걸린 마라톤 회담이었다. 나는 이 날 회담이 잘못되면 다시 갈라서는 방법밖에 없다고 각오를 했다. 노태우로부터 분명한 사과와 재발방지 약속을 얻어내야 했다. 회담 내내 나는 노태우에게 강하게 추궁했다. 노태우는 변명을 늘어놓았고 다른 두 사람은 거의 말도 꺼내지 못했다.

"이놈의 자식들아, 내가 대통령에 미친 줄 알고 있나. 나 대통령 안 해! 이 정치군인들아, 너희가 그런 음모를 해 가지고 나를 매장할 수 있다고 생각했나."

나는 노태우의 공작정치를 집요하게 공격했다. 점심시간에 시작된 회동은 오후 3, 4시가 돼도 끝날 줄 몰랐다. 내가 잠시 세면장을 다녀온 사이에 상의를 했는지, 김종필과 박태준이 "우리가 자리를 비킬 테니 두 분이 말씀하시지요" 하고는 자리를 피했다.

"당신이 나한테까지 이런 짓을 할 수 있는가? 나를 어떻게 보고 있는지 몰라도 이 김영삼이는 40년 동안 공작정치를 헤쳐 나온 사람이다. 당신이 나를 죽이려는 모양인데, 어림없는 수작 마라."

나는 "너희가 나를 죽이려는 것을 내가 다 알고 있다. 나를 죽이려는 안기부의 비밀 보고서를 내가 입수했다"고 말했다. 순간 노태우는 깜짝 놀라며 "잘못했습니다. 그리고 절대 그런 일 없습니다" 하는 말을 몇 차례나 반복했다. 나와 충돌이 생길 때면 그는 항상 이렇게 발뺌하곤 했다. 그는 나에게 한참 변명을 늘어놓으면서, 정무장관을 바꾸고 음모를 획책하는 사람들에 대해서는 응분의 책임을 묻겠다고 했다. 나는 노태우의 태도에 따라서는 통합을 무효화할 작정까지 했으나, 사과를 거듭하는 노태우의 태도를 보고 극단적인 결정은 하지 않기로 했다.

안기부 비밀문서

내가 입수한 안기부의 비밀문서에는 나를 정치적으로 매장하기 위한 국가안전기획부의 공작내용이 상세하게 적혀 있었다. 나중에 노태우가 "그 서류가 있으면 저한테 한번 보여 주었으면 좋겠습니다"라고 해서 한 부를 복사해서 보내 주었다. '김영삼 최고위원의 최근 특이동향(特異動向)'이라는 제목이 붙어 있는 문건이었다.

개황, 최근동향 분석, 평가, 대책 등 4개항으로 된 문건 내용 중 눈길을 끄는 대책 부분만을 보면 다음과 같다.

  ○ 김영삼에 대한 정치자금 지원을 견제하기 위해
  - 경제 5단체장들에게 정치자금 지원창구를 청와대로 일원화하도록 주지시키고
  - 재벌기업 회장들의 은밀한 자금지원을 자제토록 촉구하며
  ※ 신격호(辛格浩, 롯데), 박용학(朴龍學, 大農), 박성용(朴晟容, 錦湖)), 조중훈(趙重勳, 韓進) 등
  - 경남고·서울대 등 동문들의 자금지원 차단과
  - 특히 김정수(金正秀) 보사, 강보성(姜普性) 농수산 등 측근 각료들의 자금조성 여부를 철저히 감시·대응해 나가며
  ○ 배후 지원세력에 대한 견제 및 와해 차원에서
  - 김영삼 측근들의 동향을 주시, 신규 지원세력의 조직화를 철저히 견제하고

- 민정계 지구당위원장들 책임하에 기존 민주산악회 지방조직이 확산되지 않도록 저지하며
　- 최형우·황낙주·황명수·신상우·박용만 등 불만자와 조직책 탈락자를 대상으로 민주정파 내 비주류 형성을 간접 지원하는 한편
　○ 부산지역 학원·재야 문제권의 반(反)김영삼 여론조장 책동을 방임하면서
　○ 여권화합 차원에서 김종필로 하여금 김영삼 독주를 견제해주도록 설득하는 일방(一方)
　○ 이종찬(李鍾贊)·이한동(李漢東)·이춘구(李春九) 등 민정정파적 불만세력들과 윤길중(尹吉重)·채문식(蔡汶植) 등 구(舊)야당 출신들의 김영삼에 대한 접근 여부를 철저히 감시해야 할 것임.
　○ 또한 김영삼의 개인 이미지를 격하시키기 위해
　- 국민 지지도에 있어 1노3김 중 최하위를 차지하고 있는 것처럼 유포하고
　- 외무부 등에서 김영삼의 방소 활동시 노정된 외교관례상 문제점에 대해 정식으로 이의(異議)를 제의하며
　- 문제권의 김영삼 매도행위는 방임해 나가면서
　- 당대표 자격의 중국 방문 및 북한과의 직접접촉 기획 등 독자적 북방외교 추진에는 제동을 가해 나가야 할 것임.

공작정치 뿌리 뽑기로 약속

회동이 끝난 후 청와대는 민자당 내분에 대한 유감표명과 보궐선거 결과 자성(自省), 개혁의 추진, 나의 당무복귀 등을 발표했다. 뒤

끝이 매끄럽지는 못했지만, 아무튼 이 날 회동을 계기로 나는 당무에 복귀했다. 4월 19일, 4·19묘지를 참배한 뒤 나는 당사에 출근해 기자들의 질문을 받았다.

　- 17일 청와대 회동에서 서로간의 오해가 있었던 부분은 충분히 해소됐다고 보는가?
　"솔직히 많은 오해가 있었던 게 사실이다. 그런 문제들은 앞으로도 노력할 것이다."
　- 지도체제는 어떻게 논의됐는가?
　"창당 때 합의한 사항에서 아무 변동이 없다."
　- 그 합의사항은 무엇인가?
　"그건 말할 필요가 없다."
　- 노대통령이 공작정치에 대해 어떤 약속을 했나?
　"상당한 부분 얘기했고, 시정 방법도 거론했다. 공작정치는 있어서도 안 되고, 어느 경우든 뿌리 뽑겠다고 했다. 노대통령도 그렇게 약속했다. 그 시정문제는 나 자신이 알 수 있고 또 내가 시정할 수 있다."
　- 공작정치 책임에 대한 조치는?
　"이 자리에서 전부 공개하는 것은 바람직하지 않다."
　- 구체적 당풍쇄신 방안은?
　"당(黨)에 3계파가 있는 것이 사실이지만 나 자신부터 고쳐 나갈 것이다. 성장과정부터 이질적인 체질이 하루아침에 동질화될 수는 없다. 나 자신이 동질화에 앞장서겠다."
　- 노대통령과의 관계설정은?
　"오늘이 4·19다. 3당통합 당시 나는 더 이상 불행한 대통령이 나와선 안 된다고 생각했다. 그것은 국가의 안정과 미래를 위해

1990년 5월 9일, 민주자유당 제1차 전당대회에서 대표최고위원에 추대된 뒤 연설을 하고 있다.

절대적으로 필요하다고 생각했다. 3당통합이 안 되면 금년 중에 파국이 온다고 봤다. 그래서 혁명적인 3당통합을 결심한 것이다. 노태우 대통령의 임기는 헌법에 의해 보장되어 있으며, 확실히 지켜질 것이다. 나 자신 그것을 위해 최선을 다할 것이다."

후임 정무장관에는 김윤환(金潤煥)이 기용됐다. 내가 17일 회동에서 요구한 사항이었다.

지구당위원장 사퇴

민주자유당은 5월 9일 전당대회를 열었다. 노태우가 총재, 나는 대표최고위원, 김종필과 박태준이 각각 최고위원을 맡았다. 전당대회를 앞두고 4월 30일 나는 부산 서구의 지구당 위원장직을 사퇴했다. 부산(釜山)은 나의 정치적 고향이며, 나는 부산 시민들이 나에게 보내 준 수십년간의 지지를 한 번도 잊은 적이 없다. 부산은 캄캄하던 시절 독재자의 탄압을 뚫고 야당의 총재를 길러 낸 민주화의 고향이기도 했다. 나는 출신과 뿌리가 다른 3당이 하나의 정당으로 화합하기 위해서는 내가 먼저 솔선수범해야 한다고 생각했으며, 이런 나의 생각을 국민과 민정·공화당 출신의 당원들에게 표명하기 위해 지역구를 내놓고, 민정계 출신이 맡도록 한 것이다.

전당대회 후 민자당 대표최고위원으로서의 첫 기자회견을 가진 나는 "지난 3개월여 동안은 형식적인 통합에 불과했지만, 9일 전당대회를 계기로 사실상 창당한 것으로 봐야 하는 만큼 계파를 초월할 것"이라고 말하고, 당(黨)의 단합을 강조했다.

7. 내각제파동의 소용돌이

내각제파동의 발단

1990년 10월 26일 아침, 상도동 나의 집 응접실에 민자당 출입기자 20여명이 몰려왔다. 전날 언론에 공개된 내각제 합의각서 때문이었다. 기자들은 내 얘기를 듣고 싶어 여러 가지 질문을 던졌다.

"김대표께서 서명을 진짜 하긴 했습니까?"
"분명하게 입장표명을 하지 않는 특별한 이유라도 있습니까?"
"평소 한글로도 사인을 하십니까?"

나는 화를 애써 참으면서 이렇게 대답했다.

"금년에는 할 일도 많고 해서 당초 약속한 대로 내각제문제를 절대 거론하지 않기로 했어요. 그 이상도 이하도 아닙니다."

1990년 가을 민자당(民自黨) 내분을 극한으로 내몰았던 내각제 각서파동의 연원은, 3당통합 선언을 한 그 해 1월 22일로 거슬러올

라간다. 통합을 위한 회담에서 노태우가 내각제를 논의해 보는 것이 어떻겠느냐고 잠시 언급했지만, 내가 앞으로 얼마든지 얘기할 기회가 있을 것이라고 반대해 더 이상의 논의는 없었다.

3당합당이 선언된 지 3개월이 지나갔다. 나의 반대로 내각제를 입 밖에 꺼내지도 못한 노태우는 1990년 5월 9일의 전당대회를 앞두고 내각제를 당의 공식입장으로 확정짓고 싶어했다.

5월 5일 토요일, 전당대회를 준비하던 김동영(金東英)은 협상대표들이 내각제에 합의한다는 내용의 문안을 수첩에 적어서 내게 가져왔다. 나는 실현 가능성이 없는 내각제개헌 문서화에 반대의사를 분명히 했다.

그러자 노태우가 노재봉 비서실장을 보내 나에게 말을 전해 왔다.

"내각제라도 한다고 해야 다른 계파에서 통합을 흔쾌히 수용하지 않겠습니까. 합의각서는 절대 외부에는 발표하지 않겠습니다."

합의각서 사본 공개

일요일인 5월 6일 교회에 다녀왔는데, 박준병(朴俊炳) 민자당 사무총장이 상도동으로 찾아왔다. 내각제 합의각서에 서명을 해달라는 것이었다. 내가 "이런 각서가 왜 필요하냐"고 묻자, 그는 "세 계파가 통합하기 위해 이런 형식이 필요합니다" 하면서, 나와 노태우·김종필 세 사람이 한 부씩 보관하되 어떤 일이 있어도 외부에 공개하지 않겠다는 것이었다. 박준병은 "합의각서를 청와대 (노태우의) 금고에 보관해 두겠습니다"라고 했다. 나는 이때에도 박준병에게 분명히 말해 두었다.

"내각제는 국민과 야당이 반대하므로 불가능하다. 나 자신도 내각제를 반대한다. 다만 세 계파의 융화를 위해 이런 형식이 굳이 필요하다면 서명은 해주겠다."

사실 노태우와 사전에 내각제 추진을 문서화하겠다는 얘기는 전혀 없었다. 나는 그때나 지금이나 내각제는 우리 정치풍토에 맞지 않다고 생각하며, 대통령제를 뚜렷이 선호하고 있다. 그러나 3당이 통합 전당대회를 앞둔 상황에서, 통합에 도움이 된다면 그냥 서명해 주어도 무방하지 않겠나 하고 생각했다.

절대 공개하지 않겠다던 합의각서는 불과 23일 만인 1990년 5월 29일 갑자기 언론에 보도되었다. 이 날 〈중앙일보〉는 "전당대회 직전에 노태우 대통령과 김영삼·김종필 최고위원이 내각제 3개항에 합의하고 각서를 만들었다"고 보도했다. 사실과 다른 터무니없는 보도였다. 이때부터 정국은 내각제를 둘러싼 혼란에 휩싸이게 되었다. 각 계파에서는 각서의 존재 사실을 전면 부인했다. 나는 박준병 사무총장에게 여러 차례 보도경위를 물었으나, 그는 전혀 모른다는 답변뿐이었다.

6월 임시국회를 앞두고 나는 청와대에서 노태우와 단독회동, 내각제 포기를 강력하게 종용했다. 회동 후 노태우는 "국민과 야당이 반대하는 개헌은 할 수 없다," "연내 개헌은 않는다"는 뜻을 천명했다. 나는 기자들에게 노태우의 말을 "내각제 포기로 해석해도 좋다"고 말해 주었다. 내각제 문제는 다시 수면 아래로 잠복하는 듯했다.

그로부터 5개월 뒤인 10월 25일 〈중앙일보〉는 문제의 합의각서 사본(寫本)을 사진으로 공개했다. 내가 우려했던 상황이 그대로 나타났다. 사무총장이던 박준병은 10월 27일 기자회견을 자청, 나름대로 경위를 설명한 뒤 총장직 사의를 표했다. "5월 말 사무실에 보관 중이던 합의문 사본 한 부(部)가 며칠 동안 분실됐다가 다시 돌아왔다. 분실된 사본이 훼손된 채 되돌아와 그 동안 김대표께 보고도 못했으며, 회수한 사본도 전달해 드리지 못했다"는 것이었다.

각서는 고의적으로 유출된 것이 분명했다. 물론 노태우의 지시 없이 각서가 유출된다는 것은 있을 수 없는 일이었다. 나는 약속을 위반한 노태우의 공작정치를 용납할 수 없었다.

> 합의문서 공개는 처음부터 나를 궁지에 몰아넣어 고사(枯死)시키려는 정치공작이다. 군사정권식 발상이다. 내각제개헌은 국민과 야당이 반대하면 절대 할 수 없는 것이다.

당무 중지 후 마산행

다급해진 노태우는 10월 29일 네 가지 형식적인 수습방안을 내놓았다. ① 유출된 합의문은 5월 전당대회에서 채택된 당의 강령을 제정하기 위해 작성된 것이며, ② 연내에는 사회·경제적 안정에 치중해야 하기 때문에 내각제 개헌논의를 유보하기로 이미 당론을 정한 바 있고, ③ 전(全) 당원은 이러한 당론을 충실히 지켜야 할 것이며, ④ 금번 합의문 유출로 야기된 물의에 대해 국민과 당원에게 심히 유감으로 생각하며 엄중한 문책이 있을 것이다 등이었다. 한마디로 책임회피였다.

10월 31일, 나는 내각제 추진 반대의사를 공식적으로 표명하고 노태우의 공작정치를 비난하면서 당무(黨務)를 중지했다. 이 날 오전 나는 상도동에서 기자회견을 통해 "개헌은 국민과 야당의 동의

내각제 각서 유출사건 직후 공작정치에 대해 항의하며, 당무를 거부하고 마산으로 가기 위해 상도동 자택을 나서고 있다.

와 협력 없이는 결코 추진되어서는 안 된다"고 전제하고, "국민 다수와 야당이 반대하는 것이 확실한데도, 내각제개헌을 끌고 가는 것은 있을 수 없다"고 개헌반대 입장을 분명히 했다.

또한 나는 3당통합의 목적이 내각제개헌이 아니라는 점을 분명히 밝혔다. 3당통합 과정에서 나와 노태우, 김종필 세 사람이 내각제에 합의한 적이 없었다. "3당통합은 통일에 대비해 국가적·사회적 안정을 이룩하기 위한 것이었으며, 내각제 합의문서에 서명한 것은 국민의 지지와 야당의 동의 아래에서 가능하다는 것이지, 그 같은 약속이 국민의 위에 설 수 없다"고 밝혔다. "이승만과 박정희 정권이 국민을 얕잡아 보아 어떻게 되었는가를 역사의 교훈으로 삼아야 한다"는 말을 나는 덧붙였다.

기자회견 후 나는 마산의 아버지 댁으로 내려갔다. 내가 마산으로 내려간 것은 노태우가 나에 대한 공작정치를 중단하지 않는 한 분당(分黨)까지도 각오한 '최후통첩'이었다.

내각제 위한 통합 아니다

한편 노태우는 10월 31일 오전 예고도 없이 청와대 기자실이 있는 춘추관으로 내려와, 출입기자들에게 "마산에 가고 싶으면 가고 생각할 것이 있으면 하는 것이지 의미부여할 게 뭐가 있느냐. 당무는 다른 사람이 대신 보면 될 것"이라고 말했다.

다음날 오전, 나는 마산에서 기자간담회를 갖고 나의 심경을 다시 한번 토로했다.

- 전날 기자회견에 대한 대통령의 춘추관(春秋館) 발언을 어떻게 보나?

"그런 것 묻지 말아 달라."

- 이곳에 언제까지 머물 것인가?

"며칠 더 있어 보고 상경 여부는 천천히 생각하겠다. 좋은 산을 찾아 내일쯤 산행(山行)을 하고 싶다."

- 정국 구상을 많이 했는가?

"아직 시간이 많이 있으니 더 생각해 보겠다. 내가 말을 많이 할 필요가 없으나, 여기서 한 가지만 더 추가하고 싶다. 내각제는 3당통합의 목적이 아니다. 3당통합 당시 구국적 차원에서 통합을 한다고 했지, 내각제를 위한 통합이란 표현은 없다. 구국적 차원에서 통합했다는 것이 전부다.

- 당시 민정·공화계에서 선언문에 내각제를 넣자는 주장이

있었는가?

"물론이다. 그러나 그것이 목적이 아니라서 내가 넣지 말자고 했다. 기본적으로 그때나 지금이나 정치 지도자들이 권력구조를 논의할 수는 있으나, 국민과 야당이 동의하지 않으면 불가능한 일이다."

- 청와대로부터 연락이 있었는가?

"누구와도 연락할 생각이 없다."

- 이러한 상황을 빨리 수습해야 하지 않겠는가?

"정치인이 결단을 내려야 할 것을 오랫동안 안 내리고 있는 것처럼 불행한 것은 없다. 정치인은 중요한 일이 있으면 결단을 내리는 것이다."

- 국민을 보고 정치를 하겠다는 말인가?

"물론이다. 가능성이 없는 일을 계속하겠다고 하는 것은 국민에 대한 도리가 아니다."

분당 일보 직전

민주계 의원과 지구당위원장들이 대거 마산으로 내려왔다. 11월 2일 오후, 나는 숙소인 크리스탈호텔에서 탈당을 요구하러 내려온 이들과 자리를 함께 했다. 참석자들은 한결같이 "탈당해야 합니다. 이대로 있다가는 우리 모두 설 땅을 잃을지 모릅니다. 우리가 속고 있습니다"라고 주장했다. 최형우는 민주계 전체의 분당불사 의사를 밝힌 서명철을 나에게 가져왔다. 거기에는 민주계 의원 50명 전원과 지구당위원장 45명이 서명을 했다. 나로서도 정말 분당해야겠다는 결심을 다지는 순간이었다.

탈당을 주장하는 국회의원들이 나가고 난 바로 다음, 노태우가 보낸 김윤환 원내총무가 나를 찾아왔다. 김윤환은 노태우와 대화할 것을 나에게 간곡히 요청했다.

"올라가셔서 나라를 살려야 하지 않겠습니까?"

"대표께서 반대하면 내각제개헌은 못하는 것 아닙니까?"

김윤환은 나와 노태우 간 주례회동을 아이디어로 내놓았다. 김윤환의 거듭된 설득에 나는 마지막으로 다시 한번 생각해 보자고 했다.

11월 6일 저녁 6시 30분부터 약 3시간여 동안 나는 노태우와 청와대에서 회동했다. 이 자리에서 노태우는 내각제개헌의 포기를 약속했다. 두 사람은 회동 후 당대표의 역할 강화, 내각제개헌 추진 포기, 당내기강 확립, 민주개혁 입법 추진 등을 골자로 한 8개항을 발표했다.

다음은 발표문의 내용이다.

1. 노태우 대통령은 6일 김영삼 대표최고위원과 청와대에서 만찬을 함께 하며 국내 정국과 당내 문제에 관해 진지하고 격의 없는 대화를 나누었다.

2. 노대통령과 김대표는 민자당의 당내 문제로 국민에게 걱정을 끼치고 있는 데 대해 심히 송구스럽게 생각하고, 즉시 당을 정상화시키기로 했다.

3. 양인(兩人)은 오늘의 대화를 통해 민자당의 창당이 구국적 차원의 결단이었음을 상기하고, 창당정신으로 돌아가 상호 신뢰와 이해를 통해 앞으로 국민의 정치불신을 해소하는 데 합심·노력해 나가기로 했다.

4. 노대통령은 민자당의 효율적 운영을 위해서는 당 대표위원의 원활한 역할 수행이 긴요하다고 강조하고, 대표위원이 중심이 되어 책임지고 당을 이끌어 나가야 하며, 이를 위해 전 당원이 굳

게 결속해야 한다고 당부했다.

  5. 양인은 내각책임제는 우리 정치발전과 선진화를 위해 많은 장점을 가진 제도이나, 국민이 반대하는 개헌은 하지 않기로 했다.

  6. 노대통령은 특히 당내 기강을 문란케 하는 행위는 당 발전을 위해 용납할 수 없다는 강한 의지를 표명하고, 이같은 사태가 발생할 때에는 엄중 문책키로 했다.

  7. 양인은 당이 앞장서 제반 민주개혁을 추진하고 보안법, 안기부법, 지자제법, 경찰관계법 등 민주개혁 입법을 조속히 추진키로 했다.

  8. 김대표는 7일부터 당무에 복귀하고, 조속히 국회를 정상화하여 예산심의 등 당면한 국정현안 해결에 나서기로 했다.

이 날 발표된 8개항은 청와대측의 초안(草案)을 나와 노태우가 직접 수정한 것이었다. 회동 막바지에 발표문안을 건네받은 나는 "내각제는 분명한 결론을 내리자"고 못 박고, "14대총선 이전에는 개헌을 추진 않는다"는 청와대측 문안(文案)을 "국민이 반대하는 개헌은 않는다"고 고쳐 썼다. 노태우는 "대표위원이 중심이 되어 당을 이끌어 나간다"는 문안 속에 '책임지고'라는 표현을 추가했다.

국민이 반대하는 개헌 안 된다

청와대회동을 끝낸 뒤 상도동으로 돌아온 나는 회동 결과에 대해 설명했다.

다음은 기자들과의 일문일답 내용이다.

1990년 12월, 전방 시찰 모습.

- 회동 결과는?

"당 내분사태에 대해 국민과 당원동지에게 진심으로 죄송하며 사과드린다. 오늘 논의한 내용의 핵심은 서로간의 신뢰문제였고, 나라를 구하겠다는 3당통합 정신에는 지금도 변함이 없다. 협의 내용 중 중요한 것은 우선 내각제는 제도상으로 좋은 점도 있으며 정치 지도자들이 논의할 수는 있으나, 국민이 반대하면 하지 않는다는 데 완전히 합의한 점이다. 13대든 14대국회든 안 한다고 결말 냈다. 또 당운영은 대통령이 대표를 중심으로 책임지고 운영하고, 기강확립을 철저히 하여 대표를 헐뜯거나 음해하는 세력은 대통령에 대한 음해로 간주하고 단호히 용납치 않겠다고 특별히 강조했다. 이와 함께 보안법, 안기부법, 지자제법, 경찰관계법 등 개혁입법의 개정을 적극 추진키로 했다."

- 대통령과 대표 간의 신뢰회복은 됐나?

"서로 여러 가지 오해가 있어 왔는데, 정말 믿음을 가지기로 했다. 안전장치에 대한 얘기도 오갔다."

- 각서 유출에 대한 논의는?

"얘기는 분명히 있었으나 내부적인 일이라 일일이 소개하지 않겠다. 다만 이번 주 안에 사무총장은 경질하기로 했으며, 조사가 진행될 것이다."

- 회담 결과에 만족하는지?

"그만하면 잘됐다. 만족하게 생각한다."

- 소속의원들과 당원들이 회동 결과에 따를 것으로 생각하는가?

"그렇게 본다. 7일 중으로 두 최고위원을 만나겠다. 이번 주 당무회의는 대통령이 당부할 것도 있고 제2의 창당정신을 다지기 위해, 오는 9일 청와대에서 열기로 했다."

- 최고위원들과의 신뢰는?

"그것도 다 잘될 것이다."

제도보다 운영이 중요

- 대표중심 당운영은 구체적으로 어떤 의미이며, 당헌개정 문제도 논의됐는가?

"일부 신문이 날 욕하기 위해 쓴 것 같은데, 당헌개정은 있을 수 없고 전당대회를 소집할 시기도 아니다. 운영의 묘(妙)를 살리는 것이 중요하다."

- 또다시 이런 내분이 안 일어나리라는 보장이 없을 텐데…….

"일본의 자민당도 2년 동안 내분이 많이 있었다. 앞으로는 다른 모습이 될 것이다."

- 지자제 문제에 대한 논의는?

"지자제는 총무가 야당과의 협상에서 제시했던 선이 그대로 유지될 것이다."

- 대표가 최고위원들과 합의해 당을 운영한다는 종래의 당 운영방식은 어떻게 되는가?

"제도보다 운영의 묘가 중요하다. 정치적 의미는 알아서 해석해 달라."

- 당권에 대한 논의는?

"묻지 말아 달라."

- 앞으로 당내 사조직은 없어지는가?

"꼭 없애도록 하겠다. 특히 지구당의 조직 분파문제는 신임총장이 선출되는 대로 적극 처리해 나가겠다."

- 보안법 및 안기부법 개정안은 이번 국회에서 처리되는가?

"야당과 협의해 봐야겠지만, 우리는 이번에 처리하겠다."

- 단독국회를 할 것인가?

"그 문제는 최후의 순간까지 야당과 계속 협의하겠다."

- 앞서 말한 신뢰회복을 위한 안전장치란 무엇인가?

"그 문제는 더 묻지 말라. 두 사람 사이에 충분히 얘기가 됐으며, 하나하나 제도적으로 가시화할 것이다."

- 김종필 최고위원의 3김 퇴진론에 대해서는?

"그런 얘기는 하지 말자."

- 당기강 확립을 위한 구체적인 내용을 다시 밝혀 달라.

"민주적으로 토론할 수는 있지만 누구를 음해하고 기강을 문란케 하는 행위, 정치인으로 품위를 유지 못하는 행위 등 모든 해당적(害黨的) 행위가 포함될 것이다. 이제까지 있었던 것도 시정하겠지만, 앞으로 단호히 이 문제를 처리할 것이다."
　- 이번 사태와 관련, 대통령이 섭섭해한 점은 없었는가?
"그런 것은 전혀 없다."

국정전반 개혁 시급

민주계 의원들에 대해서 나는 손을 잡고 비장한 각오로 설득했다.

"이번만은 참자. 3당통합이란 엄청난 결단을 내렸는데, 적어도 1년은 지켜 봐야 되지 않겠는가. 그때까지도 비전이 안 보이면 내가 앞장서겠다."

분당 직전까지 갔던 1990년 가을의 내각제파동은 이렇게 해서 끝을 맺었다. 나에게 내각제 각서에 서명하도록 유도한 뒤 이를 언론에 공개해 정치적인 타격을 주려 했던 구(舊)세력의 시도는 좌절됐다. 합의각서 공개파문 이후 노태우는 내 앞에서 다시는 내각제 얘기를 꺼내지 않았다. 그러나 그의 내각제에 대한 집념은 해를 넘겨서도 계속되었다.

11월 22일 국회 본회의 대표연설을 통해, 나는 "국민이 원하지 않는 내각제(內閣制)개헌은 하지 않을 것이며, 국정 전반에 대개혁이 시급하다"고 밝히고, 국가보안법과 안기부법의 대폭 개정, 여야 대화의 복원 필요성 등을 밝혔다. "미래를 설계할 수 있고 예측할 수 있는 정치라야 국민을 안심시키고 신뢰를 회복할 수 있다"고 나는 말하고, "지금이야말로 국정 전반에 대한 대개혁이 시급하다"고 했다.

1990년 12월 27일, 노태우는 강영훈(姜英勳) 총리 후임으로 노재봉(盧在鳳) 비서실장을 임명하는 등 대대적인 내각개편을 단행했다. 노태우는 법무장관 출신의 정해창(丁海昌)을 대통령 비서실장에, 정치특보에 최영철(崔永喆)을 임명했다. 한결같이 내각제 신봉자이거나 강성 인물에다 노태우 친위내각이어서, 인선 자체가 노태우의 의중이 어디에 있는지를 말해 주고 있었다. 내각제 각서파동에서 뒤로 물러섰던 노태우가 다시금 내각제 추진을 시도하려는 노림수였다.

공안정국 조성

노태우는 1991년 새해 벽두부터 정치권에 긴장을 조성했다. 민정·민주·공화 등 여·야 3당이 통합을 선언한 지 만 1년이 되는 1991년 1월 22일, 국회 상공위 소속 여·야 의원들이 무역협회와 자동차공업협회로부터 뇌물을 받아 외유를 했다는 혐의가 있다며 수사에 착수했다. 사건 발표 10일 만인 2월 11일, 검찰은 현역의원 3명을 구속했다.

상공위 뇌물사건 수사가 채 끝나기도 전에 이번에는 이른바 '수서(水西)사건'이 터졌다. 한보(韓寶)건설측의 로비자금을 받은 몇몇 건설위 소속의원들이 서울시에 압력을 행사, 수서지구에 대한 택지분양 허가를 불법으로 해주도록 했다는 것이다. 이 사건으로 5명의 의원이 구속됐다.

수서택지 분양사건은 성격상 정부에 더 큰 책임이 있음에도, 검찰은 정치권에 책임을 떠넘기고 있었다. 사정의 칼날 앞에 정치권은 숨을 죽였고, 정치에 대한 불신은 더욱 팽배해졌다. 정치권에 대한 물갈이와 세대교체가 있을 것이란 소문이 나돌았다.

정치권의 무력화를 불러온 '공안통치'에 대해 나는 의구심을 나타냈다. 노태우가 합당의 정신을 살려 민주개혁을 추진하기는커녕, 내각제를 위해 다시 공안정국을 조성하려는 속내가 엿보였기 때문이다.

민자당은 2월 20일 열린 당무회의에서 수서사건의 후속 대책으로 '정치풍토 쇄신을 위한 제도개선특위'를 두기로 했다. 노태우는 여기서 내각제개헌을 위해 중·대선거구제 도입을 끈질기게 추진했지만, 나의 강력한 반대로 무산되었다.

1991년 4월 1일 하오, 나는 대구의 금호호텔에서 열린 '나라를 위한 기도회'에 참석한 뒤 김대중을 만났다. 40분간의 짧은 회담이었다. 나는 "정치가 어수선하고 국회의원들이 우왕좌왕하는 것은 정치가 제 구실을 못하고 중심을 잡지 못하고 있기 때문이다. 내각제개헌도 누가 불쑥 거론하고 나올지 모른다는 생각들을 하는 등 불확실한 것이 많기 때문에, 의원들이 마음을 잡지 못하고 흔들리고 있다. 이제 3당합당 시비는 그만두자. 여·야관계도 정상화하고 국회도 의안처리를 해서 정치가 중심을 잡게 하자. 내각제도 우리 둘이서 매듭짓자"고 말했다.

회담을 마치고 두 사람은 국민화합·동서화해·지방색 타파를 위한 협력, 공안통치 불가, 광역의회 선거 6월 실시, 임시국회에서의 개혁입법 추진, 내각제개헌 반대 및 소선거구제 유지 등 5개항의 합의사항을 발표했다.

국민 앞에 떳떳한 정치를

4월 26일, 명지대생(明知大生) 강경대(姜慶大)군이 시위 도중 경찰의 쇠파이프에 맞아 숨지는 어처구니없는 사건이 발생했다. 노태우는 5월 2일 대(對)국민 사과와 함께 내무장관을 경질하는 선에서 사태를 수습하려 했다. 국민 여론은 최악으로 치닫고 있었다. 나는 시국을 바로잡기 위해 주례회동에서 노재봉 총리의 경질 등 내각 전체의 개편을 여러 차례 강력하게 요구했으나, 노태우는 시종일관 완강하게 거부했다. 그러다가 결국 5월 24일 정원식(鄭元植)이 총리로 임명됐다.

하지만 노태우는 여전히 내각제에 대한 미련을 버리지 않았다. 30년 만에 부활된 지방선거에서 민자당이 압승을 거두자, 내각제 논의가 다시 대두되었다. 노태우는 7월 들어 다각적으로 내각제개헌 분위기를 띄우기 시작했다.

우선 노태우는 호남권을 제외하고는 소수의 당선자밖에 내지 못한 김대중을 내각제개헌 정국으로 끌어들이려고 했다. 1991년 7월 16일, 노태우는 김대중과 만난 자리에서 내각제문제를 거론했다. 김대중이 "국민이 원한다면 내각제를 하겠느냐"고 묻자, 노태우는 "김총재가 먼저 정치권의 합의와 국민적 합의점을 찾아보라"고 답했다. 정치권 내의 분위기 조성을 기대하는 속마음의 일단을 내비친 것이다.

7월 26일, 최영철 대통령 정치특보가 제주도에서 열린 전경련(全經聯) 주최 최고경영자 세미나에서 애드벌룬을 띄웠다.

> 민자당의 차기 대통령후보 선출방식은 결코 지명을 통한 형식적 경선이 아니고, 과거 야당의 후보 경선과 같은 형태가 될 것이다. 과거에 비해 경제규모가 커지고 남북통일이 다가오는 시점에서 내각책임제로 권력구조가 전환되는 것이 바람직하다.

노태우는 즉시 변명의 말을 전해 왔지만, 이 사건 역시 노태우의 내각제에 대한 본심을 드러낸 것이었다.

7월 31일, 나는 아내와 함께 해발 1,950m의 한라산에 올랐다. 정상인 백록담까지 7시간가량의 긴 등반이었다. 이 날 남한에서 가장 높은 한라산의 날씨는 한마디로 악천후였다. 한여름인데도 산 전체에 안개가 자욱하게 깔려 앞을 구분하기 어려웠고, 정상 부근에는 특히 거센 비바람이 몰아쳐 마치 한겨울 눈보라 속에 갇힌 듯했다. 식사도 빗물에 말아 먹는 형국이었다. 함께 올라온 기자들이 힘들어했지만, 아내는 말 한마디 없이 묵묵히 나를 따라 주었다. 세찬 비바람 때문에 정상에는 오래 머물지 못하고 성판악 쪽으로 긴 코스를 잡아 걸어 내려왔다.

나는 8월 1일 이원종(李源宗) 부대변인을 통해 "역사 앞에 당당하고 국민 앞에 떳떳한 정치를 펼치겠다"는 심경을 공개했을 뿐, 굳게 입을 다물었다.

8월 9일, 노태우와 다시 만난 나는 후계문제나 정치일정은 연말까지 일체 거론하지 않기로 합의했다. 이로써 내각제는 완전히 종말을 고한 셈이었다. 모처럼 당내에 평화가 찾아온 듯했다.

오호, 김동영 동지!

1991년 8월 나는 나의 오랜 동지 김동영(金東英)을 잃었다. 김동영은 8월 15일 55세의 연부역강(年富力强)한 나이에 서울대병원에서 전립선암으로 세상을 떠났다. 먹구름이 낮게 깔린 폭염 속 여의도 하늘 아래서, 나는 멍하니 하늘만 쳐다보다가 눈을 감은 채 시선을 떨구곤 했다. 국회장(國會葬)이었다. 나와 인연을 맺은 뒤 그는 언제나 변함 없이 나를 도왔다. 그는 나를 위해, 그리고 조국의 민주화를 위해 그야말로 몸을 바쳐서 일했다. 그가 세상을 떠나기 사흘 전 나는 그의 병실을 찾아갔다. 내가 들어서자 그는 간신히 몸을 일으켜 환자복을 깨끗하게 갈아입고는, 머리를 빗고 얼굴에 로션까지 발랐다. 나에 대한 마지막 인사를 위해서였다.

고(故) 김동영 의원이 민자당 원내총무를 지내던 시절, 국회 본회의장에서 나와 당무를 협의하는 모습.

"총재님! 대통령이 되시는 것을 못 보고 갈 것 같아 죄송합니다."

나는 김동영을 끌어안고 목놓아 울었다. 그는 정말 사나이 중의 사나이였다. 당대에는 보기 드문 정의의 인물이었고 남다른 추진력

나의 오랜 민주화투쟁의 동지이자 분신이었던 고(故) 김동영의 빈소에서 조의를 표하는 모습.

이 있었다. 어떤 어려움에 처해서도 꿈쩍하지 않는 용기로, 많은 사람에게 더할 나위 없이 듬직하고 친근감을 주는 인물이었다. 그는 평생 형극의 길을 걸었고, 박정희·전두환 군사정권에 의해서 모진 고문과 수난을 당했다. 그것이 그를 천명(天命)대로 살지 못하게 했던 것이다.

나는 발인 때까지 아침저녁으로 문상을 했다. 비서들을 보내 영안실 일을 빈틈 없이 돌보게 했다. 그러나 가슴 한구석 뻥하게 뚫린 구멍을 메울 수는 없었다.

국회장을 치르고 난 뒤 김동영의 시신은 장지(葬地)인 고향 경남 거창(居昌)으로 운구되었다. 장지(葬地)에는 전국에서 수많은 사람들이 몰려들어 그의 마지막 길을 지켜 보았다. 참으로 보기 드문 장례식이었다. 생전의 그의 인품을 말해 주는 것이었다. 그후로 나는 여러 차례 그의 무덤을 찾곤 했다.

대학시절부터 나를 잘 알았고, 우리 집에서 2년 가까이 함께 살았던 김동영. 대학 졸업 후 내가 원내총무로 있을 때 전문위원으로 정계에 발을 들여놓았던 그는, 유명(幽冥)을 달리할 때까지 나의 분신과 같았다. 김동영! 그는 그토록 바라던 나의 대통령 당선소식을 지하에서나마 듣고 눈물지었을 것이다. 그걸 생각하면 지금도 내 눈시울이 젖어 온다.

제 8 부
국민과 함께 거둔 승리

제5장
북한 경제 전망

1. 마침내 후보로 선출되다

정도로 가지 않은 노태우

합당 이후 민자당의 지지율은 여러 차례 등락(騰落)을 거듭했다. 민자당이 출범하면서 국민에게 약속한 개혁조치가 원만히 이행되지 않는 데 대해 국민들은 불만이었다. 국민들은 4당체제 때와 같은 혼란상이 재현되는 데 대해서도 비판적이었다. 노태우가 합당시의 약속을 지켜 나갔다면 민자당은 훨씬 빨리 안정을 찾았을 것이다.

그러나 노태우는 처음에는 나를 공작으로 제거할 수 있다고 착각했고, 끝까지 내각제를 포기하지 않았으며, 공안정국을 통해 정국을 변화시키려 했고, 구(舊)세력을 끌어 모아 나를 배제하기 위해 노력했다. 민자당 내분의 원인을 제공한 사람은 바로 노태우 자신이었다. 그는 정도(正道)로 가지 않았고, 항시 정보정치를 통해 나에 대한 견제에 골몰했다.

노태우는 나에 대해 너무나 몰랐다. 그는 내가 약속에 철두철미한 사람이라는 것을 잘 몰랐고, 더구나 신사고(新思考)의 발상으로 합당을 결심할 때의 나의 순수한 심정에 대해서는 더더욱 이해하지 못했다.

노태우는 자신의 출신에 대한 두려움에서 빠져 나오지 못했다. 전두환과 함께 쿠데타를 일으켰고 광주사태를 유발한 그로서는 1980년대와 1990년대의 전환기를 감당하기엔 역부족이었다. 그는 나와의 합당을 통해 민주주의의 정도(正道)로 돌아올 기회를 잡았으나, 막상 민주화라는 역사의 도도한 물결 속으로 자신을 던지지 못하고 주저했다.

총선 전 후보 가시화

1992년은 3월의 국회의원 총선과 12월의 대통령선거가 치러지는 선거의 해였다. 민주자유당은 이미 1991년의 지방자치선거에서 전국적인 유권자의 심판을 받은 바 있었지만, 1992년의 양대 선거는 국민들이 미래의 정부를 선택하는 중요한 심판의 무대였다. 나는 3월 24일 치러질 총선을 앞두고 이 나라의 차기를 이끌어 갈 대통령후보가 미리 결정되어야 한다는 생각을 갖고 있었다. 과거에도 그랬다시피 역사상 선거(選擧)는 항상 정치구도를 바꾸어 왔고, 총선에서 국민들은 각 정당의 미래를 보고 판단하는 것이다.

나는 민자당이 유권자들에게 예측 가능한 미래를 제시하지 못한다면, 유권자로부터 전폭적인 지지를 이끌어 내기 어렵다는 점과, 총선이 자칫 당내의 계파 대결장으로 변질돼 당의 화합과 승리에 장애물이 될 것이라는 점을 우려, 후보 가시화가 먼저 이루어져야 한다고 생각하고 있었다.

1992년을 맞아 연초부터 당은 또다시 내분에 휩싸이는 듯했다. 내각제 합의각서 유출파문이 마무리되면서 당내에서는 나와 계파를 달리하면서도 나를 지지하는 사람들이 늘어나고 있었다. 민정계

내부에서 나에 대한 '대세론'이 확산되기 시작한 것이었다. 그러나 반발도 있었다. 이른바 '반(反)YS 그룹'이다. 민정계라는 숫적 우위를 바탕으로 활동을 해 오던 이들은 노태우에게 총선 전 후보 가시화를 반대하는 압력을 가했다.

후보문제를 둘러싼 내분이 증폭되자 나는 입장을 분명히 밝혔다. 1992년 1월 7일 오후, 민자당 중앙정치연수원에서 나는 "국민의 최대 관심사인 민자당의 대통령후보 문제가 결정되지 않은 게 정치·경제·사회불안의 원인이 되고 있다"고 전제, "국민을 안심시키고 총선 승리를 위해 총선 전에 먼저 차기후보를 결정하는 것이 상식이고 순리"라고 밝혔다. 나는 국가대사와 관련된 결정을 미룬 채 예측 불가능한 정치를 계속하는 것은 국민에 대한 죄악(罪惡)이라는 점을 분명히 했다.

대통령후보 조기 가시화 문제를 놓고 내분에 휩싸였던 민자당은, 2월 9일의 청와대 4자회동과 노태우의 10일 연두기자회견을 계기로 '총선 후 전당대회에서의 경선'이란 해법(解法)으로 일단 가닥을 잡았다.

> 민자당의 차기 대통령후보를 뽑는 전당대회는 총선거가 끝난 뒤 개최할 것이며, 대통령후보는 당헌에 정해진 대로 민주적인 절차에 따라서 경선에 의해 선출될 것이다. 14대 국회의원 선거는 김영삼 대표최고위원이 중심이 되고 두 최고위원이 합심·협력해서 치러질 것이다.

1992년 3월 15일, 마산에서 지원유세를 하는 장면.

집권당 초유의 자유경선 주장

나는 3월 24일 치러질 14대총선에서 민자당이 안정 과반수를 얻기 위해 전국을 다니며 지원유세를 했다. 그러나 3·24총선 결과는 민자당의 패배로 나타났다. 민자당은 전국구를 포함해 299석의 전체 의석 중 149석을 얻어 과반수 확보에 실패했으며, 김대중의 민주당은 97석으로 크게 약진했다. 정주영(鄭周永)이 창당한 국민당(國民黨)도 31석으로 원내교섭단체를 구성했고, 무소속이 21석, 신정당이 1석이었다.

노태우는 겉으로는 "김영삼 대표가 총재인 나를 대신해 민자당의 중심이 돼 14대 총선을 치르게 될 것"이라고 말했지만, 나를 의도적으로 배제한 채 수구적인 작태를 보였다. 노태우는 자신의 친·인척들에게까지 거리낌 없이 공천을 주었고, 전국구에도 자신의 친위세력이나 구태의연한 인물들을 당선권에 올려 놓았다. 공천 실패, 최고위원들의 분열, 안기부와 기무사의 구태의연한 선거개입 등 많은 패인이 있었다. 무엇보다 총선을 앞두고서도 민자당의 미래를 불투명하게 방치한 것이 가장 큰 패인(敗因)이었다.

선거가 끝난 뒤 이른바 '총선실패 책임론'이 등장했다. 실제 모든 선거를 주도한 노태우가 오히려 내게 책임을 뒤집어씌우려는 조짐이 나타났다. 총선 책임론이라는 형식 아래 그들은 이번 기회에 나에게 결정타를 가할 속셈이었다.

나는 총선 패배의 책임공방이 당력(黨力)을 소진하는 무한 소모전으로 치닫는 것을 방치할 수 없었다. 당을 본래의 궤도에 올려 놓아야 했다. 3월 27일, 나는 청와대에서 노태우와 만나 향후 당운영에 대해 협의했다. 다음날 상오 나는 중앙당사에서 기자회견을 가졌다. 나는 이 자리에서 "5월 초순에 열릴 민자당의 대통령후보 지명을 위한 전당대회에 후보로 나설 것임을 엄숙하게 선언한다"고 밝히고, "나는 우리 당의 어느 누구와도 정정당당하게 선의의 경쟁을 벌일 용의가 있다"고 말했다.

당은 후보경선 문제로 분위기가 반전됐다. 내가 이렇게 '정면돌파'로 국면전환을 한 것은, 더 이상 책임론으로 시간을 끌 경우 당이 만신창이가 될 뿐이라고 보았기 때문이다.

나를 지지하는 국회의원들은 소수파인 내가 '완전 자유경선'을 주장하고 나서자 깜짝 놀라며 우려를 표시했다.

집권당 사상 초유의 대통령 후보 자유경선 일자는 5월 19일로 결정되었다. 이때부터 '노심'(盧心)이라는 단어가 정가(政街)의 유행어가 되었다. 노심(盧心)은 하루에도 몇 번이나 변했다. 나는 기자들에게 "대통령과 하나가 되었다"고 말했지만, 노태우는 끝내 나를 지지하지 않았다.

'대통령후보 추대위' 결성

3월 31일 저녁, 9명의 민정계 중진들이 모여 나의 후보 추대를 결의했다. 이들은 모두 민정계 핵심인물들이었다. 시·도 대표격 인사들로 남재희(서울), 김진재(부산), 김용태(대구), 이웅희(경기), 정재철(강원), 김종호(충북), 김윤환·금진호(경북), 정순덕(경남)이 그들이었다.

1992년 4월 28일, 국회 의원회관 별관에서는 민자당의 14대 대통령후보를 선출하는 전당대회를 앞두고 나를 추대하는 모임의 결성식이 열렸다. 민정·민주·공화계의 다수 현역의원을 포함, 240여명이 참석했다. 이 날 나를 지지한 사람들은 "정권 재창출을 위해서는 3당통합 정신을 계승한 김영삼 대표를 민자당의 차기 대통령후보로 추대해야 한다"고 결의했다.

'김영삼 민자당 대통령후보 추대위원회.' 나를 집권여당의 대통령후보로 추대한 이 모임은 3당통합 당시의 지분(持分)을 완전히 무시하고 새로 결성한 위원회로서, 민자당의 지구당위원장 170명이 참여했다.

추대위(推戴委)의 면면은 계파의 벽을 완전히 뛰어넘었다. ▷명예위원장 : 김종필(金鍾泌) ▷공동위원장 : 권익현(權翊鉉), 김재광(金在光), 이병희(李秉禧) ▷부위원장 : 고명승(高明昇), 구자춘(具滋春), 김광수(金光洙), 김수한(金守漢), 김식(金湜), 박세직(朴世直), 박용만(朴容萬), 서정화(徐廷和), 신상우(辛相佑), 오세응(吳世應), 이종근(李鐘根), 정재철(鄭在哲), 최형우(崔炯佑), 지연태(池蓮泰) ▷대표간사 : 김윤환(金潤煥) ▷총괄간사 : 김종호(金宗鎬), 김용채(金鎔采), 김덕룡(金德龍) ▷고문단 : 김재순(金在淳), 민관식(閔寬植), 김명윤(金命潤), 이만섭(李萬燮), 유학성(兪學聖), 최재구(崔載九), 김정례(金正禮), 권오태(權五台), 황인성(黃寅性), 임방현(林芳鉉) 등이었다.

추대위는 그후 여의도 뉴서울빌딩에 캠프를 차려 대의원 득표활동에 나섰다.

압도적 지지로 후보에 선출

전당대회는 예정대로 5월 19일 올림픽공원 체조경기장에서 개최됐다. 나는 총 6,660명의 투표자 중 66.3%인 4,418명의 지지를 획득, 집권 민자당의 제14대 대통령후보로 선출됐다. 내가 즐겨 쓰던 "호랑이가 토끼를 잡을 때도 있는 힘을 다한다"는 말처럼 나는 대통령후보 지명을 받기 위해 최선을 다했다. 계파(系派)라는 시각에서만 본다면 소수파인 내가 경선에서 승리하기는 힘겨운 것이었지만, 끊임없이 흔들리던 상층부와 달리 지방의 당원들은 민심의 영향을 많이 받았고 그 민심에 따라 표를 던진 것이다.

이 날 후보로 선출된 뒤 나는 수락연설을 통해 "앞으로 3당통합의 결실을 바탕으로 민주주의의 완성, 선진경제의 실현, 민족통일 성취라는 국가목표를 향해 매진할 것"과 "민족에게는 평화와 통일을, 국민에게는 자유와 정의를, 우리 사회에는 안정과 번영을 보장해 주는 큰 정치를 펼쳐 나가겠다"고 다짐했다.

후보수락 연설

다음은 이 날의 후보수락 연설 요지이다.

저는 오늘 여러분께서 우리 민주자유당의 대통령후보로 선출해 주신 데 대해 기쁨에 앞서 무거운 책임과 사명감을 느끼며 감히 이를 수락하고자 합니다.

그 동안 열성적인 지지와 사려 깊은 비판으로 격려하고 일깨워 주신 당원동지 여러분께 진심으로 감사드립니다.

오늘 이 뜻 깊은 자리에 우리 당의 몇몇 동지들이 함께 자리하지 못한 데 대해 안타까운 마음을 금치 못합니다. 우리 모두 겸허한 자기 반성으로 당의 단결과 화합을 더욱 굳건히 다지는 전화위복의 계기로 삼아 나가야 하겠습니다. 또 우리는 반드시 그렇게 할 수 있으리라고 믿습니다.

이제 우리 앞에는 대통령선거에서의 승리라는 중대한 과제가 놓여 있습니다. 이번 대통령선거는 21세기의 길목에서 우리 민족의 미래를 결정짓는 중대한 분기점이 될 것입니다. 통일을 앞당기고, 민주화를 완성시키며, 제2의 경제도약을 이룩하느냐 못 하느냐가 결정될 것입니다.

이러한 역사적 과업을 수행할 수 있도록, 우리 민주자유당은 반드시 다음 대통령선거에서 승리해야만 합니다.

저는 앞으로 이러한 3당통합의 결실을 바탕으로 '민주주의의 완성', '선진경제의 실현', '민족통일의 성취'라는 국가목표를 향해 매진할 것입니다.

저는 정당성과 민주적 지도력에 입각한 힘 있는 정부를 구성

1992년 5월 19일, 민자당 대통령후보 선출 경선에서 대통령후보로 확정된 후 노태우와 함께 대의원들의 환호에 답하고 있다.

하여 책임 있는 정치를 펴 나가겠습니다. 그러나 이러한 지도력도 정직성과 도덕성에 기초해야 합니다.

저는 민주적이고 정직한 지도자가 가장 강력한 지도자라고 확신하고 있습니다. 앞으로 저는 도덕적인 정치와 깨끗한 정치를 몸소 실천해 나가겠습니다. 저는 지난 40년간 정치 민주화의 현장에서 얻은 소중한 체험을 살려 경제 민주화의 실현을 위해 최선을 다하겠습니다.

앞으로 저는 90년대 안에 우리 민족의 염원인 조국의 통일이 기필코 실현되도록 하겠습니다.

얼마 남지 않은 21세기의 시작을 통일된 조국으로 맞이해야 합니다. 지금 국민들은 전당대회 이후 우리가 어떻게 단결할 것인가를 주시하고 있습니다. 그리고 우리 민주자유당이 영광된 통일 선진국가를 향한 구심점이 되어 힘차게 전진할 것을 기대하고 있습니다.
 이제 우리 당은 모든 면에서 혼연일체의 하나된 모습을 국민 앞에 보여 주어야 합니다. 그것만이 중대한 역사적 과업을 앞두고 국민을 하나로 묶어 나갈 수 있는 길이기 때문입니다.
 저의 오랜 꿈은 자유와 풍요 속에 국민 모두가 더불어 잘사는 통일된 민주한국을 이루는 것입니다. 이러한 저의 소망은 저 자신의 노력만으로는 실현될 수 없습니다. 당원동지 여러분의 적극적인 희생과 성원, 그리고 단합된 노력만이 이를 실현할 수 있다고 믿습니다.
 저는 다가오는 대통령선거에서 기필코 승리하여, 그 영광을 당원동지 여러분과 국민 여러분께 바치도록 하겠습니다.
 저의 승리가 동지 여러분의 승리, 그리고 우리 국민 모두의 승리가 되도록 하겠습니다.

1992년 5월 19일

결과에 승복하는 것이 민주주의

 수락연설을 마친 뒤 기자회견을 가진 나는 "투표결과에 만족하며, 앞으로 당내 계파를 초월해 정권 재창출을 위해 총력을 기울일 것"이라고 밝혔다. 또 나는 앞으로 당내의 어느 인사와도 만날 용의가 있으며, 14대국회 개원을 위해 야당 대표와도 접촉하겠다고 말했다.
 다음은 기자들과의 일문일답이다.

 - 3당합당 후 대통령후보가 되기 어렵다는 관측도 많았습니다. 당선소감은?

"오늘 대의원들은 역사의 순리에 따라서 오는 연말 대선에서 승리할 수 있는 후보를 선출함으로써 현명하다는 사실을 보여 줬다."

- 경선과정에 나타난 당내의 상처를 치유할 방안은?

"정치적 견해를 달리한 분들에 대해 최대한 관용을 통해서 민자당이 하나가 되도록 하는 데 최선의 노력을 기울이겠다. 그 분들도 당과 정권 재창출을 위해 반드시 함께 해줄 것으로 믿는다."

- 66%의 지지율에 대한 소감은?

"대단히 만족한다. 민주주의에서는 압도적 다수의 지지보다는 과반수 정도를 얻는 것이 정도(正道)이고 멋이다."

- 14대국회 개원을 앞두고 당직개편 등 향후 당 운영방안은?

"대선에 임할 수 있도록 당을 정비해 가겠으며, 현재는 정치적 안정과 정국안정이 가장 중요하다. 민생문제 및 경제난 해결 등을 위해 야당 대표들과 만나 협의해 가겠다."

- 민주계에서 후보가 나옴으로써 다른 계파와의 관계가 어렵다는 얘기도 있는데…….

"전당대회를 통해서 보았다시피 완벽한 경선이었다. 이제 계파는 없어지고 민자당만이 있을 뿐이며, 정권 재창출을 위해 계파를 떠나 똘똘 뭉쳐 당과 나라를 위해 선택해 나갈 것이다."

집권여당의 대통령후보가 되었지만, 그 날부터 나에게는 험하고 가파른 고빗길이 구비구비 가로놓여 있었다.

나는 1970년 신민당의 대통령후보 경선에서 역전패당하는 아픔 속에서도 결과에 승복했고, 신민당과 김대중 후보의 승리를 위해 최선을 다했다. 그것은 훗날 내가 당원과 국민으로부터 더욱 사랑받는 정치인으로 성장할 수 있게 만들어 주었다. 패배의 아픔을 겸허히 수용할 수 있는 사람만이 민주주의 지도자로 성장할 수 있다

1992년 7월, 민자당 사무처요원 연수에 참석하여 활 시위를 당기는 모습.

는 것이 나의 민주정치에 대한 변함 없는 신념이다. 그러나 1992년의 민자당에는 집권당 사상 초유의 경선 결과를 흔쾌히 수용하지 못하는 사람들이 있었다. 나는 경선에서 패배한 이종찬을 찾아가 당의 승리를 위해 힘을 합칠 것을 당부했다. 그러나 패배한 이종찬은 끝내 경선 결과에 불복하고 1992년 8월 17일 민자당을 탈당했다. 1997년 대선을 앞두고 똑같은 상황이 다시 벌어졌다. 경선에서 패배한 이인제는 나의 끈질긴 만류에도 불구하고, 대통령후보에 출마하기 위해 신한국당을 탈당했다. 기본적으로 민주주의는 경쟁이다. 그 결과에 승복하지 않은 이종찬, 이인제 이 두 사람은 민주주의의 원칙을 망각하고 정도(正道)로 가기를 거부한 사람들이었다. 멋있는 민주정치에 대한 국민의 기대를 저버린 이러한 배신행위는 한국정치사에 불행한 기록으로 남게 되었다.

2. 탈당 도미노 속에서

이동통신 사업자선정 파동

1992년 8월 20일 체신부장관은 제2이동통신 사업자를 발표했다. 사업자에는 선경(鮮京)그룹이 선정되었다. 임기 말의 대통령이 재계(財界) 전체의 판도 변화를 가져올 수 있는 중요한 대형사업의 사업자에 자신의 사돈 기업을 선정한 것이었다.

이즈음 노태우와 주례회동을 하는 자리에서, 나는 이유 여하를 불문하고 임기 말에 이동통신사업이란 막대한 이권을 사돈에게 주면 절대 안 된다고 얘기했다. 노태우는 오히려 "아니, 모든 사람이 찬성인데 김후보만 왜 반대합니까" 하며 불쾌한 반응을 보였다.

회동을 마친 다음 나는 '시·도의원 원년(元年) 평가회' 참석차 가락동 민자당 중앙연수원에 갔다. 나는 치사를 통해 "정부가 깨끗하고 대통령이 정직해야 국민이 정부를 믿고 따를 것"이라고 말했다.

이동통신 사업자선정 문제는 국가적으로도 중대한 대형사업이었다. 나는 사업자선정에 있어 국민적 감정을 존중해야 하고, 권력의 입장에서는 백지(白紙)와 같은 마음을 가져야 한다고 생각했다.

21일 오전, 강릉 지구당 개편대회에서 나는 이렇게 말했다.

나는 5공 당시 연금기간 중에 전두환이 사람을 보내 참석하도록 종용했지만, 큰아들 결혼식에 가지 않았습니다. 이 나라의 민주주의를 하루라도 앞당기겠다는 신념 때문이었습니다. 나 역시 한 가정의 가장으로서 내 아내와 자식을 진실로 사랑하지만, 그보다 국가와 민족을 더 사랑합니다.…… 윗물이 맑아야 아랫물이 맑아지는 법입니다. 사회 지도층이 청렴결백한 풍토조성에 앞장서야 하겠습니다.

정부의 사업자 선정 발표를 본 나는 이제 당사자인 선경측에서 해결하는 수밖에 없다고 생각했다. 나는 24일 오전 하얏트호텔에서 최종현(崔鍾賢)회장을 만났다. 최(崔)회장은 사업가로서 이동통신사업에 대한 미련이 대단했다. 나는 최회장에게 단호한 어조로 말했다.

"이제 문제를 해결할 사람은 노대통령이 아니라고 봅니다. 사돈으로서 최회장이 반납하는 길밖에 방법이 없습니다."

나는 내가 반드시 대통령에 당선될 것이며, 그렇게 되면 이번 노태우의 결정을 취소할 것이라고까지 말하며 설득했다. 최회장은 눈물을 글썽이면서까지 끝내 "두 분이 해결해 주십시오" 하는 것이었다. 나는 "이미 다 끝난 얘기이니 최회장의 결심밖에 없다"고 못을 박았다. 선경은 25일 오후 사업권 반납을 발표했다.

민자당 총재로 선출

1992년 8월 28일 오후, 올림픽공원 역도경기장에서 열린 민자당 중앙상무위원회에서 나는 당총재로 선출되었다. '김영삼체제'하의 민자당호(號)가 출범한 것이다. 이는 5·16 이후 형성된 구(舊)여권세력이 오랫동안 그들과 맞서 왔던 나에게 그들의 대표권을 넘겨준 것이라는 점에서, 과거의 권력이동과는 차원을 달리하는 것이었다. 나는 군사독재로부터 평화롭게 벗어나는 방법을 선택했으며, 이 날은 그러한 점에서도 상징적인 날이었다.

나는 이 날 '변화의 시대를 연다'는 취임연설에서 내가 "순수 민간인 출신으로는 31년 만에 처음으로 집권당 총재가 되었다"고 하고, "그것은 이제 명실상부한 문민시대가 열리고 있음을 뜻한다"고 선언했다.

다음은 나의 민주자유당 총재 취임사의 일부이다.

문민시대 개막의 신호

친애하는 당원동지 여러분, 그리고 국민 여러분!

저는 애정과 격려와 그리고 기대를 담은 여러분의 뜻을 받아들여 민주자유당 총재직을 겸허하게 수락합니다. 여러 가지로 부족한 저를 이처럼 총재로 선출해 주신 데 대해 진심으로 감사드리며, 이 순간 무거운 책임감을 느낍니다.

저는 순수한 민간인 출신으로서는 31년 만에 처음으로 집권당의 총재가 되었습니다. 그것은 이제 명실상부한 문민시대가 열리고 있음을 뜻합니다. 지금 우리 국민과 역사는 변화를 요구하고 있습니다.

당원동지 여러분!

밝고 건강한 조국을 창출하기 위해서는 우리의 현실을 바로 진단해야만 합니다. 우리 사회는 지금 많은 문제점을 안고 있습

1992년 8월 28일, 민자당 중앙상무위원회에서 총재로 선출된 뒤 취임연설을 하고 있다.

니다. 해이된 기강과 무책임, 돈이면 안 되는 것이 없다고 생각하는 황금만능주의가 만연되어 있습니다.

젊은이들은 가치관의 혼란 속에서 방황하고 있습니다. 과소비와 사치가 도를 더해 갑니다. 계층간·지역간·세대간의 갈등은 더 깊어져 갑니다. 이같은 모든 현상을 한국병으로 진단할 수 있을 것입니다.

이 모든 것이 저 자신을 포함한 정치인 모두의 책임이라고 생각합니다. 저와 우리 당원 모두는 옷깃을 여미며, 이제부터 국민과 함께 호흡하고 국민의 주름살을 펴 주는 생활정치를 해 나가겠다는 것을 다짐합니다. 그래야만 우리 정치, 우리 경제, 우리 사회는 새롭게 변화할 수 있을 것입니다.

강력한 정부, 강력한 지도력

이 나라의 정치, 경제, 사회가 새롭게 변화하려면 강력한 정부, 강력한 지도력이 필요합니다. 우리는 한국병을 뿌리부터 고쳐야만 합니다. 우리 사회의 건강을 회복시키기 위해 대담한 수술을 해야만 합니다. 만연된 부정부패, 구조적인 부조리의 사슬을 끊어 내야만 합니다. 공공질서를 어지럽히는 개인이기주의, 집단이기주의에 강력한 제재가 가해져야만 합니다. 강력한 정부, 강력한 지도력은 깨끗하고 정직한 지도자에게서 나옵니다. 윗물이 맑아야 아랫물이 맑습니다. 저는 상도동에 집 한 채밖에 없습니다. 앞으로도 그것밖에 없을 것입니다. 제가 대통령이 되었다가 물러나더라도 조금도 변하지 않은 옛 모습 그대로의 지금의 집으로 돌아오겠습니다.

우리는 두 가지 악폐만은 반드시 고쳐야 합니다. 하나는 금력으로 권력을 만들 수 있다는 생각과, 또 하나는 권력으로 재산을 만들 수 있다는 생각입니다. 이같은 생각들은 기필코 뿌리를 뽑고 말겠습니다. 지도자의 도덕성은 건강한 사회와 건강한 나라의 기본입니다. 저는 도덕정치를 최고의 가치로 삼으려 합니다.

다음으로 강력한 정부, 강력한 지도력은 집권과정부터 정당할 때 비로소 가능합니다. 불법·부정한 수단으로 잡은 권력으로는 큰 힘을 발휘하지 못합니다. 참된 힘은 총구나 금력에서 나오는 것이 아니라 바로 도덕성에서 나오는 것입니다. 저는 부정한 방법으로 대통령에 당선될 생각은 추호도 없습니다. 제가 국회 특별위원회로 하여금 대통령선거법을 바르게 고치도록 한 것은 저 자신 공정하고 정정당당한 경쟁을 원했기 때문입니다. 저는 깨끗한 선거를 반드시 치르고야 말겠습니다.

1992년 8월 28일

이 날 총재 취임사에서 내가 가장 힘 주어 강조한 부분은 "우리는 두 가지 악폐만은 반드시 고쳐야 합니다. 하나는 금력으로 권력을 만들 수 있다는 생각과, 또 하나는 권력으로 재산을 만들 수 있다는 생각입니다"였다.

박정희 이래 전두환, 노태우에 이르기까지 군출신의 권력자들은 앞장서서 정경유착의 추악한 거래를 통해 천문학적인 재산을 불법적으로 축재해 왔다. 나는 이같은 악폐는 반드시 척결해야 한다고 생각해 왔다.

그래서 나는 1992년 대통령선거 유세의 전과정에 걸쳐 국민 앞에 '깨끗한 대통령', '강력한 대통령'이 될 것을 약속했다.

내가 대통령 취임 일성(一聲)으로 "재임 중 단 한푼의 돈도 받지 않겠다"고 선언한 것은 이러한 맥락에서였다. 나는 깨끗한 대통령이 되겠다는 국민과의 약속을 한치의 어긋남 없이 실천에 옮겼다.

나는 또 오랜 고통의 세월을 딛고 국민의 힘으로 세워지는 문민정부가 강력한 지도력을 발휘해 민주주의를 지켜 나갈 것이라고 다짐했다. 내가 당선된 직후부터 취임식이 있기까지 해외 언론에서는 문민정부가 나와 군부 등 구세력과의 '동거정부'가 될 것이라는 전망이 나오기도 했으나, 나는 취임과 동시에 전격적으로 군(軍) 내 사조직인 '하나회'를 해체했다. 이는 문민정부의 정통성에 기초한 강력한 국민의 힘이 있었기 때문에 가능했고, 이로써 수십년간 내 조국의 민주주의에 드리워져 있던 암울한 쿠데타의 망령은 완전히 사라지게 되었다.

안정 속에서 개혁

행사를 마친 나는 기자실에 들러 간담회를 가졌다. 다음은 일문일답 내용이다.

― 새로 총재로 취임한 소감은?

"대단히 무거운 책임을 느낀다. 순수 민간인으로 31년 만에 처음으로 집권여당의 총재가 됐다는 것도 부담일 수밖에 없다."

― 제2이동통신 외에도 신공항 건설, 경부고속전철 등 대규모 국책사업이 많다. 이에 대한 방침은?

"영종도 신공항이나 고속전철 문제에 대해서는 아직 정부와 협의한 적이 없다. 이 문제도 앞으로 노대통령과 충분히 협의토록 하겠다."

― 총재 취임사를 통해 개혁을 강조했는데, 구체적인 개혁의 방향은?

"변화에 적응하는 것이 정치에 있어서 가장 중요하다. 대처 전(前) 영국 수상이 영국병을 치유한 것처럼, 나도 반드시 한국병을 치유하겠다. 이제는 정치인들도 민생문제에 눈을 돌려야 한다."

― 김총재는 안정 속의 개혁을 말했는데…….

"국민들은 혁명적 변화가 아니라 안정이란 바탕 위에서 꾸준한 변화를 바라고 있다."

― 노대통령과 차별화를 구사할 것이라고 예견되는데…….

"노대통령과 나는 성장 배경이나 정치 스타일이 다르다. 또 시대 변화에 따라 변해야 하는 것도 당연하다. 앞으로 필요에 따라 노대통령과 수시로 회동을 가질 것이며, 최고 당정협의 차원으로 국가발전 등에 대해 많은 협의를 할 것이다."

― 단체장 선거의 연내 실시 가능성은?

"대선(大選)이 3개월밖에 남지 않아 시간적으로 불가능하고 경제적 측면에서도 어렵다. 야당측이 주장하는 대선과의 동시 실시도 대단히 어려운 일이다. 야당에서는 필리핀의 예를 들지만, 선거를 실시한다고 잘되지 않는다는 것은 필리핀 경제가 입증해 주고 있다. 진실로 국가와 국민의 장래를 걱정한다면, 단체장선거 실시는 차기정권의 담당자에게 넘겨야 한다."

　- 연말 대선 전망은?

"안정 속의 개혁을 추구하기 위해 국민들이 우리 당을 선택하리라 믿는다. 우리의 상대는 야당이 아니라 우리 내부의 자만이다. 선거의 승리를 위해 최선을 다하겠다."

　- 민자당의 향후 당운영은?

"오늘 나를 만장일치로 총재에 선출해 준 것은 과거 민정당 했던 분들이 나를 뽑는 것이 옳다고 생각했기 때문이다. 이제 계보는 없어졌다. 옳고 그른 것을 분명히 하면서 원칙에 입각해 운영할 생각이다."

노태우 탈당

8월 31일 느닷없이 14대총선 당시의 관권선거를 폭로하는 양심선언이 터져 나와 노태우를 당혹스럽게 했다. 선거 당시 충남 연기군수였던 한준수(韓峻洙)는 이 날 기자회견을 통해, "이상연(李相淵) 내무장관과 이종국 충남지사 등이 노대통령의 측근인 임재길(林裁吉) 후보를 당선시키기 위해, 조직적으로 자금을 살포하고 공무원들을 동원했다"며 구체적인 자료를 제시한 것이다. 파문은 눈덩이처럼 부풀어 갔다. 검찰은 결국 임재길을 구속하기에 이르렀다.

무언가 획기적인 분위기 쇄신책이 있어야 한다는 여론이 비등했다. 9월 16일 오전, 나는 중앙당사에서 기자회견을 갖고 연기군 관권선거에 대한 대(對)국민 사과를 표명했다. 아울러 나는 "이번 대통령선거를 공명정대하게 치를 수 있도록 중립적인 선거내각을 구성할 것이며, 집권당 총재와 대통령후보로서 대담한 결정을 하겠다"고 밝히고, "이를 위해 오는 18일 상오 노대통령과 만나 인책범위와 개각문제 등을 협의, 이번 주 중 결론을 내리겠다"고 밝혔다.

그런데 노태우는 뜻밖의 길로 가 버렸다. 9월 18일의 주례회동을 하루 앞두고 나는 〈중앙일보〉를 통해 노태우가 탈당할 것이라는 소식에 접했다. 나와의 만남을 앞두고 한 일방적인 발표였다.

1992년 9월 18일 오전, 나와 노태우는 납덩이같이 무거운 분위기 속에서 마주앉았다. 노태우가 먼저 말을 꺼냈다.

"김총재, 여러 가지로 생각을 해 봤는데, 오늘 내가 중요한 결정을 하나 해야겠어요. 연기군(燕岐郡) 관권선거 시비로 온 나라가 시끄러운데, 내가 중대한 결심을 하나 해서 분위기를 바꿔야 하겠습니다. 대선을 앞두고 중립내각을 구성하되, 공명선거를 국민들에게 약속한다는 차원에서 내가 민자당을 탈당하겠습니다. 내가 당적(黨籍)을 갖고 있을 경우 야당에서 중립내각을 믿겠습니까? 섭섭하게 생각 마시기 바랍니다.······ 이미 마음을 정했습니다. 여러 사람들하고 얘기를 나눠 봤는데, 이것이 최선의 방책인 것으로 생각합니다. 이해해 주세요."

나는 어이가 없었다. 나는 노태우에게 "미국의 역대 대통령들의 생각이 옳았다고 생각한다. 대통령은 당적(黨籍)을 가지고 있어야 한다"고 말했다. 그것이 국민에게 책임을 지는 아름다운 민주주의의 전통이라고 나는 생각했다. 그런데 노태우는 거꾸로 대통령이 자기 당을 떠나는 탈당의 전통을 만들고 있었다. 1시간여 동안 화를 내기도 하고 설득도 해 보았지만 그는 막무가내였다.

"마음대로 해 보라. 대통령선거가 끝날 때까지 당신을 만나는 일은 없을 것이다."

나는 이렇게 잘라 말하고 당사로 돌아왔다. 나의 이야기를 들은 김종필 최고위원이 육두문자를 써 가며 노태우를 심하게 비난하던 모습이 지금도 잊혀지지 않는다.

선거를 앞두고 당내 최대 계파를 대변하는 노태우가 탈당하는 것은 나의 당선을 방해하겠다는 의사표시나 마찬가지였다. 언론에서는 이동통신 문제와 연기군 선거부정 사건에서 빚어진 나와의 마찰이 탈당의 계기가 되었다고 분석했으나, 이것은 일면적인 해석에 불과했다. 노태우는 나의 당선을 두려워했을 뿐 아니라, 한편으로는 자신이 탈당할 경우 당이 분열돼서 결국 나의 당선 가능성이 희박해질 것이라는 계산까지 하고 있었다. 물론 그의 계산은 오판(誤判)이었다.

노태우의 탈당은 국민들에게 엄청난 충격을 주었다. 민자당은 일대 혼란에 빠졌고, 김대중의 민주당과 정주영의 국민당은 환영 일색이었다. 워싱턴에 가 있던 김대중은 신속히 화답했다. 귀국 즉시 대통령과 3당 총재의 4자 대표회담을 가질 것을 제의하면서 유화적인 의사를 표시했다. 김대중에게 노태우의 탈당은 커다란 선물이었고, 김대중은 노태우의 탈당에 고무되었다.

김대중은 노태우가 민자당에 탈당계를 낸 10월 5일 저녁 청와대에서 노태우와 만찬 회동을 갖고, 중립 선거관리내각의 구성 및 인선 방향에 대해 의견을 나눴다. 이어서 현승종내각이 들어섰다. 김대중은 10월 15일 국회 본회의 대표연설을 통해 "노태우 대통령의 9·18선언은 참으로 용기 있고 현명한 구국의 결단이었다"면서, 노태우의 탈당을 '선언'으로까지 격상시켰다. 선거과정에서 김대중은 시종 "이번 선거는 노태우의 탈당과 중립내각으로 관권선거의 흔적이 없다," "대통령과 중립내각의 확고한 공명선거 의지를 높이 평가한다," "현승종 총리처럼 훌륭한 총리를 모시는 것은 처음인 것 같다"고 잇달아 발언했다.

잇단 탈당으로 일대 혼란

1992년 10월 5일, 노태우는 민자당을 탈당했다. 선거를 불과 2개월 앞둔 시점에서 노태우가 탈당함으로써 민자당의 선거준비는 일대 혼란에 빠졌다. 노태우의 탈당이 신호탄이 되어 민정계의 동반 탈당이 이어졌다. 탈당은 거의 매일 몇 사람씩 단계적으로 이어졌다. 계속되는 탈당으로 당은 벌집 쑤신 듯 동요했다.

'이제 나에게는 야당도 여당도 없다. 원점에서 새롭게 출발하자.'

나는 새롭게 각오를 다지면서 당의 내부 결속을 위해 동분서주했다. 노태우가 탈당을 선언한 지 나흘 만인 9월 21일, 나는 박태준을 만나 선거대책본부장을 맡아 달라고 당부했다. 그러나 박태준은 끝내 거부했다. 그는 10월 5일 포철(浦鐵) 회장직을 내놓았고, 9일에는 최고위원직 사퇴서 및 민자당 탈당계를 제출했다. 나는 10월 10일 모든 유세일정을 취소하고 박태준을 만나러 전남(全南) 광양(光陽)제철소로 날아갔다. 나는 무엇보다 끝까지 최선을 다하려고 했다. 그 날 나는 하루 종일 박태준을 설득했으나, 그는 끝내 탈당하고 말았다.
노태우와 박태준의 탈당은 곧바로 민정계에 탈당 도미노 현상을 부채질했다. 10월 13일 당고문인 채문식(蔡汶植), 윤길중(尹吉重)과 윤재기(尹在基), 윤성한(尹星漢), 이동진(李東鎭), 최명헌(崔明憲), 이진우(李珍雨) 등 11명이 탈당했고, 14일에는 박철언(朴哲彦), 김용환(金龍煥), 이자헌(李慈憲), 장경우(張慶宇), 유수호(劉守鎬) 등 현역의원 5명이 집단 탈당했다. 매일 조금씩 탈당함으로써 탈당의 파급효과를 높이려 한 의도적인 연쇄탈당이었다. 정가(政街)에서는 거대 신당 창당설이 그럴듯하게 나돌기도 했다.

선거를 두 달 앞두고 이루어진 연쇄탈당으로 나는 선거체제를 가동하는 데 커다란 애로를 겪었다. 현역의원들이 탈당한 지역은 대통령선거까지 지구당 개편대회를 치를 시간적 여유조차 없었고, 결국 공백을 메우기 위해 탈당지역은 임시체제로 선거대책위원장을 임명해서 선거를 치렀다.

3. 단기필마로 전국유세

9선 국회의원의 사퇴선언

집단탈당이 이어지던 1992년 10월 13일, 나는 국회 본회의에서 민주자유당 총재로서 대표연설을 했다. 나는 "권위의 붕괴, 사회기강 해이, 경제침체, 정치불신, 부정부패, 지역·계층간의 갈등 등 한국병을 극복하기 위해 '신한국'을 창조하는 운동을 벌여 나가자"고 주장했다.

이 날 대표연설을 통해 의원직 사퇴의사를 밝힌 나는 "한국병의 가장 큰 원인은 윗물이 흐려져 있기 때문"이라고 지적하고, "먼저 깨끗한 정치, 도덕정치가 이뤄져야 하며, 집권과정의 정당성을 확보하기 위해 선거가 공명정대해야 한다"고 역설했다. 이와 관련, 나는 "가까운 시일 안에 소정의 절차를 거쳐 본인과 가족의 재산을 국민 앞에 공개할 것"이라고 말하고, "앞으로 정경유착의 고리를 끊고 부정 공무원의 정화작업을 강화해 나가겠다"고 밝혔다.

다음은 의원직 사퇴를 선언한 1992년 10월 13일 나의 정기국회 대표 연설문이다.

존경하는 박준규(朴浚圭) 의장과 의원 여러분, 현승종(玄勝鍾) 국무총리와 국무위원 여러분!
이 자리에 서서 여러분을 뵙게 되니 참으로 반갑고 기쁩니다. 또한 감회가 새롭습니다.
저는 대통령선거를 앞두고 열린 이번 정기국회에서 집권여당의 대표가 아니라 다수당 대표로서 이 자리에 섰습니다. 과반수 의석을 가진 정당이면서도 집권당의 지위를 갖지 않은 것은 우리 헌정사상 유례 없는 일입니다.
저는 그 동안 집권여당의 후보로서 부정한 선거를 통해 대통령이 될 생각은 꿈에도 없다는 것을 밝혀 왔습니다. 그러기에 저는 스스로 집권여당 후보의 기득권을 포기한다는 전제 아래 중립선거내각을 제안했습니다.
노태우 대통령이 우리 민주자유당의 당적을 떠났고, 이 자리에 새 중립내각의 국무총리와 국무위원들이 출석할 수 있게 되었습니다.
저와 민주자유당으로서는 자기 희생이요 자기 혁신이 아닐 수 없습니다.
저는 어떤 후보와도 똑같은 출발점에 서서 엄정한 선거규칙에 따라 국민의 냉정한 심판을 받고자 합니다.
이러한 선거를 통해서만 정통성 시비 없는 완벽한 민주정부를 만들 수 있습니다. 깨끗한 정부, 도덕적인 정부만이 국가 공동체를 강력히 이끌어 갈 수 있습니다.
이번 대통령선거를 계기로 이 나라 공무원들이 특정 정당이 아닌, 국민에게만 봉사한다는 자랑스런 공무원상을 만들어 줄 것을 기대합니다.
우리 당은 공무원의 정치적 중립을 제도적으로 뒷받침하기 위해 직업공무원제의 확립과 신분 보장책, 그리고 획기적인 처우 개선책을 마련할 것입니다.

그러나 공명선거에 대한 위협은 관권선거만이 전부는 아닙니다. 상대 후보에 대한 중상·비방과 흑색선전, 그리고 금전살포에 의한 매표행위 역시 공명선거에 대한 중대한 위협인 것입니다.

돈으로 권력을 사거나 권력으로 돈을 만들 수 있는 풍토는 사라져야 합니다.

1992년 10월 13일, 국회의원직 사퇴 고별연설을 하는 모습.

저는 공명선거 결의를 분명히 다지면서, 이번 대통령선거를 사상 유례 없는 깨끗한 선거로 멋진 승부를 펼칠 것을 각 당의 대통령후보에게 정중히 요청합니다.

새 중립내각도 엄정한 법집행으로 선거문화의 혁명을 이룩해 주리라 믿습니다.

'윗물맑기운동' 제창

친애하는 국민 여러분!

저는 하나의 꿈을 갖고 있습니다.

그것은 저의 꿈이자 우리 모두의 꿈이기도 합니다. "신한국을 창조하자!" 이것이 바로 그 꿈입니다.

지금 이 땅은 권위와 질서가 무너지고 사회기강이 해이해지면서, 무책임의 풍조가 만연되고 있습니다. 과소비와 사치가 기승을 부리며 황금만능주의가 이 땅에 번져 있습니다.

한때 세계에서 소문난 한국인의 근면성과 창의성은 사라져 가고 있습니다. 지역간·계층간·세대간 갈등의 파고는 더욱 높아져만 갑니다.

경제가 침체국면에 빠지면서 국민들은 좌절감, 패배감에 젖어 있습니다. 정치에 대한 불신은 깊고 부정부패는 이 땅에 만연되어 있습니다.

저는 이를 총체적으로 '한국병'(韓國病)이라 진단했습니다. 이같은 한국병을 치유하여 건강하고 활력이 넘치는 '신한국'(新韓國)으로 만드는 것이 저의 꿈이라는 것을 말씀드립니다.

이 한국병의 가장 큰 원인은 윗물이 흐려졌기 때문입니다. 집권과정이 정당하지 못했거나 집권 후 도덕성을 갖지 못했기 때문입니다.

목적을 달성하기 위해 수단과 방법을 가리지 않는 편의주의가 아래로 스며들어 한국병의 만연을 초래했습니다.

저는 이를 치유하기 위한 1차적 처방으로 지도층이 앞장서는 '윗물맑기운동'을 제창합니다.

먼저 깨끗한 정치, 도덕정치가 이루어져야 합니다. 집권과정의 정당성을 확보하기 위해 선거가 공명정대해야 합니다.

제가 중립선거내각 구성을 제의한 이유도 여기에 있습니다. 선거뿐 아니라 모든 정치가 민주주의의 원칙과 상식으로 되돌아가야 합니다.

우리 모두 정치공해부터 추방하자는 것을 감히 부탁드립니다.

깨끗한 정치는 지도자의 솔선수범으로부터 비롯됩니다.

저는 가까운 시일 안에 소정의 절차를 거쳐, 저 자신과 가족의 재산을 국민 앞에 공개할 것입니다.

그 다음 저는 반(反)부패선언을 하고자 합니다.

정경유착의 고리를 끊을 것입니다. 부정 공무원의 정화작업을 강화하는 한편, 기업윤리도 확립하겠습니다.

돈 안 드는 정치를 위해 정치자금법, 모든 선거제도 등 법과 제도를 개혁할 것입니다. 필요하다면 '부정부패방지 특별법' 제정도 추진하겠습니다.

2차 처방으로 전국민을 상대로 한 근검절약, 공중도덕 등 새 가치관을 확산하는 건전한 시민사회운동을 활성화해야 합니다.

우리 교육의 근본적 개혁도 이루어져야 합니다. 교육제도 자체가 개인적 이기심, 편법주의를 부추기면서 질서를 파괴시키고 있습니다.

지나친 지식위주의 경쟁을 강조하여 인간을 비인간화시키고 있습니다. 그러므로 한국병의 근원적 치유는 교육개혁에서부터 시작되어야 할 것입니다.

경제도 민주화해야

친애하는 국민 여러분!

신한국은 더 나아가 삶의 양과 질이 높아진 나라를 말합니다.

무엇보다도 신한국은 경제적 풍요가 전제되어야 합니다.

지금 대다수 국민들은 우리 경제가 처해 있는 상황에 대해 심각하게 우려하고 있습니다.

'달려가는 한국인'에서 '쫓기는 한국인'으로 바뀌고 있습니다. 하루속히 경제가 활성화되기를 고대하고 있습니다.

저는 우리 경제의 활력을 되찾기 위해, 먼저 정치가 더 이상 경제에 부담이 되지 않아야 한다고 믿습니다. 깨끗한 민주정부가 들어서는 것 자체가 경제활력의 기폭제가 되리라는 것은 분명합니다.

친애하는 국민 여러분!

경제의 활력을 되찾기 위해서도 역시 낡은 틀에서 벗어나야 한다는 점을 강조하지 않을 수 없습니다. 정치적 민주주의체제에 걸맞게 경제도 민주화해야 합니다.

국민의 자발적인 참여와 창의가 경제발전의 원동력이 되어야 한다는 뜻입니다.

과거처럼 정부의 계획과 통제에서 벗어나 모든 국민이 자발적으로 참여하는 새로운 경제가 우리의 기본목표입니다.

따라서 오늘날 경제침체의 원인을 아직도 남의 탓으로만 돌리고, 무력증에 빠져 있는 각 경제주체들이 모두가 새롭게 다시 시작해야 하겠습니다.

공직자, 근로자, 기업인, 농어민 모두가 참여하는 의식개혁운동이 전개되어야 하겠습니다.

제도개혁 단행

이러한 의식개혁 노력과 함께 행정규제의 완화, 금융개혁, 재정개혁 등 경제제도의 개혁도 아울러 단행되어야 합니다.

금융개혁은 금융인의 손에 맡기는 자율화, 재정개혁은 효율과

형평을 보다 증진시키는 합리화, 그리고 행정개혁은 권위주의를 청산하는 규제완화를 핵심으로 하여야 할 것입니다.

이러한 의식개혁 노력과 제도개혁 조치로 땀 흘린 만큼 열매를 거두는 새로운 풍토가 정착되고, 다시 일하는 분위기가 일어날 것입니다. 저는 우리 경제가 활력을 되찾고 재도약할 수 있을 것으로 굳게 믿고 있습니다.

이러한 기틀 위에 우리 당은 물가안정 등 경제와 민생의 안정에 노력할 것입니다.

빠른 시일 안에 제조업의 경쟁력을 살리기 위해 기술개발 투자를 GNP의 5%까지 늘려 나가도록 하겠습니다.

부족한 사회간접자본을 확충하여 우리 산업의 경쟁력을 강화하는 데 초점을 맞춘 내년도 예산을 반드시 법정기일 내에 통과시키도록 노력하겠습니다.

중소기업을 우리 경제의 뿌리가 되도록 해야 지속적인 경제발전이 가능합니다.

중소기업의 부도사태를 방지하고 자금난을 완화시키기 위한 신용보증기금의 확충을 주된 내용으로 하는, 금년도 추경예산안을 하루속히 처리하도록 하겠습니다.

우리 농업도 경쟁력 있는 산업으로 육성하기 위해, 구조개선사업에 앞으로 10년간 42조원을 투자하겠습니다.

우리 농어민이 땀 흘린 만큼 보상을 받도록 하기 위해, 농수산물 가격을 안정시키도록 하겠습니다.

특히 올해 추곡수매량과 수매가격의 책정에 있어서는, 우리 농민의 희망을 최대한 반영하여 작년 수준을 웃도는 선에서 결정해야 합니다.

'삶의 질' 추구

국민 여러분!

신한국은 경제적 풍요에 걸맞게 생활의 질이 높아져야 합니다. 그것은 사람다운 삶을 뜻합니다. 모든 혜택이 계층, 성별, 연령, 지역에 상관없이 골고루 돌아가야 합니다.

우리는 문화·복지사회를 열기 위해 지금부터 차분하게 준비하지 않으면 안 됩니다.

우리 고유의 미풍양속과 가치규범이 급속히 사라지고 있는 상황에서 전통문화를 지키고 가꾸는 일을 소홀히 해서는 안 되겠습니다.

이와 함께 우리 문화의 국제화를 위한 해외 문화교류도 더욱 확대해 가야 합니다.

국민의 다양한 문화욕구에 부응하고 문화적 소외계층이 문화적인 혜택을 누릴 수 있도록 전국 각지에 문예회

농촌 모내기 지원활동에 나선 모습.

관, 공연장, 미술관, 도서관 등 문화공간을 지속적으로 확충해 나갈 것입니다.

청소년들의 정서를 좀먹고 있는 퇴폐문화를 추방하는 데도 더욱 노력해 나가겠습니다.

삶의 질을 높이는 데는 고아, 장애자, 노인, 영세민 등 소외계층에 대한 관심도 빼놓을 수 없습니다. 독립유공자, 상이군경 가족도 돌봐야 합니다. 불요불급한 예산을 줄여 복지예산을 계속 늘려야 합니다.

여성에게 균등한 기회를 주는 것이야말로 더욱 삶의 질을 높이는 일입니다.

여성이라는 이유로 부당하게 차별받지 않도록 관련 법과 제도, 그리고 관행을 고쳐 나가겠습니다.

여성인력 개발을 적극 추진하고 고용을 촉진시키겠습니다.

여성의 정치참여를 확대하며, '성폭력 방지법'을 제정하여 모든 여성이 안심하고 밤거리를 다닐 수 있도록 하겠습니다. 무엇보다 보육시설의 확충은 여성의 생산활동, 사회활동의 바탕이 될 것입니다.

환경, 교통, 지역불균형 개선

국민 여러분!

지금 우리가 직면하고 있는 가장 심각한 문제 중의 하나는 환경문제라고 생각합니다.

지금 세계적으로는 '지구를 살리자'는 운동이 벌어지고 있습니다만, 서울을 비롯한 대도시의 공기는 숨쉬기조차 거북한 상태로 변해 가고 있습니다.

강물은 이제 식수로서는 위험한 수준에 이르고 있습니다.

우리 아들딸들에게 이같은 강물, 이같은 공기를 물려줄 수는 없습니다.

시간과 자원을 낭비하는 대도시의 교통문제는 참으로 시급히 해결해야 할 과제입니다.

짜증나는 교통체증을 시원히 뚫어 주고, 서민들의 발을 늘리는 일에 혼신의 힘을 다할 것입니다.

국민 여러분!

우리나라의 발전을 저해하는 가장 큰 요인 가운데 하나는 지역간의 불균형입니다.

너무 비대해진 수도권, 그리고 동서간의 불균형이 그것입니다.

이 불균형을 바로잡지 않고서는 신한국은 불가능합니다. 이를 바로잡기 위한 대담한 새 국가경영 설계가 마련돼야 합니다.

중국과의 수교로 서해안시대가 다가오고 있습니다. 그 동안 개발의 그늘에 있던 충청권과 호남권은 남북교류와 함께 새로운 전초기지로 바뀔 것입니다.

건강한 나라는 더불어 골고루 사는 공동체입니다.

한민족공동체 창조가 꿈

국민 여러분!

이제 한반도와 주변, 그리고 세계로 눈을 돌려 보겠습니다. 궁극적으로 신한국은 우리 한민족이 하나가 되어 인간답게 사는 '통일된 선진 민주국가'를 말합니다.

오늘의 주변정세는 그같은 통일의 날이 금세기 안에 다가오리라는 확신을 주고 있습니다.

한·소수교(韓蘇修交)에 이어 한·중(韓中)관계의 정상화는 바로 한반도 주변의 냉전구조가 사라지고 있음을 뜻합니다. 남북대화도 그간 남북 고위급회담을 통해 「남북합의서」와 「한반도 비핵화 공동선언」까지 나왔습니다.

그러나 아직도 북한의 핵개발 의혹은 사라지지 않고 있으며, 심지어는 대남 적화노선을 포기하지 않고 있습니다.

최근 드러난 남한 조선노동당 사건은 이러한 북한의 이중성을 여실히 드러내 주고 있습니다.

북한이 우리 체제를 안으로부터 붕괴시키려는 음모를 버리지 않는 한 남북한 관계의 발전은 기대할 수 없습니다.

더욱 한심스러운 일은 우리 내부에 있습니다. 이번에 적발한 간첩단의 관련자 규모가 수백명이 넘는데도, 누구 한 사람도 당국에 신고하지 않았다고 합니다.

한마디로 말해 우리 정부의 직무태만이요, 국민의 대북 경각심이 완전히 풀려 있다는 반증입니다.

여러분, 정신을 바짝 차립시다. 이 문제는 정권의 문제가 아니라 국가 존망의 문제입니다.

저는 안보정책은 통일 지향적으로 수립하되, 통일정책은 반드시 안보에 바탕을 둘 것입니다. 그러기에 대중국·대러시아 관계를 강화하겠지만, 미·일과의 기본축은 더욱 공고히 해 나갈 것입니다.

통일은 자주, 평화, 민주의 3대 원칙 아래 남북한이 국가연합 단계를 거쳐 민족 대통합을 이룩하는 것을 말합니다. 그러므로 우리는 통일에 대비하여 안으로는 정치적 안정과 경제적·사회적 내실을 다져 나가야 하며, 밖으로는 북한의 변화를 꾸준히 유도해 나가야 합니다.

그리하면 머지 않아 한민족공동체가 현실로 나타날 것입니다.

세계 중심무대에 우뚝 서서 더불어 인간답게 사는 한민족공동체를 창조하는 것, 그것이 바로 저의 꿈이요 신한국입니다.

항상 국민과 함께라는 믿음

국민 여러분!

신한국은 저절로 오지 않습니다.

신한국 창조는 수많은 자기 변화, 자기 혁신을 통해서만 가능합니다. 구시대의 발상과 타성, 그리고 낡은 관행과 틀을 벗어 버려야 합니다. 옛 껍질을 벗어 버려야 합니다.

저는 우리 모두의 자기 변화가 필요하다는 차원에서 국민들에게도 당당히 요구할 것은 요구하려고 합니다.

먼저 오늘의 난국을 헤쳐 나가기 위하여, 밝고 희망찬 국가와 민족의 미래를 열기 위하여 국민 여러분께 '고통의 분담'을 호소하고자 합니다.

더 열심히 일합시다. 그리고 고통을 나누어 가집시다.

그렇게 함으로써만 우리는 금세기 말까지 우리의 염원인 '선진 통일한국'을 실현시킬 수 있습니다. '2천년대 신한국'을 창조할 수 있습니다.

존경하는 의장, 동료의원, 그리고 국민 여러분!

이 자리에서 저의 일신상 문제를 말씀드리게 됨을 용서해 주시기 바랍니다.

먼저 최근 우리 당에서 일어났던 일로 국민 여러분께 걱정을 끼쳐 드려 죄송스럽게 생각합니다.

저와 우리 당을 아껴 주시고 지지하면서 안정적 정권창출을 바라는 국민 여러분께 일시적이나마 불안감을 드렸습니다. 이유야 어떻든 저 자신의 부덕의 소치로 생각합니다.

그러나 위기는 기회와 통한다는 저의 신념에는 변함이 없습니다. 국민 여러분의 격려를 받으면서 이 신념은 더욱 굳어져 가고 있습니다.

저는 제가 역사와 민족 앞에서 부끄러움 없는 일을 할 때 국민이 항상 저와 함께 있었다는 믿음을 갖고 있습니다.

1992년 10월 13일, 국회 대표연설에서 국회의원직 사퇴를 발표했다. 이 순간 만감이 교차하여 잠시 목이 메었다.

끝내 승리의 기쁨을 여러분과 함께 나누게 되리라는 것을 믿어 의심치 않습니다.

저는 국정에 책임 있는 제1당 대표로서, 의연하고 당당하게 정치의 중심을 잡고 국정을 운영하는 데 온 힘을 다하겠다는 것을 약속드립니다.

국회의사당을 떠나면서

국민 여러분!

저는 지금 이 여의도 국회의사당에서 국회의원으로서는 마지막이 될 연설을 여러분에게 드리고 있습니다.

저는 이 연설을 끝으로 제 한평생 몸담아 온 국회를 떠나고자 합니다.

민주자유당 대통령후보로서 전력투구하기 위해서입니다.

저는 다음 14대 대통령의 지위와 역할이 얼마나 중요한지를 잘 알고 있습니다. 20세기를 마감하고 21세기를 여는 역사적 전환점에서, 그리고 한국이 세계의 먼 동쪽 끝나라에서 세계의 한 중심으로 부상하고 있는 이 역사적 시점에서, 대한민국 대통령의 지위와 책임이 얼마나 큰 것인가를 잘 알고 있습니다.

우리의 아들딸들에게 희망찬 미래를 유산으로 남겨 주고, 밖으로는 조국을 동방의 등불로 부상시켜야 합니다.

이같은 미래가 이번 대통령선거에 달려 있습니다.

그러기에 대통령후보는 이 나라, 이 민족을 위해 무엇을 어떻게 해야 할지 생각하고 준비해야 합니다. 새로운 마음가짐이 필요합니다.

저는 대통령후보로서 혼신의 힘을 다하기 위해서는 국회의원으로서의 책임과 의무를 다할 수 없으므로 국회의원직을 사임하고자 합니다.

파란에 찬 의정생활 마감

국민 여러분!

막상 이 의정단상을 떠나려 하니 저의 마음속에는 만감이 교차하고 있습니다. 이 의사당 구석구석은 저의 손길이 닿아 있고 저의 땀과 눈물로 얼룩져 있기 때문입니다.

저는 25살의 젊은 나이에 이 민의의 전당에 들어왔습니다.

지금까지 아홉 번이나 국회의원을 지내 온 저의 의정생활은, 파란 많던 우리 헌정사 바로 그것이라 해도 지나친 말은 아닐 것입니다.

저는 이승만 대통령의 3선을 위한 개헌에 대한 반대투쟁을 비롯하여, 지금까지 민주화투쟁을 해 오는 동안 의회주의자로서 최선을 다하고자 했습니다.

즐거웠던 일도 없지 않았지만 대부분 고통과 고난으로 이어졌습니다. 초산테러를 당하는가 하면, 직무정지 가처분으로 야당총재직에서 쫓겨났습니다.

심지어 여당보다 더 많이 득표했던 야당총재인 저를 의원직 제명처분으로 국회에서 쫓아내기도 했습니다.

저는 그때 독재의 회유와 협박에도 불구하고, "잠시 살기 위해 영원히 죽는 길을 택하지 않겠다"며 의사당을 떠난 것입니다.

1979년 10월 4일 제가 국회에서 제명되던 그 날을 영원히 잊지 않고 지금도 기억하고 있습니다.

그때 국회의사당을 한 바퀴 돌고 현관을 나올 때 눈물이 앞을 가렸습니다.

80년대 정치정화법으로 묶여 상도동 집에 오랫동안 갇혀 있을

1992년 10월 13일, 국회의원직을 사퇴한 후 국회 본관 앞에서 의원들의 배웅을 받는 모습.

때는 더욱 고통스러웠습니다.

　광주(光州)민주화운동 3주년을 맞았을 때, 한 알의 민주화 씨앗을 뿌리기 위해 23일간 단식투쟁을 시작했습니다. 의식이 가물가물할 때마다 떠오른 것은 바로 이 의사당의 모습이었습니다. 이 의사당에 대한 그리움을 무엇으로도 달랠 수 없었습니다.

　그러나 저는 끝내 이 의사당으로 돌아올 수 있었습니다. 민주화의 새벽이 열렸기 때문입니다.

　이제는 완전한 문민시대까지 열리고 있습니다. 변화와 개혁이 일고 있습니다.

　저는 지금 새로운 책임으로 인해 스스로 이 의사당을 떠나지만, 저의 마음은 이곳에 영원히 남을 것입니다. 이제는 성숙해질

의회정치에 대한 소망을 간직하면서 떠납니다.

그 동안 저의 의정생활에 성원을 아끼지 않았던 국민 여러분께 감사를 드립니다.

의원 동지, 사무처 직원, 그리고 언론인 여러분의 협조에 다시 한번 감사를 드립니다.

감사합니다.

국민을 찾아 전국 누비며

내가 의원직 사퇴 결단을 내린 것은 이번 대선(大選)을 나의 40년 가까운 정치생활을 총결산하는 기회로 삼겠다는 의지의 표현이었다. 나는 의원직 사퇴선언으로 범여권이 모든 기득권을 포기하고 원점에서 국민의 심판을 받겠다는 의지를 표명했다. 한 점의 흠집도 남기지 않고 완전하고 깨끗한 경쟁을 했다는 전통을 이 나라 헌정사에 남기겠다는 의미였다.

11월 들어 선거전은 본격화되었다. 각종 여론조사 결과 내가 김대중을 시종 10% 이상 앞서는 것으로 나타났다. 국민당의 정주영은 한국 최고 재벌의 총수로서, 그의 막강한 재력과 기업의 힘을 총동원해 구(舊)여권 성향의 표를 잠식했지만 3등을 면치 못했다.

나는 국민을 찾아 전국을 누볐다. 강원도에서는 아침 9시 영하 14도의 추운 날씨에 논두렁에서 연설하기도 했다. 전북 남원 전봉준(全琫準) 장군의 생가(生家)를 찾아갈 때는 눈보라가 몰아쳐 헬기가 고개를 넘지 못할 뻔하기도 했다. 경북 봉화에서는 임대한 낡은 헬기의 문짝이 떨어져 문짝을 움켜잡고 비행(飛行)하기도 했다.

하루에 열네 차례나 연설한 적도 있었다. 나는 국민 속에서 국민

1992년 11월 20일, 신라호텔에서 옐친 러시아대통령과 만났다.

의 소리를 들었으며, 국민들에게 나의 꿈을 이야기했다. 나는 국민들에게 군인이 정권을 잡아 온 지난 30여년간의 욕된 역사를 끝내고, 국민의 소망대로 민주주의를 이루는 대통령, 도덕적이고 깨끗한 대통령이 되겠다고 약속했다. 국민들은 한평생 독재와 싸워 온 나를 격려하고 사랑해 주었으며, 나는 국민들에게 꿈을 주고 싶었다.

　살인과 실종, 투옥과 고문, 인권유린과 국민주권의 침해, 언론의 자유와 민주주의의 말살, 정치가들의 인간성을 파괴한 공작정치의 회유(懷柔)와 비행(非行)들, 지역의 분열과 계층간의 대립, 쿠데타의 망령 등 군사독재가 이 땅에 심어 놓은 악(惡)의 유산들은 이제 새로운 시대를 맞아 완전히 청산되어야 했다.

새벽길 달리기로 하루 시작

선거유세 도중 나의 일과를 한 일간지에 나온 기사를 통해 모자이크해 본다. 기사는 1992년 11월 24일을 다루고 있다.

　김영삼 민자당 후보의 하루는 언제나 그랬던 것처럼 운동화 끈을 조여 매고 새벽길을 달리는 것으로 시작된다.
　지난 24일 상오 5시 20분, 상도동 자택 현관 신발장에서 직접 조깅화를 꺼내 신는 김후보의 표정은 꼭 다문 입술이 인상적이다. 밤이 길어진 탓으로 뒷산 조깅 트랙까지 10여분을 내리 달리고 나서야 여명을 맞는다. 박종웅(朴鍾雄) 비서와 경호원 수명이 뒤를 따르지만, 아침운동 나온 동네의 새벽 친구들이 김후보 곁으로 오면 자리를 비켜 준다.
　50대 주부 한 명이 기분좋으라고 한마디 건넨다.
　"제 친정이 단양인데, 세 후보 모두 다녀갔대요. 그 중에서 총재님이 제일 낫더라는데요."
　산 위에 설치돼 있는 트위스트 운동기구와 맨손체조로 몸을 풀고 집으로 내려온 시각이 6시 20분, 간단히 샤워를 한 뒤 어김없이 마산의 부친에게 전화를 건다. "목은 어떠냐"고 묻는 김홍조(金洪祚)옹에게 "살구씨 기름이 괜찮은 것 같다"며 안부를 전하고 있으면 조반상이 들어온다. 시래기국 한 대접, 달걀 반숙 한 개, 우유 한 컵, 사과·배·감이 각각 한 쪽씩. 달걀이 이따금씩 빠지는 것말고는 매일 똑같은 메뉴다.
　김기수(金基洙) 보좌관이 서류 뭉치를 들고 2층 거실로 올라가고, 이어 기다리고 있던 버스사업조합 간부 네 명을 잠시 만난 뒤

집을 나선 시간이 8시 20분. 승용차로 25분 만에 여의도 중앙당사에 도착했다. 며칠 전 입당한 정호용(鄭鎬溶) 의원에게 선대위(選對委) 상임부위원장 임명장을 주고 건투를 당부한 뒤 곧바로 김포공항 헬리포트로 향한다. 우연이지만 헬기 색깔이 민자당의 상징색인 하늘색이다. 조종석 바로 뒷자리에 앉아 유세 원고쯤으로 보이는 문건을 뒤적이는 모습이, 근접해 떠 있는 수행 헬기 창문을 통해 바라다보인다.

육·공 강행 유세

이 날은 충남지역 첫 유세로 현충사 진입로 헬기장에 이곳의 지구당위원장 전원이 도열해 있다. 현충사 본당 참배와 온양(溫陽) 유세로 시작되는 일정은 그야말로 '육·공(陸空) 강행군'이다. 온양 – 당진 – 서산 – 홍성 – 예산으로 이어지는 유세를 치르기 위해 버스로 이동하는 시간만 5시간이다.

가끔씩 버스 안에서 토막 잠을 청하기도 하지만, 눈을 붙이는가 싶으면 벌써 다음 유세장에서의 "김영삼" 연호소리가 졸음을 깨운다. 김보좌관이 자기 가방에 챙겨 가지고 다니는 '살구씨 기름'을 유세장 도착 직전에 5~10cc가량 꼭 마신다. 주치의인 정윤철(鄭允澈) 박사는 "제발 목청을 아끼라"고 신신 당부한다.

당진(唐津) 신시장 4거리 공터에서 있은 간이유세는 날씨가 풀리면서 예상 외의 인파가 모여들어 김후보를 고무시켰고, 이 때문에 연설이 예정시간보다 길어져 다음 일정은 20~30분씩 순연되어야만 했다. 그러나 김후보는 오찬 시간을 반으로 줄여 시간을 맞췄다.

서산군(瑞山郡) 음암면(音岩面) 도당리(道堂里)의 농협창고를

1992년 12월 10일, 부산 사직운동장에서.

찾아 추곡수매 현장을 둘러볼 때는 점퍼로 갈아입었다. '삿대'를 벼 포대 속으로 찔러 넣다가, "다행히도 90% 이상이 1등급이다"는 농민의 말을 듣고 그의 어깨를 가볍게 두드려 주었다.

"떠나는 농촌에서 돌아오는 농촌으로 만들겠다"는 말을 남기며 버스로 향하는 김후보를 봉산식육점 앞에 모여 있던 아주머니들이 박수를 치며 반기자, 다가가 일일이 악수를 나누었다. 비서진이 옆에서 "시간이 너무 지체됐다"며 계속 김후보를 재촉한다.

서산시 문화회관 광장에는 이 날 유세 중 가장 많은 청중들이 몰렸다. "나는 어부의 아들로 바다로부터 많은 것을 배워 여러분과 통하는 게 있다"로 시작한 김후보의 연설에 자연히 힘이 실린다. "개표하는 날 여러분과 함께 승리의 만세를 부르며 보람을 나누자"는 말로 연설은 끝났다.

김후보는 연단을 내려가기가 싫은 듯 한동안 손을 흔들어 환호에 답한다.

하루 24시간이 모자랐다

이어 구백의총(九百義塚)을 참배하고 인근 4H클럽 양계장에 들러 농어민 후계자를 격려할 때, 해는 어느덧 서산으로 기울었다. 그러나 김후보의 유세행군은 계속된다. 홍성(洪城) 유세장으로 향하는 차 중에서 이경재(李敬在)·한이헌(韓利憲) 특보를 불러 연설문을 점검하고 유세준비 상황을 보고받는다.

너무 서둘러 버스를 달린 탓으로 이번엔 예정시간보다 5분 일찍 유세장에 닿았다. 식전 여흥행사가 채 끝나기도 전에, 김후보는 연단에 올라 그룹 코리아나의 '손에 손잡고'가 끝나기를 기다린다. 8시간에 걸친 강행군의 유세일정이 다소 고됐든지, 마지막 예산(禮山)유세에서 김후보는 어쩔 수 없이 쉴 듯 말 듯한 목소리를 내고야 말았다.

헬기로 서울로 날아와 핵심 측근들과의 대책회의를 주재하고 귀가한 시간이 밤 9시 50분. 부인 손명순(孫命順) 여사가 안쓰러운 얼굴로 김후보를 맞는다.

TV토론과 대처 수상의 조언

선거를 앞두고 후보자간 TV토론을 할 것인가가 관심사로 떠올랐다. 그때 마침 대처 전(前) 영국 수상이 한국을 방문했다. 대처 여사는 나와 저녁을 먹는 자리에서 나에게 "한국에서는 법적으로 후보간 TV토론을 하게 되어 있습니까"하고 묻는 것이었다. 나는 "법에는 없지만 토론에 응할 생각"이라고 속마음을 말해 주었다. 그러자 대처 여사는 "지금 이기고 있는 것 아닙니까?"하고 다시 물었다. 나는 상

1992년 9월 4일, 한국을 방문한 마가렛 대처 전(前) 영국 수상과 함께.

당한 비율로 앞서고 있다고 대답했다. 대처 여사는 "그런데 왜 합니까" 하며, TV토론은 국민에게 현명한 정보를 제공하기보다는 "궁지에 몰린 사람이 사태를 우스운 방향으로 끌고 갈 뿐인데, 왜 하려 하세요?" 하는 것이었다. 참으로 정치감각이 돋보이는 지적이었다.

대구 수성천변 유세와 초원복국집 사건

선거는 민주주의의 요체이며 국민주권 행사의 출발점이다. 국민의 지지를 얻기 위해서는 최후의 순간까지 최선을 다해야 한다. 하루 1시간도 방심할 수 없는 것이 선거의 마술이다.

선거가 종반전에 들어섰을 때, 나는 승리에 대한 확신과 우려가 교차하는 두 가지 고비를 맞았다. 그 하나는 12월 12일의 대구유세였다. 이 날 나의 유세가 열린 대구 수성천변은 엄청난 청중들이 운집했다. 유세 시작 전부터 유세장으로 향하는 인파가 수km나 늘어섰고, 유세가 시작될 즈음에는 고수부지 13만여 평이 발 디딜 틈 없이 메워졌으며, 주변 도로까지 몰려든 인파로 완전히 채워졌다. 사람들은 "대구가 생긴 이래 최대 인파"라고 입을 모았고, 수km가 넘는 인파의 길이가 연출해 내는 장관에 탄성을 연발했다. 나는 이날 수성천변의 뜨거운 열기를 온몸으로 느끼면서 대세가 완전히 굳어졌다는 확신을 가졌다.

투표 사흘 전인 12월 15일에는 이른바 부산 초원복국집 사건이 터졌다. 김기춘(金淇春) 등이 지역감정을 이용한 선거운동을 논의했다는 것이었다. 이로 인해 선거 막판에 지역감정 문제가 이슈로 급부상했다. 나는 큰 충격을 받았다. 정의롭지 못한 일이 정치가에게 도움이 되는 경우란 상상할 수 없었다.

4. 문민시대 개막

'미래의 대통령' 현실로

1992년 12월 18일, 마침내 때는 왔다. 나는 이 날 오전 7시 40분 손명순(孫命順), 나의 평생의 반려와 함께 상도1동 제1투표구 투표소에서 투표권을 행사했다. 투표에 앞서 나는 평소와 다름없이 새벽 5시 20분부터 1시간 동안 동네 뒷산에서 주민들과 어울려 조깅을 했다. 이 날 운동을 마친 주민들은 "꼭 당선되길 빈다"며 박수를 보내 주었고, 나는 "내일 아침 즐겁고 기쁜 마음으로 다시 만납시다"하고 답례를 했다. 이어서 마산에 계신 아버지께 여느 때와 마찬가지로 문안전화를 했다. "아버님께서 그 동안 염려를 많이 하셨지만, 여한 없이 최선을 다한 만큼 이제 겸허하게 국민의 심판을 기다리겠습니다"라고 했다.

상도동 내 집에는 이 날 새벽 CNN, NHK 등 내·외신 기자 70여 명이 몰려들었다. 그들은 "간밤에 좋은 꿈을 꾸었느냐"는 등 온갖 질문공세를 퍼부었다. "나는 평생을 통해 잠잘 때 꿈을 꾸지 않는다," "잠을 푹 잤더니 기분이 좋다"고 대답했다.

저녁 8시께부터 개표가 시작됐다. 개표 직전 발표된 '투표자 출

1992년 12월 18일, 대통령선거에서 아내와 투표를 하고 있다.

구여론조사'에서는 내가 40% 이상의 득표율로 1위를 기록할 것이라는 전망이 나왔다. 개표 초반 기선을 잡은 내가 18일 자정 넘어 새벽녘까지 1위를 지속적으로 유지하자, 민자당에서는 "승리가 보인다"며 분위기가 한껏 고조되었다. 나는 저녁 내내 가족들과 TV 앞에 앉아 승리의 여신(女神)이 내게 미소짓는 것을 지켜 보았다.

18일 자정을 넘기고 나는 당사로 나갔다. 내가 당사에 들어서자 수많은 당원과 당직자들이 나를 둘러싸고 "대통령 김영삼"을 연호하기 시작했다. 기자들이 몰려들어 나는 한 걸음도 내딛기가 힘들 정도였다. 그곳에는 문민정부를 갈망하는 뜨거운 열기가 피어오르고 있었다. 기자들의 인터뷰 공세에 "최종 결과가 나오면 만납시다"고 대답한 나는, 종합상황실에 들러 김종필 대표와 정원식(鄭元植) 선거대책위원장으로부터 개표상황을 보고받고 당직자들을 격려했다. 온 국민이 흥분과 감동 속에 뜬눈으로 지샌 그 밤은 그렇게 지나가고 있었다.

다음날인 12월 19일 최종 집계결과, 나는 유효투표의 41.4%인 997만 7,332표를 얻어 당선이 확정됐다. 804만 1,284표(33.37%)를 얻은 김대중보다 193만 6,048표를 앞서는 압도적인 표차였다. 국민당의 정주영 후보는 16.1%인 388만 67표를 얻었으며, 신정당(新政黨)의 박찬종(朴燦鐘) 후보는 6.29%인 151만 6,047표를 획득했다.

<제14대 대통령선거 지역별 득표수>　　(1992. 12. 18)

시도명	후보별						
	합계	김영삼 (민자당)	김대중 (민주당)	정주영 (국민당)	박찬종 (신정당)	정의당	무소속
합계	23,775,409	9,977,332	8,041,284	3,880,067	1,516,047	35,739	324,940
서울	5,951,777	2,167,298	2,246,636	1,070,629	381,535	4,797	80,882
부산	2,115,389	1,551,473	265,055	133,907	139,004	978	24,972
대구	1,158,193	690,245	90,641	224,642	136,037	1,103	15,525
인천	1,066,288	397,361	338,538	228,505	84,211	1,351	16,322
광주	680,600	14,504	652,337	8,085	2,827	133	2,714
대전	574,403	202,137	165,067	133,646	64,526	961	8,066
경기	3,451,395	1,254,025	1,103,498	798,356	239,140	6,299	50,077
강원	820,255	340,528	127,265	279,610	56,199	3,047	13,606
충북	736,171	281,678	191,743	175,767	68,900	4,844	13,239
충남	952,454	351,789	271,921	240,400	64,117	4,143	20,084
전북	1,112,350	63,175	991,483	35,923	9,320	1,087	11,362
전남	1,270,023	53,360	1,170,398	26,686	7,210	1,048	11,321
경북	1,531,637	991,424	147,440	240,646	124,858	3,365	23,904
경남	2,093,590	1,514,043	193,373	241,135	115,086	2,020	27,933
제주	260,884	104,292	85,889	42,130	23,077	563	4,933

국민 여러분께 감사

12월 19일, 대통령 당선자로서 나는 당사에서 기자회견을 가졌다. 다음은 「14대 대통령 당선 기자회견문」이다.

국민 여러분! 참으로 감사합니다.
저는 이 순간 당선의 기쁨에 앞서 무거운 책임감과 엄숙한 사명감을 느낍니다. 저의 승리는 바로 위대한 우리 국민 모두의 승리입니다. 안정 속에서 변화와 개혁을 바라는 국민 모두의 승리입니다. 우리는 이제 명실상부한 문민정부를 창조해 냈습니다.

무엇보다도 이번 선거는 헌정사상 유례 없는 공명선거를 통해 선거문화의 새 장을 열고 정통성을 확보했습니다. 저와 함께 끝까지 선전해 주신 김대중·정주영 후보를 비롯한 모든 후보들에게 경의를 표합니다. 앞으로 나라 발전에 관해 그 분들의 고견을 듣도록 하겠습니다. 그리고 다른 후보를 지지했던 분들의 목소리에 더욱 겸허하게 귀를 기울일 것입니다.

이번 선거과정에서 다양한 목소리들이 나왔습니다. 때로는 대결과 갈등의 모습도 보였습니다. 그러나 선거과정에서 있었던 마찰은 과거로 흘려 보내야만 합니다. 희망찬 미래를 위해 이제는 우리 모두가 힘을 합쳐야만 합니다. 국내외의 거센 도전에서 이기려면 국력의 결집이 그 어느 때보다도 필요할 때입니다. 저는 분명히 대화합의 시대를 열기 위해 온 정열을 바칠 것입니다.

존경하는 국민 여러분!

우리는 좀더 넓게, 멀리 바라보아야 합니다. 새로운 국제질서의 재편과정에서 살아남아 신한국으로 발돋움하는 그러한 일을 하기 위해서는 여러분의 열정이 필요합니다. 낡은 제도, 낡은 관행, 낡은 의식은 과감히 고치겠습니다. 새로운 정치가 시작될 것입니다. 저는 이제부터 민생 중심의 생활정치를 펼 것입니다. 비생산적인 정치논쟁, 정치를 위한 정치를 지양하려고 합니다. 국민과 함께 신경제를 열 것입니다. 씨 뿌린 자가 거두는 정의로운 사회를 열겠습니다. 갈라진 민족을 하나로 뭉쳐 위대한 한민족의 시대를 열어 갈 것입니다. 나아가 환태평양 시대의 중심국가로 발돋움할 것입니다. 이를 위해 기존 우방과의 관계를 더욱 돈독히 하고 새롭게 관계를 맺은 우리의 이웃들과도 협력을 강화해 나갈 것입니다.

국민 여러분!

신한국은 저절로 오지 않습니다. 기적처럼 오는 게 아닙니다. 피와 땀과 눈물을 요구합니다. 우리는 이제 위대한 한국인의 혼을 되살려 다시 뛰어야 합니다. 저는 국민 여러분께 고통의 분담을 요구하고자 합니다. 저도 고통스러운 먼 길을 앞장서서 뛰겠습니다.

이제 선거는 끝났습니다. 우리 모두는 평상의 상태로 돌아가야만 합니다. 그래서 신한국 창조를 위한 새로운 출발점에서 우리의 자세를 가다듬도록 합시다. 저는 정권 교체기에 국민이 안심할 수 있도록 완벽한 준비를 갖춰 나갈 것입니다. 아울러 모든 공직자 여러분도 조금도 동요 없이 슬기롭게 정권교체에 임해 주시기를 당부합니다.

끝으로 선거기간 동안 뜨거운 지지와 성원을 보내 주신 국민 여러분께 저의 당선의 영광을 모두 돌려드리겠습니다. 그리고 저의 당선을 위해 힘써 주신 당원동지, 공정한 선거를 위해 애써 주신 중립내각과 공직자, 선거관리 종사자, 그리고 국민에게 진실을 한시라도 빨리 보도하기 위해서 수고해 주신 언론인 여러분께 진심으로 다시 한번 감사를 드립니다.

여러분, 대단히 감사합니다.

1992년 12월 19일

기자들과 일문일답

이어서 가진 기자회견을 통해 나는 대선(大選)의 승리를 "안정 속

대통령에 당선된 후 상도동 주민들과 함께 한 자축연.

에서 변화와 개혁을 바라는 국민 모두의 승리"라고 규정하고, "신한국 창조를 위해 고통의 분담을 호소한다"는 말로 새 출발의 각오를 피력했다.

다음은 일문일답이다.

— 당선소감과 정권 인수인계를 위한 복안을 밝혀 달라.

"우선 국민에게 인사드리는 것이 중요하다고 생각해서 회견에 나왔다. 노태우 대통령과 현승종(玄勝鍾) 총리, 윤관(尹錧) 선관위원장, 끝까지 선전한 정주영(鄭周永) 국민당 대표에게 전화를 할 계획이다. 김대중(金大中) 민주당 대표에게도 전화를 걸려 했는데, 먼저 전화가 걸려 와 통화를 했다. 김대중씨는 의원직을 사퇴하고 정계은퇴를 한다고 말했다. 그는 30년간 민주화를 위해 함께 투쟁해 온 동지다. 비록 방법이 다소 달랐고 간혹 문제도 있었지만 마음 아프게 생각한다. 정계를 떠나더라도 둘이서 가까운 시일 내에 만나기로 했다. 만나자는 얘기에 김대중 대표도 좋다고 했고, 앞으로 적극 돕겠다면서 훌륭한 대통령이 되어 달라는 당부도 했다. 취임준비위를 곧 구성해 원만한 정권교체가 이뤄지도록 노력하겠다."

— 득표결과에 만족하나? 지역불균형이 여전했다는 지적이 있다. 반대표를 던진 국민들의 마음을 어떻게 달랠 것인지도 밝혀 달라.

"결과는 예상했던 대로다. 이번 선거는 역사 이래 가장 공명정대한 선거였다. 중간에 흑색선전, 관권시비 등이 일부 있었지만, 대세와는 관계 없는 일이었다. 내 자신이 중립선거내각을 주장한 것은 손해 보는 일 같았지만, 잘한 것이라고 생각한다. 미국을 비롯한 세계 어느 나라에도 지역적 감정은 있는 것이다. 이번에 전국에서 고르게 표를 얻어 만족하게 생각한다. 이번과 같은 선거에서 40%의 득표율을 넘기며 당선된 것은 대단한 것이다. 안정 속의 개혁을 바라는 국민의 참뜻이 반영된 결과다. 이미 얘기했지만 기쁨에 앞서 무거운 책임감을 느낀다."

— 부산 회동 도청(盜聽)문제는 어떻게 처리할 생각인가?

"불행한 일로 굉장한 충격을 받았다. 국민에게 가장 중요한 것은 사생활을 보호받는 일이다. 가정에서나 친구와 만나 마음놓고 얘기할 수 있어야 한다. 앞으로는 이런 일이 벌어져서는 안 된다는 의미에서 철저히 조사해 진상이 가려져야 한다."

— 기존 우방(友邦)들, 특히 대미(對美)·대일(對日)관계를 어떻게 해 나갈 것인지?

"구체적인 복안이 있으나 지금 이 자리는 국민에게 인사하는 자리다. 자세히 말하지 않는 것이 좋겠다. 다만 이웃나라와의 관계는 매우 중요하다. 미국, 일본이 외교정책의 축이 될 것이다."

해외서도 비상한 관심 표명

나의 당선에 대해 해외에서도 비상한 관심을 보였다. 미국의 부시 대통령이 축하 메시지를 보내 왔고, 백악관 대변인은 성명을 통해 "한국 국민들이 헌법절차에 따라 자유롭고 공정한 민주선거를 실시해 성공적으로 대통령을 선출한 데 대해 이를 환영한다"고 밝혔다.

〈워싱턴포스트〉는 "이번 선거는 한국의 오랜 민주화과정에서 하나의 분수령을 이루었다"고 평가하고, "김대중 후보 측근들도 이번 선거가 과거에 비해 훨씬 공평한 분위기에서 치러졌음을 인정하고 있다"고 전했다.

〈뉴욕타임스〉는 「한국이 전(前) 반체제인사를 대통령으로 뽑고 30년 군정을 종식했다」는 제목으로 1면에 크게 보도하고, 내가 "한국전 이래 가장 중대한 전환기가 될 국가경영을 인계받게 된다"고 보도했다.

일본에서는 미야자와(宮澤喜一) 총리가 환영담화를 발표하고 축전을 보내 왔다. 일본의 사회당, 공명당, 민사당 등 야당들도 30여 년 만의 문민 대통령 탄생을 '민주주의의 전진'이라고 평가했다. 〈아사히신문〉은 "이제 한국정치는 노태우 대통령의 민주화 과도기를 거쳐 본격적인 문민시대로 접어들게 됐다"고 크게 보도했다.

이 밖에도 중국, 러시아, 영국, 프랑스, 독일, 이태리 등 세계 각국 언론들도 일제히 이번 선거는 30여년 만의 민간인 출신 대통령의 탄생으로 민주주의가 전진할 것이라는 전망을 내놓으면서, 나의 대통령 당선을 대서특필했다.

민주주의를 위한 나의 투쟁

　이미 승리할 것은 예상하고는 있었지만, 막상 대통령 당선이 확정되는 그 순간 나는 형언하기 힘든 감동에 휩싸였다.
　국회의원에 처음으로 당선된 지 만 38년, '40대기수론'으로 대통령직에 첫 도전장을 낸 지 22년, '미래의 대통령'을 꿈꾸던 소년 김영삼은 마침내 그 꿈을 이뤄 낸 것이다. 보람과 함께 감동이 밀려왔다. 1954년 스물여섯의 나이에 국회의원이 되었을 때 나는 큰 감동을 느꼈다. 영원히 지속될 것 같던 박정희의 18년 독재가 마침내 국민의 저항 앞에 쓰러졌을 때, 그리고 1987년 전두환을 항복시키고 대통령직선제를 쟁취했을 때에도 하늘에 오를 것 같은 큰 기쁨이 있었다. 그러나 대통령으로 당선되던 1992년 12월 그 날, 그 순간은 온통 감동이고 눈물이고 꿈이었다.
　'이제야말로 내가 내 조국을 위해, 내 민족을 위해 진정으로 봉사할 수 있는 기회가 왔다!' 나는 벅찬 감동 속에서 기도하는 마음으로 각오를 다졌다. 나는 국민에게 감사하고 또 감사했다. 국민들은 오랜 세월, 민주화의 고비마다 나를 성원해 주었다. 국민이 흘린 눈물이 나를 대통령에 당선시켜 준 것이다.
　나는 '국민에게 보답하기 위해 대통령으로서 할 수 있는 모든 일을 다하겠다'고 결심하고 또 결심했다. 나는 문민정부의 '강력한 대통령'으로서 쿠데타의 망령을 우리 역사에서 영원히 지워 버리겠다고 각오했다. 나는 '깨끗한 대통령', '정직한 대통령'으로서 독재자들이 남긴 부정한 정치자금과 부정축재의 악폐를 완전히 제거함으로써 국민 앞에 나아가 스스럼없이 손잡을 수 있는 지도자가 되겠다고 결심했다. 무엇보다도 나는 우리 국민에게 참다운 용기와 희망과 꿈을 심어 주고 싶었다. 성실한 대통령, 성실한 한 인간으로서 최선을 다한 사람으로 남는 것, 그것은 나의 꿈이었다.

인생은 투쟁이다. 자유를 위한 투쟁. 민주주의를 위한 투쟁. 부정에 대한 정의의 투쟁. 투쟁이 없으면 인생이 없고, 자유가 없으며 나 또한 존재하지 않았을 것이다. 스물여섯 살부터 시작된 민주주의를 위한 나의 투쟁, 나는 이제 예순넷이었다. 38년의 길고 긴 세월이 흘렀다. 그 기나긴 시간 속에서 나는 독재를 거부했고 쿠데타를 증오했다. 우리 역사에 그들이 남긴 고문과 투옥, 인권유린, 탄압과 정치공작, 권력과 재산에 대한 끝없는 탐욕들, 그러나 나는 한순간도 굽히지 않았다. 내게는 "국민을 위하는 대통령이 되겠다"는 중학시절부터의 오랜 꿈이 있었으며, 또한 내게는 "민주주의를 달라"며 독재에 항거해 온 위대한 국민들의 절절한 성원이 있었다. 그 꿈이 있었기에, 나와 내 조국은 마침내 민주주의의 동 트는 새벽을 맞게 된 것이다.

개표가 끝난 순간부터 내게는 그 어느 때보다 바쁜 시간이 찾아왔다. 대통령에 당선된 뒤 취임하기까지의 2개월 남짓의 시간은 내 생애에 가장 바쁜 나날들이었다.

연 표

1927. 12. 20		경남 거제군 장목면 외포리 대계마을 출생.
		- 아버지 김홍조, 어머니 박부련 사이에 1남 5녀 중 장남.
		- 김녕 김씨(金寧金氏) 충정공파(忠正公派) 28대손.
1933.		서당에서 한학을 배움.
1936.		외포리 간이소학교 입학.
1938.		장목소학교로 전학. 하숙생활 시작.
1942. 3. 20		장목소학교 졸업.
1943. 4. 8		통영중학교 입학.
		- 일제에 대한 반감으로 문학도의 꿈을 키우며 문학에 심취.
		- 와타나베(渡邊) 교감, 우루시마(宇留島) 선생과 인간적 사제관계 맺음.
1945. 8.		한국인 학생을 멸시하는 일본인 반장을 구타, 무기정학을 당함.
8. 15		일제로부터 민족 해방.
11.		부산 경남중학 3학년으로 전학.
		- 해방된 조국을 위해 큰일을 하겠다는 포부로 '미래의 대통령'의 꿈을 키워 감.
1947. 2.		경남중학 졸업.
9. 1		서울대학교 문리과대학 철학과 입학.
		- 철학과 정치학을 두루 공부.
		- 손도심(孫道心) 등과 '순학회'(純學會)를 조직해 활동.
1948. 8.		정부수립 기념 웅변대회에서 2등 입상, 외무부장관상을 받음.
		- 당시 외무부장관이던 장택상(張澤相) 선생과 인연을 맺음.
1950. 5.		제2대 국회의원에 출마한 장택상 선생의 선거운동을 보좌.
6.		6·25전쟁이 발발하자 임필수(林弼洙)와 함께 경기도 이천군 대월면 군량리로 피신.
9.		9·28서울수복 직후 임시수도 부산으로 내려감.
10.		학도의용군에 입대, 국방부 정훈국 대북방송 담당요원으로 활약.

1951.	1.	장택상 국회부의장 비서가 됨.
	3. 6	마산 문창교회에서 손명순(孫命順)과 결혼.
	9. 29	서울대학교 문리과대학 철학과 졸업.
		- 졸업논문「칸트에 관한 소고(小考)」.
1952.	5.	장택상 국무총리 비서관.
1954.	5.	자유당 공천 수락.
	5. 20	제3대 국회의원 선거. 거제에서 출마, 당선(만 26세, 최연소 국회의원).
	9.	경무대 방문, 이승만 대통령에게 '3선개헌 불가' 건의.
	10. 18	국회 본회의 첫 발언, '3대 국영기업체 비리' 규탄.
	11. 27	국회에서 3선개헌안이 부결되는 데 앞장섬.
		- 다음날 사사오입으로 부결을 가결로 번복.
	12. 10	자유당 탈당, 호헌동지회 구성.
		- 호헌동지회 활동을 하면서 신익희, 조병옥, 장면, 박순천 등과 교분, 특히 조병옥 박사의 영향을 많이 받음.
1955.	7. 17	민주당(民主黨) 창당발기위원회 참여.
	9. 19	민주당 창당대회. 전형위원으로 선출.
		- 민주당 중앙당 청년부장 및 경남도당 부위원장.
	10. 11	국회 본회의에서 〈대구매일신문〉테러사건을 맹렬히 규탄.
1956.	2.	김창룡 특무대장 암살사건 진상조사위원으로 활약.
	5. 15	제3대 정·부통령 선거 실시.
		- 대통령에 자유당 이승만, 부통령에 민주당 장면 당선.
		- 민주당의 신익희 후보는 유세 도중 5월 5일 급서.
1958.	5. 2	제4대 국회의원 선거. 부산 서갑구에서 출마했으나 낙선.
		- 자유당은 헌병들이 개표장을 봉쇄한 채 투표함을 바꿔치기하는 등 탈당에 대한 보복으로 부정선거 자행.
1959.		'유석청년동지회'를 조직, 조병옥 박사의 민주당 대통령후보 추대 활동.
1960.	3. 15	제4대 정·부통령 선거 실시.
		- 민주당의 조병옥 대통령후보, 지병으로 선거를 앞두고 서거.
		- 대통령에 이승만, 부통령에 이기붕 당선.
		- 자유당의 사상 유례 없는 부정선거로 전국민적 저항 초래.
	4. 19	4·19혁명으로 자유당정권 붕괴.
	7. 29	제5대 국회의원 선거. 부산 서갑구에서 당선(2선).

	8.	윌리엄 J. 래이리의 『대학생의 인생계획』 번역 출판.
	9. 25	어머니, 북한 간첩이 쏜 흉탄을 맞고 운명.
1961.	1.	소장파 의원들과 함께 '청조운동' 전개.
	2. 20	민주당 구파가 중심이 된 신민당(新民黨) 창당.
		- 원내부총무 겸 중앙당 청년부장.
	5. 16	거제에서 5·16군사쿠데타 소식을 들음.
		- 신민당 해체되고, '정치활동정화법'으로 정치활동 규제됨.
1962.		공화당 창당 참여요구 거절.
1963.	2. 1	정치활동 규제에서 해금.
	3. 22	백조그릴에서 군정연장 반대집회 및 가두시위 전개.
		- 포고령 위반으로 서대문형무소에 23일간 구속.
	5. 14	민정당(民政黨) 창당. 중앙당 선전국장 겸 부산시당 위원장.
	10. 15	제5대 대통령 선거.
		- 민정당 대변인으로 윤보선 후보 당선을 위해 활약.
		- 이후 2년간 민정당 대변인 2회.
	11. 26	제6대 국회의원 선거. 부산 서구에서 당선(3선).
1964.	6. 15	미 국무성 초청으로 미국을 거쳐 유럽, 일본 등 세계 각국 시찰.
	12. 15	120일간의 세계 여행기 『우리가 기댈 언덕은 없다』 출간.
1965.	6. 14	민중당(民衆黨) 창당 참여.
	10. 11	민중당 의원총회에서 원내총무에 선출(만 37세, 최연소 원내총무).
		- 이후 원내총무 5선(민중당 2회, 신민당 3회).
1966.	9.	시카고 무역협회 초청으로 방미, 미국 산업계·정계 지도자들과 회담.
	10. 20	현민 유진오 선생 민중당 영입.
1967.	2. 7	통합야당인 신민당(新民黨) 창당에 참여.
	3. 15	논설·수상집 『정치는 길고 정권은 짧다』 출간.
	5. 3	제6대 대통령 선거.
	6. 8	제7대 국회의원 선거. 부산 서구에서 당선(4선).
		- 6·8부정선거에 항의해 174일간 원외투쟁 전개.
1968.	8.	미국 민주·공화당 전국위원장 초청으로 방미, 양당(兩黨) 대통령후보 지명대회에 옵서버로 참관.
		- 레이건 캘리포니아 주지사 등 정계 지도자와 회담.
1969.	6. 20	박정희의 3선개헌 반대투쟁을 주도하다 초산테러를 당함.
	7.	미국 하원의장 초청으로 방미, 닉슨 대통령 등 정계 지도자와 회담.

		- 스탠포드대학에서 '한국의 안보와 헌법개정'을 주제로 연설.
	9. 20	신민당, 당 해산 20일 만에 재창당.
	11. 8	제7대 대통령선거 후보 지명대회 출마 선언(만 41세).
1970.	9. 29	신민당 대통령후보 지명전.
		- 1차투표에서 승리했으나, 2차투표에서 김대중에게 역전패.
	12.	미국 공업협회 초청으로 방미, 산업계·정계 지도자들과 회담.
1971.	4. 27	제7대 대통령 선거.
	5. 25	제8대 국회의원 선거. 부산 서구에서 당선(5선).
	7.	'한일협력위원회' 참석차 방일, 사토 수상과 회담.
	9. 5	정치평론집 『40대기수론』 출간.
		'한국문제연구소' 설립.
1972.	10.	하버드대학교 초청으로 방미.
	10. 17	워싱턴 체류 중 박정희의 '유신'선포 소식을 듣고, "고통받는 국민을 내버려 둘 수 없다"며 주변의 만류에도 불구하고 즉시 귀국, 가택연금당함.
1973.	2. 27	제9대 국회의원 선거. 부산 서·동구에서 당선(6선).
	5. 7	신민당 전당대회. 부총재 및 정무회의 부의장.
	9. 25	김대중 납치사건 대정부 질의, 박정희의 테러행위 강력 규탄.
	12. 17	서울주재 외국특파원과 회견, 헌법개정과 민주체제 회복 촉구.
1974.	6. 2	미국 타우슨 주립대에서 명예 문학박사학위 받음.
	7. 8	'선명야당'을 기치로 신민당 당권도전 선언.
	8. 22	신민당 전당대회에서 총재에 선출(만 46세, 최연소 야당총재).
	11. 14	개헌을 위한 원외투쟁 선언.
	11. 27	각계 대표가 참가한 '민주회복국민회의' 결성, 대표위원으로 참여.
	12. 27	개헌추진 경북지부 현판식을 위해 대구 방문.
		- 금호호텔에서 상이군경들에 의해 10시간 동안 감금당함.
1975.	1. 15	연두기자회견을 갖고 반유신투쟁 지속 천명.
	1. 17	해외동포들의 민주화투쟁 지원과 개헌운동의 국제적 기반조성을 위해 일본과 미국 방문.
	2. 5	박정희의 '유신헌법 찬반 국민투표' 거부운동 선언.
	3. 28	〈뉴욕타임스〉, '금주의 인물'로 선정.
	5. 21	박정희와 영수회담, 민주화 강력 촉구.
	8. 4	'안보정세' 시찰을 위한 동남아 순방.

	8. 23	총재취임 1주년 기자회견.
		- 긴급조치 9호 해제와 헌법개정 강력 촉구.
	9. 10	비서실장 김덕룡 구속.
1976.	1. 19	긴급조치 9호 위반으로 불구속 기소.
	9. 16	신민당 전당대회에서 당권 빼앗김.
1977.		충현교회 장로.
1978.	12. 12	제10대 국회의원 선거. 부산 서·동구에서 당선(7선, 10대국회 최다선).
1979.	2. 8	일본과 미국 방문.
		- 예일대학 등에서 '한반도 통일과 민주주의'를 주제로 연설.
	4. 30	신민당 총재경선 출마선언.
	5. 30	신민당 전당대회. 박정희의 방해공작에도 불구하고 총재에 선출.
	6. 21	상이군경 및 괴청년들 신민당사 난입·난동.
	6. 30	한국을 방문한 미국 카터 대통령과 국회에서 회담.
	7. 23	임시국회 대표연설. 박정희에게 '평화적 정권이양 준비' 촉구.
	7. 28	몽고메리 원수의 『지도자의 길』 번역 출간.
	8. 9	YH무역 여성노동자 200여명 신민당사 농성 시작.
	8. 11	무장경찰 1천여명 신민당사 난입.
		- 국회의원, 당직자, 기자 등을 무차별 구타하며 농성 강제해산.
		- 이 과정에서 YH 노동자 김경숙양 사망.
		- 신민당 국회의원 무기한 농성 돌입.
	8. 13	조일환·윤완중·유기준, '신민당 총재직무정지 가처분' 신청.
	8. 28	신민당 농성해제, 고(故) 김경숙양 추도식.
	9. 8	서울 민사지법, '신민당 총재직무정지 가처분' 결정.
	9. 10	기자회견에서 '박정권 타도' 선언.
	9. 16	〈뉴욕타임스〉와 회견, '박정희 독재정권에 대한 미국의 결단' 촉구.
	9. 22	공화당과 유정회, 〈뉴욕타임스〉 회견을 용공이적행위로 몰아 '김영삼 의원 징계안' 제출.
	10. 3	김재규 정보부장과 만나, 회유 거절.
	10. 4	여당만 참석한 가운데 만장일치로 '국회의원 제명안' 날치기 통과.
		- 의정사상 처음으로 국회의원직에서 제명당함.
	10. 16	부마민주항쟁 발생.
	10. 26	박정희, 궁정동 안가에서 심복인 김재규 중앙정보부장에 의해 살해.
	11. 22	최규하와 회담, 조속한 정치일정 추진 촉구.

	12. 12	전두환 일파, 정승화 계엄사령관을 불법연행, 하극상 쿠데타.
1980.	1. 30	윤보선, 양일동, 김대중과 4자회담.
		- '정부주도 개헌안 반대 및 계엄령해제' 등 촉구.
	4. 7	김대중, '신민당 입당포기' 공식선언.
	4. 11	윤보선, '김대중 비토' 선언.
	5. 9	기자회견, '계엄해제, 정부주도 개헌작업 중지' 등 촉구.
	5. 17	비상계엄 전국 확대. 피신 권유 거절.
	5. 20	5·17쿠데타 규탄 기자회견 도중 무장군인들에 의해 불법적인 1차 가택연금 시작.
	5. 23	가족을 통해 외신에 '5·17폭거와 광주참극에 대한 원상복구' 성명 발표.
	5.	글라이스틴 미국 대사와 마에타 일본 대사, 상도동 방문.
		- 전두환의 쿠데타에 대한 항의 표시.
	8. 13	최후의 저항수단으로 정계은퇴성명 발표.
1981.	5. 1	1차연금 해제.
	6. 9	김동영, 최형우, 문부식, 김덕룡 등과 산행.
		- 외교구락부에서 '민주산악회' 발족.
	7. 9	부산 로터리전시관에서 '서예전' 개최.
	12.	500여명이 참석한 망년회에서 '민주회복' 선언.
1982.	4. 16	〈뉴욕타임스〉, 「정치활동이 금지된 한국 정치인은 민주주의를 열망하고 있다」 제하로 민주산악회 산행기 보도.
	5. 17	연금시절에 기록한 『나와 내 조국의 진실』 미국에서 출간.
	5. 31	2차 가택연금 시작.
	10. 7	장남 결혼식 참석회유 거절.
1983.	5. 16	「국민에게 드리는 글」 외신에 보도됨.
	5. 18	생명을 건 무기한 단식투쟁 돌입. 「단식에 즈음하여」 성명서 발표.
	5. 25	서울대병원에 강제 이송, 단식 계속.
	5. 28	「나의 투쟁은 끝나지 않았다」 성명서 발표.
	5. 29	'외국에 나가라'는 전두환정권의 세 차례의 회유 거절.
	5. 30	가택연금 해제, 외부인사들의 병실출입 허용.
	5. 31	함석헌, 홍남순, 문익환 등 재야지도자 동조단식 돌입.
	6. 1	전직 국회의원 등 58명, '민주국민협의회' 결성 선언.
	6. 3	윤보선 전대통령·김수환 추기경, 단식중단 권유.

	6. 9	단식중단 선언.「단식을 마치면서」성명서 발표.
	6. 30	상도동 자택으로 옮김.
	8. 15	미국에 있던 김대중과「민주화투쟁은 민족의 독립과 해방을 위한 투쟁이다」8·15공동성명 발표.
	9.	단식투쟁기를 담은 『민주화의 깃발을 올리며』 출간.
	12. 27	500여명이 참석한 송년모임에서 '민주세력 결집' 호소.
1984.	2. 16	정치활동 피규제자 37명이 서명한「민주주의의 승리를 위하여」성명 발표.
	4. 19	『나와 내조국의 진실』 한국판 출간.
	5. 18	'민주화추진협의회' 발족.
	6. 14	민추협 결성대회 개최, 공동의장 맡음.
	12. 11	민추협, 신당창당 및 2·12총선참여 공식발표.
	12. 20	신한민주당(新韓民主黨) 창당발기인대회 개최.
1985	1. 18	신한민주당 창당.
	2. 12	제12대 국회의원 선거.
		- 신민당, 창당 25일 만에 신당돌풍 일으키며 선거혁명.
	3. 6	정치활동 규제에서 최종 해금, 4년 4개월 만에 정치활동의 자유 획득.
	4. 3	민한당 국회의원 29명 집단탈당, 신민당 개별입당.
	8. 31	미국, 일본 방문(~10. 11).
	11. 15	'민족문제연구소' 발족.
1986.	2. 12	'대통령직선제 개헌을 위한 1천만서명운동' 선언.
		- 이후 강력한 직선제 개헌투쟁 전개.
	10. 31	서독 기민당 초청으로 '세계기독교지도자대회' 참석.
		- 빌리 브란트 전총리와 회견, 인권과 통일에 관한 공동성명 발표.
	11.	교황 요한 바오로 2세 예방.
1987.	4. 13	통일민주당(統一民主黨) 창당발기인대회 개최.
		- 전두환, '현행 헌법으로 정부이양' 4·13호헌조치 발표.
	4. 20	통일민주당 창당방해, 속칭 '용팔이사건' 발생.
		- 인천 중남구를 필두로 20여개 지구당 창당대회에 깡패들 난동.
	5. 1	통일민주당 창당, 총재에 취임.
	5. 27	'민주헌법쟁취 국민운동본부' 발족, 고문으로 추대됨.
	6. 10	'박종철 고문살인 은폐 규탄 및 호헌철폐 국민대회.'
	6. 18	'최루탄추방 국민대회' 개최.

	6. 24	전두환과 영수회담, 회담 결렬.
	6. 26	'6·26평화대행진' 개최.
	7. 30	1980년 이후 성명서와 연설문 모아 『민주화 구국의 길』 출간.
	9. 10	신앙 강론집 『정직과 진실이 승리하는 사회』 출간.
	10. 10	대통령후보 출마 공식선언.
	10. 17	군정종식을 위한 부산 수영만집회에 사상 최대인파 운집.
	10. 22	외교구락부에서 김대중과 담판, 후보단일화를 위한 당내경선 제의.
	11. 14	광주유세, 폭력사태로 중단.
	11. 29	대한항공기 공중폭파사건 발생.
	12. 10	백기완과 후보단일화와 군정종식을 위한 4자회담 합의.
		- 김대중, 4자회담 거부.
	12. 16	대통령 선거. 군정종식 좌절.
1988.	1. 6	통일민주당 전당대회에서 총재 재신임.
	2. 8	야권통합을 위해 총재직사퇴 선언.
	4. 26	제13대 국회의원 선거. 부산 서구에서 당선(8선).
	5. 12	통일민주당 전당대회에서 총재에 재추대.
	6. 30	국회 대표연설, '북방외교 초당적 참여' 선언.
	8. 17	일본 방문, 다케시타 수상 등 일본 정계 지도자와 회담(~8. 23).
	8. 20	한국 정치인 최초로 소련 언론 〈노보예브레미야〉와 회견.
	9.	〈노보예브레미야〉 책임자 이그나텐코와 두 차례 회견.
	11. 29	'전국 노동법개정 투쟁본부' 노동자, 민주당사 점거.
1989.	1. 24	야3당 총재회담, 5공청산을 위한 공조 합의.
	1. 30	일본 사회당 초청으로 방일.
	2. 11	노태우와 회담, 5공청산 강력 촉구.
	3. 4	야3당 총재회담, 야권공조 재확인.
	6. 1	한국 정치인 최초로 소련 방문.
	6. 6	모스크바에서 북한 허담 서기와 회담.
	6. 9	민주당-이메모(IMEMO) 공동성명 발표.
	6. 21	노태우와 회담, 방소결과 설명하고 5공청산 강력 촉구.
		- 노태우의 '정책연합' 제의 거부.
	10. 12	국회 대표연설에서 5공청산 결단 촉구.
	10.	빌리 브란트 서독 전총리 방한, 두 차례 회담.
	12. 15	여야 영수회담에서 '5공청산을 위한 11개항' 합의.

1990.	1. 12	노태우와 회담, '민정당 간판 내리고 통합' 제의.
	1. 22	민정·공화당과 3당통합 선언, 합의사항 5개항 발표.
	3. 20	두번째 소련 방문.
	3. 21	고르바초프 소련 대통령과 회담.
	3. 23	모스크바대학에서 연설.
	4. 9	노태우의 공작정치에 항의, 당무거부 후 부산행.
	4. 17	노태우와 회동, 노태우의 사과와 재발방지 약속 받아냄.
	4. 30	당의 화합을 위해 지구당 위원장직 사퇴.
	5. 9	민주자유당(民主自由黨) 전당대회에서 대표최고위원에 추대.
	10. 26	내각제 각서 유출파동.
	10. 31	노태우의 공작정치에 항의, 당무거부 후 마산행.
	11. 6	노태우와 회동, 내각제개헌 포기 등 8개항 발표.
1991.	6. 20	지방자치 선거에서 민주자유당 압승.
	8. 9	노태우와 회동, 내각제 일체 거론 않기로 합의.
	8. 15	김동영 타계.
	9. 1	남북한 유엔 동시가입 축하차 방미, 부시 대통령과 회담.
1992.	3. 24	제14대 국회의원 선거에 전국구로 당선(9선).
	3. 28	민자당 대통령후보 완전 자유경선 선언.
	4. 28	'김영삼 민자당 대통령후보 추대위원회' 발족.
	5. 19	'민자당 대통령후보 경선 전당대회'에서 대통령후보로 선출.
	8. 28	민자당 중앙상무위원회에서 총재로 선출.
	9. 16	연기군 관권선거 사과표명 및 중립적 선거내각 구성 선언.
	10. 13	국회 대표연설, 국회의원직 사퇴서 제출(의정생활 마감).
	11. 20	방한한 보리스 옐친 러시아 대통령과 회담.
	12. 18	대통령 선거. 대한민국 대통령에 당선.
1993.	2. 25	대한민국 대통령 취임.
1998.	2. 24	대한민국 대통령 퇴임.

주요 자료

국회 속기록

1954. 10. 18	제19회 본회의 제57차	「국정감사 처리」
1955. 10. 11	제21회 본회의 제15차	「의사진행에 관한 건」
1969. 6. 13	제70회 본회의 제2차	「국정 전반에 관한 질문」
6. 21	제70회 본회의 제 9차	「의원(김영삼) 신상발언의 건」
7. 12	제70회 김영삼의원테러사건진상조사특별위원회 제2차 「증언청취의 건」	
9. 12	제72회 본회의 제4차	「헌법개정안」
9. 13	제72회 본회의 제5차	「헌법개정안 철회에 관한 건」 중 의사진행
1973. 9. 24	제88회 본회의 제3차	「김대중사건에 대한 질문」
1974. 10. 7	제90회 본회의 제7차	「안보 및 외교에 관한 질문」
1979. 7. 23	제102회 본회의 제2차	「외교·안보에 관한 질문」
1989. 10. 12	제147회 본회의 제5차	「국정에 관한 교섭단체 대표연설」
1990. 2. 26	제148회 본회의 제2차	「국정에 관한 교섭단체 대표연설」
1992. 10. 13	제159회 본회의 제5차	「국정에 관한 교섭단체 대표연설」

성명서, 선언문

1969. 11. 8	대통령후보 출마성명서	
1974. 7.	신민당 총재 출마회견문	
8. 23	신민당 총재 취임연설	
11. 14	신민당 총재 내외기자회견	
1975. 1. 15	신민당 총재 연두기자회견	
1. 17	동경 외신기자클럽 연설	
1979. 9. 10	신민당 총재 기자회견	
10. 4	국회의원직 제명에 대한 성명	

1980. 1. 25 신민당 총재 연두기자회견
　　　 5. 20 5·17쿠데타 관련 시국성명
　　　 5. 23 광주사태 관련 시국성명
1983. 5. 2 「국민에게 드리는 글」(5월 16일 AP 보도)
　　　 5. 18 「단식에 즈음하여」
　　　 5. 28 「나의 투쟁은 끝나지 않았다」
　　　 6. 9 「단식을 마치면서」
　　　 8. 15 「민주화투쟁은 민족의 독립과 해방을 위한 투쟁이다」
　　　　　　 (8·15공동성명)
1984. 5. 18 「민주화투쟁선언」(민추협 발족성명)
1986. 2. 12 「1천만 개헌서명운동에 즈음하여」
1987. 4. 13 통일민주당 창당발기인대회 준비위원장 인사말
　　　 4. 14 「4·13조치는 반민주적 폭거」(기자회견문)
　　　 5. 1 통일민주당 총재 취임사
　　　 5. 27 민주헌법쟁취국민운동본부 발족선언문
　　　 7. 13 통일민주당 총재 기자회견문
　　　11. 9 통일민주당 대통령후보 수락연설
1988. 5. 12 통일민주당 총재 수락연설
1990. 1. 22 3당통합 선언문
　　　 1. 31 민주당 해체 고별기자회견
1992. 5. 19 민주자유당 대통령후보 수락연설
　　　 8. 28 민주자유당 총재취임사
　　　12. 19 대통령 당선 기자회견문

신문기사, 기고문

1954. 5. 30 〈조선일보〉「반세기를 격(隔)한 두 선량(善良)」
1956. 7. 23 〈동아일보〉「의사당 내서 단식농성, 도의원 등록도 방해」
1961. 2. 5 〈동아일보〉「번져 가는 청조운동」
1965. 3. 23 〈동아일보〉「두 나라 정부에 묻는다」
　　　 6. 24 〈부산일보〉「왜 쫓기듯 서두는가」
〈현대문학〉1965년 12월호 「지도자개발론」
1966. 3. 10 〈조선일보〉「월남증파 반대의 논거」

	5.	17	〈국제신보〉	「공(功)보다 많은 과(過)」
1970.	1.	9	〈한국일보〉	「신춘수필 릴레이④, 동주의식의 재발견」
	10.	7	〈조선일보〉	「선의의 경쟁의 토착화」
1974.	8.	24	〈동아일보〉	「김영삼론」
	12.	9	〈뉴스위크〉	김영삼 신민당 총재 인터뷰
1979.	6.	1	〈동아일보〉	「참으로 오랜만에 본 민주의 현장」(작가 辛相雄씨 신민당 전당대회 참관기)
1979.	9.	16	〈뉴욕타임스〉	신민당 총재 회견

〈브리태니커〉 국제연감 1980년판 '79년의 인물'

1982.	4.	16	〈뉴욕타임스〉「활동이 금지된 한국 정치인은 민주주의를 열망하고 있다」
1983.	5.	25	〈아사히신문〉「단식투쟁중의 김영삼씨 병원에 강제이송」
	5.	30	〈아사히신문〉「우려되는 김영삼씨 단식사태」(사설)
	6.	3	〈AP통신〉　「응급처치 강행되다」
1987.	6.	17	〈중앙일보〉　특별회견
1988.	9.	22	〈중앙일보〉　창간 기념 서면회견

인명색인

(ㄱ)

가이후(海部俊樹) (3) 255
간디(Mohandas K. Gandhi) (2) 211, 230
강문봉(姜文奉) (1) 119,
강삼재(姜三載) (3) 255
강신옥(姜信玉) (2) 168, 312
강영숙(姜英淑) (1) 216
강영훈(姜英勳) (3) 288
강호선(姜鎬璇) (1) 131
계훈제(桂勳梯) (3) 24
고르바초프(Mikhail S. Gorbachyov) (3) 178, 180, 182, 184, 200, 225, 256, 260, 262
고은(高銀) (2) 136 (3) 24
고재호(高在鎬) (1) 132
고창순(高昌舜) (1) 60
고형곤(高亨坤) (1) 67
고흥문(高興門) (1) 180, 221, 225, 232, 280, 296, 342, 351 (2) 26, 43, 45, 47, 49, 52, 53, 95, 97, 101, 107, 111, 144
골드워터(Goldwater) (1) 183, 188, 191, 200, 204
곽상훈(郭尙勳) (1) 101, 114, 143
곽원배(郭元培) (1) 59
구평회(具平會) (3) 255
권익현(權翊鉉) (2) 262, 265 (3) 302
권중돈(權仲敦) (1) 145
그룬트비히(Nikolai F. Grundtvig) (1) 338
그린(Marshall Green) (1) 157, 181, 184
글라이스틴(William Gleysteen) (2) 118, 161, 202 (3) 27
글래드스턴(Gladstone) (1) 206
기시(岸信介) (2) 90
기타지마(北島修一郎) (1) 51
길재호(吉在號) (1) 177, 263, 354
김경숙(金景淑) (2) 141, 144, 147, 157
김경인(金敬仁) (2) 37
김계수(金桂洙) (2) 312
김계원(金桂元) (2) 170
김광일(金光一) (3) 182
김구(金九) (1) 69, 71 (3) 190 (2) 211
김규남(金圭南) (1) 277
김기수(金基洙) (2) 322 (3) 137, 182, 188, 339
김기춘(金淇春) (3) 344
김녹영(金祿永) (2) 268, 287, 291, 298
김대중(金大中) (1) 231, 341, 343, 345, 348, 351, 353 (2) 21, 26, 44, 58, 77, 80, 85, 111, 116, 128, 167, 175, 185, 188, 190, 195, 196, 203, 207, 223, 230, 257, 262, 272, 282, 286, 290, 296, 298, 305, 307, 309, 314, 319, 324, 329, 332, 339, 358 (3) 23, 35, 58, 68, 72, 74, 76, 80, 81, 84, 86, 88, 97, 100, 106, 110, 112, 115, 123, 129, 141, 147, 168, 172, 204, 228, 232, 289, 290, 318, 346, 350
김덕룡(金德龍) (2) 92, 157, 214, 216, 252, 254, 266, 268, 273, 280, 299, 305, 322 (3) 303
김도연(金度演) (1) 143, 162, 165

김동규(金東圭) (2) 94
김동영(金東英) (1) 163, 347 (2) 22, 95, 105, 205, 214, 216, 252, 254, 291, 322 (3) 31, 66, 276, 292
김동환(金東煥) (1) 175
김두한(金斗漢) (1) 101, 136
김두현(金斗鉉) (1) 66
김명윤(金命潤) (2) 214, 254, 281, 287, 291 (3) 24, 32, 37, 303
김병로(金炳魯) (1) 165
김봉조(金奉祚) (2) 22, 94
김상만(金相万) (2) 86
김상하(金相厦) (3) 255
김상현(金相賢) (2) 22, 58, 254, 268, 286, 290, 296, 305, 307 (3) 128, 182, 188
김상협(金相浹) (1) 66 (2) 254
김상흠(金相欽) (1) 163
김성곤(金成坤) (1) 185, 354
김수한(金守漢) (1) 291, 296, 301 (2) 39, 298, 311, 314 (3) 255, 302
김수환(金壽煥) (2) 271, 279 (3) 55, 94
김승훈(金勝勳) (3) 24
김영수(金永守) (3) 137
김영호(金泳昊) (1) 37
김용채(金鎔采) (3) 255, 303
김용태(金瑢泰) (1) 180 (3) 302
김우석(金佑錫) (2) 94 (3) 255, 266
김우현(金于玄) (1) 59, 62
김원만(金元萬) (1) 301 (2) 26, 43, 69, 95
김윤환(金潤煥) (3) 57, 273, 282, 302
김은하(金殷夏) (1) 177
김응주(金應柱) (1) 328
김의택(金義澤) (1) 111 (2) 26, 43, 45, 47, 48, 49, 51, 53
김재곤(金載坤) (1) 101, 114
김재광(金在光) (2) 59, 97, 101, 107, 111, 297, 310
김재규(金載圭) (3) 89, 105, 153, 155, 168, 170
김재덕(金在德) (2) 149
김재순(金在淳) (1) 146 (3) 303
김재준(金在俊) (2) 68
김재춘(金在春) (3) 121
김재화(金載華) (1) 278
김재황(金載晃) (1) 101
김정두(金正斗) (2) 168
김정렬(金貞烈) (1) 181, 182, 184, 296
김정례(金正禮) (3) 303
김정수(金正秀) (3) 270
김정원(金正源) (1) 201
김종완(金鍾完) (2) 287
김종필(金鍾泌) (1) 160, 299 (2) 27, 30, 174, 196, 203, 207, 294 (3) 89, 117, 144, 147, 168, 172, 173, 207, 225, 229, 233, 237, 241, 248, 268, 271, 276, 279, 286, 302, 318, 346
김종학(金鍾鶴) (1) 59, 62
김종호(金宗鎬) (3) 302
김준연(金俊淵) (1) 114, 162
김지태(金智泰) (2) 164
김진만(金振晩) (1) 177, 309, 312
김진재(金鎭載) (3) 302
김창룡(金昌龍) (1) 117, 121
김창수(金昌洙) (1) 147
김태룡(金泰龍) (3) 57, 59, 63, 65
김택수(金澤壽) (1) 60, 291
김한수(金漢洙) (2) 58, 85
김현규(金鉉圭) (2) 117, 297
김현장(金鉉奬) (3) 99
김형래(金炯來) (3) 125
김형욱(金炯旭) (1) 278, 281, 287, 294, 296, 302, 312, 328

김형일(金炯一) (1) 180, 191
김홍만(金洪萬) (3) 255
김홍일(金弘壹) (1) 351, 353, 355

(ㄴ)

나용균(羅容均) (1) 145, 199, 225
남재희(南載熙) (3) 302
네루(Jawaharlal Nehru) (2) 74, 211, 214, 312
노승환(盧承煥) (2) 298, 311, 314
노신영(盧信永) (3) 21
노재봉(盧在鳳) (3) 266, 276, 288, 290
노태우(盧泰愚) (2) 166, 262, 321, 352, (3) 28, 32, 37, 38, 40, 51, 52, 55, 57, 58, 62, 68, 73, 75, 87, 89, 103, 124, 130, 144, 147, 150, 153, 156, 161, 164, 170, 173, 175, 182, 202, 206, 209, 225, 236, 238, 241, 249, 262, 266, 273, 276, 287, 297, 300, 309, 316, 319, 350, 352
닉슨(Richard M. Nixon) (1) 187, 191, 252, 254, 256 (2) 99

(ㄷ)

다나카(田中角榮) (2) 30, 36, 91
다케시타(竹下登) (2) 91
대처(Margaret H. Thatcher) (3) 315, 342
도스토예프스키(F. M. Dostoevskii) (1) 54
도이(土井多賀子) (3) 168, 170, 221, 255
도진희(都晋熙) (1) 101
드골(Charles de Gaulle) (1) 207, 249, 271, 317 (2) 211

(ㄹ)

라이샤워(Edwin O. Reischauer) (2) 22
래이리(William J. Reilly) (1) 138
레너드(Donald L. Ranard) (1) 181

레이건(Ronald W. Reagan) (1) 252, 255, 256 (2) 202, 223 (3) 51, 258
로스토우(Walt W. Rostow) (1) 267
록펠러(Nelson D. Rockefeller) (1) 191, 252, 254, 256
루스벨트(Franklin D. Roosevelt) (1) 186, 314, 315
링컨(Abraham Lincoln) (1) 182, 185, 315, 316 (2) 61, 100

(ㅁ)

마르코스(Ferdinand Marcos) (2) 89, 317
마에타(前田) (2) 203
막사이사이(Ramon Magsaysay) (1) 340
모윤숙(毛允淑) (1) 121
모택동(毛澤東) (1) 208
몽고메리(Bernard L. Montgomery) (1) 259
문동환(文東煥) (2) 136
문병집(文炳鏶) (1) 59
문부식(文富植) (2) 49, 157, 214, 216, 222
문익환(文益煥) (2) 190, 260, 267, 272, 279 (3) 24, 175, 204, 205
문정수(文正秀) (3) 53, 255
문희갑(文憙甲) (3) 264
미야자와(宮澤喜一) (3) 352
미키(三木武夫) (2) 89, 90
민관식(閔寬植) (1) 100 (3) 303

(ㅂ)

바웬사(Lech Walesa) (3) 221
박관용(朴寬用) (2) 297
박권흠(朴權欽) (2) 94, 136, 141, 207
박규상(朴奎祥) (1) 230
박두진(朴斗鎭) (1) 31
박병배(朴炳培) (1) 301
박성용(朴晟容) (3) 270

박세직(朴世直)　(3) 302
박순천(朴順天)　(1) 101, 162, 224, 226, 228
박영록(朴永祿)　(2) 43, 107, 111, 117, 147,
　　254, 268, 287
박영수(朴英秀)　(3) 57
박용만(朴容萬)　(2) 141, 142, 254, 268, 298
박용학(朴龍學)　(3) 270
박정두(朴正斗)　(1) 59
박정훈(朴定勳)　(1) 351
박정희(朴正熙)　(1) 11, 59, 156, 164, 171,
　　179, 205, 217, 227, 234, 236, 243, 248,
　　266, 268, 271, 280, 284, 288, 291, 293,
　　297, 299, 303, 304, 306, 314, 316, 318,
　　324, 326, 328, 331, 332, 338, 344, 348,
　　355 (2) 21, 24, 26, 39, 43, 52, 55, 57, 61,
　　64, 68, 72, 76, 77, 79, 80, 82, 85, 87, 90,
　　93, 96, 98, 100, 102, 106, 108, 110, 117,
　　119, 122, 123, 130, 132, 135, 142, 145,
　　147, 150, 153, 155, 163, 164, 166, 168,
　　170, 172, 175, 194, 198, 203, 207, 216,
　　225, 265, 279, 283, 291, 301, 354, 357,
　　363, 357 (3) 60, 83, 97, 104, 111, 116,
　　154, 279, 293, 314, 353
박종률(朴鍾律)　(2) 22, 287, 291 (3) 255
박종웅(朴鍾雄)　(2) 334
박종철(朴鍾哲)　(2) 327, 343, 348
박종태(朴鍾泰)　(2) 287
박종홍(朴鍾鴻)　(1) 66
박준규(朴浚圭)　(1) 147 (3) 322
박준병(朴俊炳)　(3) 276
박준양(朴駿陽)　(1) 59
박찬(朴璨)　(2) 177, 254
박찬종(朴燦鐘)　(1) 350 (3) 114, 346
박철언(朴哲彦)　(3) 255, 320
박태준(朴泰俊)　(3) 268, 274, 319
박한상(朴漢相)　(1) 191, 287, 294 (2) 139

박형규(朴炯圭)　(2) 279 (3) 24, 32, 37
박희도(朴熙道)　(3) 93
박희태(朴憙太)　(3) 255
배의환(裵義煥)　(1) 180
배재식(裵載湜)　(1) 59
백기완(白基玩)　(3) 126
백낙준(白樂濬)　(1) 228 (2) 68
백남억(白南檍)　(1) 148, 177, 2942 306, 311,
　　319, 323
백남훈(白南薰)　(1) 101, 162, 165
백두진(白斗鎭)　(2) 100, 102, 132
법정(法頂)　(2) 68
베리야(Lavrentii P. Beriya)　(1) 197
변영태(卞榮泰)　(1) 106, 162
복진풍(卜鎭豊)　(1) 133, 137, 162, 163
부시(George H. W. Bush)　(3) 225, 352
브라운(Harold Brown)　(2) 170
브란트(Willy Brandt)　(2) 317
브레진스키(Zbigniew K. Brzezinski)　(2) 118

(ㅅ)

사토(佐藤榮作)　(2) 90
서경원(徐敬元)　(3) 204, 205
서민호(徐珉濠)　(1) 224
서범석(徐範錫)　(1) 102, 162, 180, 199, 221,
　　324, 337, 353
서상권(徐相權)　(1) 141
서석재(徐錫宰)　(2) 297
서순영(徐淳永)　(1) 93, 96
서재근(徐載根)　(1) 59
서정귀(徐廷貴)　(1) 163
서정화(徐廷和)　(3) 302
서청원(徐淸源)　(2) 94
성낙현(成樂鉉)　(1) 299
성원경(成元慶)　(1) 101
소선규(蘇宣奎)　(1) 114

손권배(孫權培) (1) 101
손도심(孫道心) (1) 67, 80
손명순(孫命順) (1) 15, 85, 87, 90 (3) 342, 345
손상호(孫相鎬) (1) 87
손주항(孫周恒) (2) 117, 129
솔로몬(Richard Solomon) (3) 199
송건호(宋建鎬) (3) 24
송시열(宋時烈) (1) 33
송원영(宋元英) (1) 72, 296, 327 (2) 101
송진우(宋鎭禹) (1) 71
수카르노(Sukarno) (1) 271
스위니(John Sweeney) (1) 184
스크랜튼(Scranton) (1) 188, 191
스탈린(Iosif V. Stalin) (1) 197
스토크(Henry S. Stockes) (2) 219
시이나(椎名悅三郎) (2) 89
신격호(辛格浩) (3) 270
신경식(辛卿植) (3) 255
신도환(辛道煥) (2) 43, 45, 48, 95, 97, 101, 107, 111, 114, 150, 297
신상우(辛相佑) (2) 94
신용남(愼鏞南) (1) 177, 230
신익희(申翼熙) (1) 11, 101, 112, 122, 125, 126, 133, 142, 228, 241 331(2) 42, 52
신정섭(申貞燮) (1) 59
신정호(申正浩) (1) 101
신준원(申駿遠) (1) 148
신한성(愼漢晟) (1) 217
신현확(申鉉碻) (2) 185, 191

(ㅇ)

아웅산 수지(Aung San Suukyi) (2) 227
아유브 칸(Muhamnad Ayub Khan) (1) 272
아이젠하워(Dwight D. Eisenhower) (1) 316
안동준(安東濬) (1) 111

안두희(安斗熙) (1) 70
안병수(安炳洙) (3) 188
안용백(安龍伯) (1) 62
안익태(安益泰) (1) 216
안호상(安浩相) (1) 66, 67
야코블레프(Alexander N. Yakovlev) (3) 255
양달승(梁達承) (1) 230
양순직(楊淳稙) (2) 311, 314
양일동(梁一東) (1) 114, 281, 351 (2) 37, 80
양회수(梁會璲) (1) 107, 180
엄기현(嚴基鉉) (1) 61
여운형(呂運亨) (1) 71
연주흠(延周欽) (1) 299
예춘호(芮春浩) (2) 117, 150, 190, 267, 272, 287
옐친(Boris N. Yeltsin) (3) 338
오경의(吳景義) (3) 255
오부치(小淵惠三) (2) 91
오성룡(吳成龍) (2) 216
오세응(吳世應) (2) 117, 129, 150 (3) 302
오유방(吳有邦) (2) 118
오치성(吳致成) (1) 180, 354
오표 (1) 67
와타나베(渡邊巽)(1) 51, 56
요한 바오로 2세(Johannes Paulus Jr.) (2) 319 (3) 225
우루시마(宇留島撰光義) (1) 52, 56
우시로쿠(後宮) (2) 36
워싱턴(George Washington) (1) 182, 315
원용덕(元容德) (1) 114
유기준(兪瑊濬) (2) 145
유성권(劉聖權) (1) 225
유성환(兪成煥) (2) 320
유수호(劉守鎬) (3) 320
유영렬(柳永烈) (1) 59
유옥우(劉沃祐) (1) 163

유진산(柳珍山) (1) 102, 111, 116, 145, 162,
211, 220, 223, 225, 278, 291, 327, 332,
341, 348, 356 (2) 26, 27, 39, 41, 43, 45,
52
유진오(兪鎭午) (1) 66, 227, 228, 231, 234,
241, 281, 291, 300, 332, 330, 333, 336,
341 (2) 68, 117, 272
유청(柳靑) (1) 163, 225
유치송(柳致松) (2) 93, 97, 101, 111, 252,
264
유학구(柳學龜) (3) 183
유학성(兪學聖) (3) 303
유한렬(柳漢烈) (2) 309
윤관(尹錧) (3) 350
윤길중(尹吉重) (3) 271, 320
윤보선(尹潽善) (1) 102, 140, 144, 158, 162,
207, 220, 224, 227, 228 (2) 42, 52, 68, 77,
80, 110, 116, 128, 185, 190, 271
윤성한(尹星漢) (3) 320
윤완중(尹完重) (2) 145
윤재기(尹在基) (3) 320
윤제술(尹濟述) (1) 176, 191, 225
윤치영(尹致暎) (1) 83, 263, 299
윤혁표(尹奕杓) (2) 214, 291, 305
윤형남(尹亨南) (1) 163
윤형중(尹亨重) (2) 68
은종관(殷鍾寬) (1) 67
이경재(李敬在) (3) 342
이규희(李揆姬) (2) 212
이그나텐코(Ignatenko) (3) 152, 179, 180,
256
이기붕(李起鵬) (1) 83, 94, 99, 133, 309
이기택(李基澤) (2) 107, 111, 114, 129, 147,
268, 273, 298, 311
이동진(李東鎭) (3) 320
이만섭(李萬燮) (1) 319 (3) 303

이만우(李萬雨) (2) 312
이문영(李文永) (2) 136, 190, 267, 272
이민우(李敏雨) (1) 145, 301 (2) 69, 117,
147, 207, 214, 216, 252, 254, 267, 268,
273, 287, 291, 298, 299, 302, 308, 310,
313, 314, 321, 324
이범석(李範錫) (1) 201
이범석(李範奭) (1) 83, 228
이병기(李秉岐) (1) 66
이병린(李丙璘) (2) 68
이병주(李炳主) (1) 177
이병희(李秉禧) (1) 327 (3) 302
이상돈(李相敦) (1) 162, 225
이상룡(李相龍) (1) 130, 131
이상민(李相玟) (2) 117
이상신(李尙信) (1) 147, 180 (2) 188
이상연(李相淵) (3) 316
이석제(李錫濟) (1) 264
이선근(李瑄根) (1) 66, 80, 82
이성헌(李性憲) (2) 322 (3) 137
이세규(李世圭) (2) 22
이수근(李穗根) (1) 277
이순구(李舜九) (2) 139
이승만(李承晩) (1) 14, 69, 74, 78, 83, 94,
98, 103, 112, 117, 120, 121, 126, 133,
134, 136, 139, 140, 155, 167, 250, 265,
326 (2) 164, 166, 216, 265, 283, 363 (3)
25, 60, 105, 240, 279, 335
이시바시(石橋) (3) 152
이영준(李榮浚) (1) 225
이용구(李容九) (2) 334
이용택(李龍澤) (2) 108
이우정(李愚貞) (3) 24
이우태(李愚兌) (2) 322
이웅희(李雄熙) (3) 302
이원종(李源宗) (3) 182, 291

이인(李仁) (1) 165
이인제(李仁濟) (3) 182, 188, 308
이자헌(李慈憲) (3) 320
이재형(李載瀅) (1) 177, 296, 337, 341
이정래(李晶來) (1) 180, 223
이정재(李丁載) (1) 136
이종근(李鍾根) (3) 302
이종남(李鍾南) (2) 22
이종림(李鍾林) (1) 105
이종찬(李鍾贊) (2) 258, 299 (3) 271, 308
이중재(李重載) (2) 49, 268, 311, 314
이진우(李珍雨) (3) 320
이채오(李采五) (1) 93, 96
이철(李哲) (2) 301, 303
이철승(李哲承) (1) 105, 118, 146, 341, 343, 349, 351, 353 (2) 43, 52, 69, 95, 97, 99, 101, 111, 116, 117, 150, 295
이충환(李忠煥) (1) 111, 162, 180 (2) 45, 48, 49, 51, 97, 101, 111, 144
이태용(李泰鎔) (1) 99
이택돈(李宅敦) (2) 335
이택희(李宅熙) (2) 335
이필선(李必善) (1) 148
이한림(李翰林) (1) 157
이한열(李韓烈) (2) 32, 78
이행구(李幸九) (3) 182, 255
이효상(李孝祥) (1) 224, 301, 329 (2) 87, 121
이후락(李厚洛) (2) 165, 294
이희성(李憘性) (2) 196
이희승(李熙昇) (1) 66
인명진(印明鎭) (3) 52
임갑수(林甲守) (1) 289, 328
임재문(林栽文) (1) 77
임재춘(林栽春) (1) 77
임필수(林弼洙) (1) 74, 76

임흥순(任興淳) (1) 111

(ㅈ)

장경근(張璟根) (1) 111, 311
장경순(張坰淳) (1) 291
장경우(張慶宇) (3) 320
장덕수(張德秀) (1) 71
장덕진(張德鎭) (1) 351
장면(張勉) (1) 101, 112, 122, 126, 142, 149, 156, 160 (2) 42, 52, (3) 90
장세동(張世東) (2) 335 (3) 21
장익현(張翼鉉) (1) 148
장인달(張仁達) (1) 130
장춘근(張春根) (1) 148
장택상(張澤相) (1) 72, 74, 82, 83, 92, 94, 102, 297
전금철(全琴哲) (3) 188
전두환(全斗煥) (1) 12, 179, 205, 236, 242 (2) 109, 166, 175, 181, 191, 196, 197, 200, 201, 202, 203, 206, 213, 216, 219, 224, 227, 230, 234, 262, 264, 272, 280, 284, 287, 291, 292, 295, 297, 301, 312, 314, 319, 322, 324, 327, 331, 334, 338, 345, 354, 357, 361, 363, 364 (3) 21, 27, 39, 46, 51, 57, 58, 59, 62, 68, 72, 75, 81, 97, 121, 153, 161, 166, 206, 225, 228, 293, 310, 314, 353
전병기(田炳璣) (1) 59
전상요(全相堯) (1) 96
전진한(錢鎭漢) (1) 165, 225
전휴상(全烋相) (1) 148
정도해(鄭燾海) (1) 60
정병주(鄭柄宙) (3) 121
정상구(鄭相九) (1) 148
정성태(鄭成太) (1) 221, 225, 233
정순덕(鄭順德) (3) 302

정승화(鄭昇和) (2) 175 (3) 121
정운갑(鄭雲甲) (2) 95, 144, 148, 169, 175
정운수(鄭雲樹) (1) 105
정원식(鄭元植) (3) 290, 346
정윤철(鄭允澈) (3) 340
정일권(丁一權) (1) 119, 121, 266, 269, 279
정일형(鄭一亨) (1) 102, 226, 324, 337, 341, 348, 351 (2) 39, 43, 53, 97
정재문(鄭在文) (3) 182, 255
정재원(鄭在原) (2) 142, 309
정재철(鄭在哲) (3) 302
정주영(鄭周永) (3) 300, 318, 337, 346, 350
정중섭(鄭重燮) (1) 107
정치근(鄭致根) (1) 61
정해영(鄭海泳) (1) 101, 162, 176, 226 (2) 26, 43, 45, 47, 51, 53, 95, 111
정해창(丁海昌) (3) 288
정헌주(鄭憲柱) (2) 43
정호용(鄭鎬溶) (3) 21, 227, 229, 232, 340
제퍼슨(Thomas Jefferson) (1) 315
조병옥(趙炳玉) (1) 12, 83, 101, 102, 111, 121, 122, 125, 126, 132, 142, 241, 331 (2) 42, 52 (3) 106
조소앙(趙素昂) (1) 113
조시형(趙始衡) (1) 160
조언(趙彦) (2) 147
조연하(趙淵夏) (2) 22, 58, 287, 291, 298
조영환(曺瑛煥) (2) 312
조윤형(趙尹衡) (2) 58, 107, 111, 117, 129, 147, 254, 268
조일환(曺逸煥) (2) 145
조재천(曺在天) (1) 102, 111, 225
조중훈(趙重勳) (3) 270
조한백(趙漢栢) (1) 162
조홍만(曺興萬) (1) 299
존슨(Lyndon B. Johnson) (1) 182, 184, 187, 191, 200, 226, 249, 256, 292
주은래(周恩來) (1) 298
지선(知詵) (3) 24
지연태(池蓮泰) (3) 255, 302
진형하(陳馨夏) (1) 225

(ㅊ)

차지철(車智澈) (2) 106, 170
채문식(蔡汶植) (3) 271, 320
채영석(蔡映錫) (3) 65
처칠(Winston L. S. Churchill) (1) 132, 206 (3) 45
최경록(崔慶祿) (1) 181
최규하(崔圭夏) (2) 172, 174, 175, 177, 181, 185, 188, 191, 192, 196, 203, 207 (3) 155, 166, 206, 225, 228, 232
최기선(崔箕善) (2) 94, 273, 281, 298
최명헌(崔明憲) (3) 320
최석채(崔錫采) (1) 116
최숙생(崔叔生) (1) 33
최순주(崔淳周) (1) 100
최영철(崔永喆) (3) 288, 290
최영호(崔榮鎬) (2) 216
최인규(崔仁圭) (1) 139, 275, 278, 287
최재구(崔載九) (3) 303
최재희(崔載喜) (1) 67
최종현(崔鍾賢) (3) 310
최창섭(崔昌燮) (1) 115, 117
최태묵(崔泰默) (2) 103
최형우(崔炯佑) (2) 22, 49, 71, 141, 150, 205, 214, 216, 252, 254, 268, 287, 291, 308, 311
최희송(崔熙松) (1) 102, 177

(ㅋ)

카터(James E. Carter) (2) 117, 125, 150

칸트(Immanuel Kant) (1) 72
케네디(Edward M. Kennedy) (1) 252, 255,
　　256, 272 (2) 99, 221, 260, 276
케네디(John F. Kennedy) (1) 249, 252, 258,
　　315, 335, 347, 157, 164, 181, 186, 191
케네디(Robert Kennedy) (1) 201, 203, 252,
　　255, 256
코헨(Jerome A. Cohen) (2) 22, 272, 276
콜(Helmut Kohl) (2) 317
쿼일(Dan Quayle) (3) 199
키신저(Henry A. Kissinger) (1) 256 (3) 197

(ㅌ)

타놈(Thanom) (1) 214
토인비(Arnold J. Toynbee) (2) 75, 211
톨스토이(Lev N. Tolstoi) (1) 54
트루만(Harry S. Truman) (1) 315, 316
티우(Nguyen Van Thieu) (1) 174, 272

(ㅍ)

팔레비(Muhammad Rida Pahlevi) (2) 99
편용호(片鎔浩) (1) 177
포드(Gerald R. Ford) (1) 256 (2) 64, 68
포드(Henry Ford) (1) 199, 203
프랑코(Francisco Franco) (3) 86
프리마코프(Yevgeny M. Primakov) (3) 181,
　　182, 183, 187, 202, 256, 261

(ㅎ)

한동석(韓東錫) (1) 99
한병채(韓柄采) (2) 26, 117, 150
한상준(韓相駿) (1) 148
한이헌(韓利憲) (3) 342
한희석(韓熙錫) (1) 111
함상훈(咸尙勳) (1) 113
함석헌(咸錫憲) (2) 68, 103, 128, 266, 272

　　(3) 24
허담(許錟) (3) 187, 188, 189, 193, 194, 195,
　　197, 223
허정(許政) (1) 137, 139, 224 (2) 173, 177,
　　204
허탁(許琢) (3) 264
허태영(許泰榮) (1) 118
험프리(Humphrey) (1) 171, 203, 254
현석호(玄錫虎) (1) 99, 101, 111
현승종(玄勝鍾) (3) 318, 322, 350
현홍주(玄鴻柱) (2) 213
홀브루크(Richard Holbrooke) (3) 27
홍남순(洪南淳) (2) 203, 266, 272
홍사덕(洪思德) (2) 297, 315
홍영기(洪英基) (2) 214, 254, 268, 305
홍익표(洪翼杓) (1) 102, 351
홍인길(洪仁吉) (2) 257, 292
홍춘식(洪春植) (1) 147
황낙주(黃珞周) (2) 254, 268, 309
황남팔(黃南八) (1) 101
황명수(黃明秀) (3) 271
황병태(黃秉泰) (3) 182, 188, 255
황인성(黃寅性) (3) 303
황인원(黃仁元) (1) 147
후쿠다(福田赳夫) (2) 92 (3) 152
흐루시초프(Nikita S. Khrushchov) (1) 198

김영삼회고록 3
민주주의를 위한 나의 투쟁

초판 제1쇄 발행일 : 2000. 1. 10
초판 제3쇄 발행일 : 2015. 11. 22

지은이 : 김 영 삼
펴낸이 : 김 철 미
펴낸곳 : 백산서당

등록 : 제10-42(1979. 12. 29)
주소 : 서울시 은평구 통일로 885(준빌딩 3층)
전화 : 02)2268-0012(代)
팩스 : 02)2268-0048
이메일 : bshj@chol.com

값 15,000원

ISBN 978-89-7327-508-3 03340